本丛书得到韬奋基金会资金资助
“十一五”国家重点图书出版规划项目

徐柏容

书林守望丛书

期刊：长流的江河

徐柏容 著

首都师范大学出版社

图书在版编目(CIP)数据

期刊:长流的江河 / 徐柏容著.—北京:首都师范大学出版社,2009.9
(书林守望丛书 / 吴道弘主编)
ISBN 978-7-81119-538-5

Ⅰ.期… Ⅱ.徐… Ⅲ.期刊-编辑工作-文集 Ⅳ.G237.5-53

中国版本图书馆 CIP 数据核字(2009)第 125454 号

书林守望丛书
QIKAN CHANGLIU DE JIANGHE
期刊:长流的江河
徐柏容 著

项目统筹:张 巍
责任编辑:王红梅　　责任设计:张 朋
责任校对:王亚利　　责任印制:沈 露

首都师范大学出版社出版发行
地 址 北京西三环北路 105 号
邮 编 100048
电 话 68418523(总编室) 68982468(发行部)
网 址 www.cnupn.com.cn
北京嘉实印刷有限公司印刷
全国新华书店发行
版 次 2009 年 9 月第 1 版
印 次 2009 年 9 月第 1 次印刷
开 本 787mm×1 092mm 1/16
印 张 19.25
字 数 280 千
定 价 42.00 元

做文化的守望者
——《书林守望丛书》总序

柳斌杰

文化是每一个民族赖以生存的根基和灵魂，而出版事业和出版物，是民族文化的结晶，是民族精神的物质承载者，是衡量一个国家和民族文明程度的重要标志。从事这项伟大事业的出版人，不仅是出版活动的实践者，而且是人类文化创造、积累、交流、传播的组织者和参与者，是文化产品的生产者、民族精神的护卫者和时代精神的弘扬者。任何时代，治书修史者都肩负着神圣的历史责任、文化责任、社会责任，在我国，这种传统一直延续了几千年。但是，目前受名利诱导和网络快餐文化的影响，出版界跟风炒作、追求市场效应一夜成名而不顾文化品位等现象时有耳闻。在种种浮躁的背后，反映出来的是出版从业者文化品格的缺失。唯其如此，为繁荣学术和民族文化而坚守文化天职、恪守社会责任的职业精神和文化追求，尤其值得在出版界大力弘扬。

出版人是文化薪火的传承者，具有坚守文化自信的历史责任。众所周知，出版是人类文明薪火相传的重要依托，一个国家民族科学文化的传播和传承，有赖于它的出版事业。中华文明之所以历经五千年而一脉不绝，就在于中国历代政治家、著作家、出版家、藏书家接续几千年文明发展进程中形成的尊崇历史、珍惜古籍、编修文献、善待图书、重视典藏的优良传统，他们将中华文化的精髓融入历代出版物之中，一代一代地传之后世，肩负起了将一个时代的科学文化及思想智慧真实地记录下来、传承下去的历史责任，使中华民族的文化根基与时俱丰、愈加巩固。作为新时期文化创新和文化传播的主体，当代出版工作者更加需要继承传统、关注时代，一方面自觉承担起对民族文化传统的保存、整理、批判、传承的责任，保持中华文化的统一性、延续性；另一方面推动文化创新和发展，弘扬和培育符合时代要求的民族精神，在增强民族的凝聚力、创造力以及同世界其他文明进行对话的文化自信力方面作出贡献，使中华民族独立于世界民族之林的文化根基更加坚韧。

出版人是文化创新的推动者，具有坚守文化本性的特殊责任。作为一种文化生产的基本业态，出版既有产业的属性，又有意识形态的属性，必须通过创新来保持文化的独特品质和内容的先进性。从这个意义上说，创新是出版工作者的不竭动力和显著特征，不仅是文化积累和产品制造的组织者，而且也是文化内容的选择者和把关者，当然应当是新知识领域的开拓者和新成果的发现者、催生者。一方面，知识的保存、生产和应用，文化和技术的传承、生产和原创，都是以出版活动为基础的。历史上重要的思想创新、科学发现和技术进步主要是通过出版物得以传承和发展的。另一方面，从造纸术、印刷术到当代激光照排系统、计算机王码汉字处理系统以及数字技术的应用，出版人率先将新成果引进出版业，引发出版形式和内容的不断创新。在文化传播过程中，出版人通过传承优秀民族文化、吸收外国文化精华、把握时代需要，促进着社会文化的不断进步。而现代出版史上鲁迅发现大批文学青年、叶圣陶对巴金处女作的慧眼识珠、巴金对曹禺作品的琢璞为玉的佳话，也反映了出版人所必备的发现新人新作的创新品质。在当前的创新型时代、创新型国家建设的过程中，人民群众的伟大创造，已然成为文化创新取之不尽、用之不竭的源泉，迫切需要出版工作者发现、认识、扶持、推广，进而铺垫中华民族元气深厚的文化创新的阶石，培育中华民族根深叶茂、神韵独具的文化创新的活力。

出版人是时代思潮的引领者，具有坚守文化领土与文化阵地的社会责任。出版的本质不仅在于积累文化、创造新知，不断推出更优秀的文明成果，而且还在于按照一定的价值目标对社会现实文化作出评价，通过选择、把关实现对社会风气、学术思潮、文化倾向的引导。古代中国知识分子正是借助“竹帛长存”所构成的社会认知体系和社会规范体系，才唤起了“见贤而思齐”的文化自觉和道德自律。“五四”时期以《新青年》为中心凝聚的一大批知识青年的出版传播活动，将“科学”与“民主”汇聚成了思想解放的伟大潮流。在当今政治多极化、经济全球化、文化多元化、新技术日新月异的国际背景下，在经济社会急剧转型、社会文化事业和文化产业发展不平衡的国内背景下，承担着建构社会主义和谐社会及传播先进文化的神圣使命的出版工作者，其选择、把关进而引导大众的责任更加重大，需要通过对精神生产加以规划与组织，对精神产品进行鉴别与加工，对文化遗产作出选择和整理，对社会信息予以筛选和传递，打造传承主流文化和主流价值观的精品力作，不断巩固主流文化阵地。这就要求当代出版工作者必须深深植根于中国特色社会主义伟大实践，敏锐把握时代变革的风气之先，不随波逐流，不跟风炒作，不断提高辨别真善美和引导大众文化、传播主流文化和主流价值观的能力，致力于弘扬民族精神和时代精神，为中国的改革开放和现代化建设事业提供有力的思想保证、精神动力和智力支持。

历史已经证明，出版业作为文化传承和文化创新的核心，如果没有文化理想和文化追求，便失去了发展的根基。而出版工作者的文化价值取向、人文素养、文化责任、文化运作能力和学术品评能力，又直接影响到出版物的文化含量。从这个意义上说，对于文化的坚守，不仅是一种出版理念，也是一项出版实践。在竞争日益激烈的世界文化市场中，能否坚持文化本位，能否坚守文化责任，对新时期的出版从业者来说，无疑是一种严峻的考验。《书林守望丛书》的问世，为我们提供了一部关于新中国出版人的精神文化启示录。其中反映出的经过沉淀而彰显的文化品格，尤其应该成为新时期出版工作者的精神支柱。这套丛书的作者，是一群深深地钟情于出版事业的文化守望者，他们在“书荒”时代辛勤耕耘，在“书海”时代坚持方向，恪守文化的尊严，组织、规划、策划、编辑、出版过一大批反映时代精神、民族精神及具有学术价值、文化品位的标志性工程，主持、主编过一大批科学、人文、经济、教育等方面为广大读者喜闻乐见的知识读物，为全社会提供优秀的精神食粮作出过重要贡献。在他们身上体现出来的勇于开拓、后启来者的创新精神和坚守精神家园、淡泊名利的文化风骨，堪称典范。希望通过这套丛书的出版，使新时期的出版工作者形成一种更加清醒的文化自觉，在文化与产业协调发展的道路上走得更加坚定，产生更多让世界为之惊喜的拥有自主知识产权的民族文化品牌，再现中华民族宏大的文化气魄。

当前，出版业的发展同政治、经济、社会、文化的发展一样，要在世界范围内的大对话、大交流、大竞争、大角逐中，把握机遇，迎接挑战，创造新的辉煌，需要一大批具有真才实学且能开阔视野、崇尚科学、追求真理、尊重创造、包容多样的新型复合型出版人才，来担当中国特色社会主义文化建设的推动者。《书林守望丛书》汇集的新中国成立六十年来成长起来的十几位出版家在长期为人作嫁的职业生涯中的思想火花、书坛掌故，集中反映了新时期出版工作者的精神风貌，不仅抓住了时代的新变化，也深刻把握了出版职业的新要求。这套丛书的作者，或者长于出版规划，或者长于鉴赏加工，或者长于经营管理，但都有将丰富的实践经验升华为理论的深沉思考。将这些经过实践检验的理论总结汇集起来，转化为鲜活的历史智慧和生命依托，对于未来的新型出版人才，无疑具有深远的精神哺育作用。我希望这套丛书的出版，能够吸引更多才华横溢、富有创造力的新军投身我们的出版事业，使中国出版人的文化守望薪火相传，为推动社会主义文化大发展大繁荣建功立业。

2009 年 7 月

目 录

001…自 序

第一编 期刊实务

003…期刊：长流的江河
005…再说期刊：长流的江河
011…论期刊编辑工作
016…论期刊编辑工作的特点
024…论期刊的总体编辑构思
034…期刊总体编辑构思的三个纵贯点
039…论期刊的系统结构
050…论期刊的开本与刊名
058…期刊的眼睛
060…期刊的栏目构思
附：说“屐痕处处”
070…谈期刊的方针任务
075…审稿：判断与评价
078…审稿工作：困顿与解困
083…编辑艺术与编辑风格
086…期刊版式设计的思想原则与美学原则
095…论校对

第二编　期刊纵横

105…中国期刊：发展与趋势

——在“第六届国际出版学研讨会”上的讲演

111…期刊：百年潮涌百年潮

119…期刊的社会效益第一与质量第一

123…为读者编期刊与读者参与期刊

131…编辑创新：重视主体要素与遵循编辑规律

140…论创造期刊风格

149…创特色、风格、品牌的羽翼

156…提高编辑素质——提高编辑工作质量的关键

163…正确使用语言文字

166…期刊编辑与期刊的宣传发行

173…期刊“主编”是干什么的

175…丛刊和丛刊的异化

179…重振雄风

——鸟瞰天津社办期刊

182…现代的普罗米修斯

185…共创期刊的辉煌

——兼贺天津获奖期刊

第三编　期刊风范

191…枢始得其环中

——读《中国期刊面面观》

195…文艺期刊如何走出沼泽

——《文艺期刊论》序

198…《生活》周刊及《生活》系列期刊

208…邹韬奋怎样编《生活》周刊

219…姚名达与女子书店、《女子月刊》

229…黄心勉：三十年代《女子月刊》主编

238…再版的期刊

243…《散文》月刊的总体编辑构思

255…《小说月报》的创意与创刊
265…创造　开拓　改革
——纪念《出版史料》创刊十周年
268…鹏程万里　历久弥新
——《出版参考》创刊十周年
270…读“民国名刊简金”

273…**麝墨犹湿古香溢**
——我与书的因缘

287…**徐柏容已出版著作要目**

自 序

我们一般说到“书”的时候，往往也包括期刊杂志。《现代汉语词典》和《汉语大词典》都说“书”就是“装订成册的著作”，也不排斥期刊杂志。期刊杂志也是“装订成册的著作”，符合条件。国家标准 GB3792.4—85《非书资料著录规则》所规定的“非书资料”只是指音响、形象等记录有知识的载体，包括录音制品、录像制品、幻灯片、投影片、电影片、多载体非书资料、缩微制品、图片、模型、智力玩具、机读件等。也等于间接认定，书是包括期刊杂志而言的。所以，无论从约定俗成的一般认识或是从词典解释、国家标准看，书的概念都是包括了期刊杂志的。

不过，相对于传统意义——也可说是狭义的书来说，期刊杂志与之既有共性又有它自身的特殊性，可以说它既是书又与传统的书有异。也正因为如此，我们《书林守望丛书》不仅也要“守望”期刊杂志，而且还要列入像本书这样专谈“守望”期刊杂志这种书的选题。

期刊杂志在“书林”中虽然出现较晚，但发展速度之快、跨步之大，可说是无与伦比的。从全世界来说，它的面世也只有三百多年；中国最早的期刊杂志，应该是 1833 年广州出版的《东西洋考每月统记传》(*Eastern Western Monthly Magazine*)，就是算上 1815 年在中国境外的马六甲出版的第一份中文期刊杂志《察世俗每月统记传》(*Chinese Monthly Magazine*)，也还不到二百年，发展却很迅速。仅以新中国成立以后的情况来说，据中央出版领导部门的统计，1950 年全国共有期刊 295 种，总印数为 3 500 余万册；中经“文革”的摧残，1967 年全国只有期刊 23 种。到十一届三中全会后的 1981 年，又发展到 2 801 种，总印数 146 181

万册，比1950年分别增长了近9倍、41倍。到2000年，又增长到8 726种，总印数为294 182万册，其后20年间分别又增长2倍多、1倍多，与1950年更无法相比了。

我国期刊杂志的发展，真可谓是一日千里，既是十分喜人的，又是堪以自豪的。但在喜人与自豪之中，也并非没有隐忧，而其中最大的问题，就是期刊杂志所需要的人才成长相对滞后，赶不上期刊的发展，绊住了期刊质量提高的后腿。如何更好更快地培养期刊杂志编辑人才，提高期刊编辑的水平，是期刊的当务之急。

这是个需要整个期刊界乃至出版界、文化界来共同面对的问题。作为其中的一分子，我也愿尽其绵薄之力，并视之为自己应尽的责任。

我曾从事过期刊杂志、报纸、图书编辑工作各有多年，而且做编辑工作是从做期刊杂志编辑开始，到了离休之前还仍在参与期刊杂志的工作，始终对期刊杂志情有独钟，以为它既最富于挑战性，又有最广阔的驰骋天地；既更能锻炼编辑，又更能造就编辑；故而偏爱之情，至老不释。我出版过新中国第一本《杂志编辑学》(中国书籍出版社1991年初版，1993年再版)，出版过国家教育部指定大学本科教材《期刊编辑学概论》(辽宁教育出版社1995年初版；辽海出版社，2008年第3版)，还陆续写过不少有关期刊杂志的研究心得、创新经验及典型研究的文章。现在将这些文章加以编选、订补，编成本书，以期于丰富出版文化、传承编辑薪火方面，能起点滴作用。

全书共分为三编，把“期刊实务”置于第一编，说明这是期刊的首要工作，是“书林”中期刊“守望”的首要岗哨。想要做好期刊杂志的编辑工作，先要对期刊杂志的性质、期刊杂志编辑工作的特点有正确的认识，并进而做好方针任务的制订、总体编辑构思和系统结构工作，以及栏目、审稿、版面、校对等实务工作。第一编中的文章，也就是大体按这个逻辑选择和结构的。

要想做好期刊工作，除了要从编辑实务的具体而微处着手之外，同时还要能从大处着眼，这才不致鼠目寸光、“只见树木，不见森林”。继第一编之后第二编的“期刊纵横”，收的正是从宏观的大处着眼论述的文章，包括期刊杂志总体情况，百年来的发展与前瞻，以及如编辑创新、质量第一、期刊风格、主体要素、读者参与、宣传发行……以期能助期刊杂志工作者拓展其视界与心胸。这也是做好期刊杂志工作所不可不有的。

第一编和第二编所谈论的，虽然都是作者从实际编刊经验基础上的研究心得，是从实际上升到理论认识而并非从理论到理论的空中楼阁，但对读者来说，却并非所有读者也都有过同样或类似的经验，这就需要有具体实例来启发、帮助他们，使他们能有更深刻的体认。为此，特有第三编“期刊风范”之设，作带有典型性的个案剖析。其中既有作者自己现身说法、创意和创办期刊杂志的经验体会，也有对上世纪一时之选的名刊的研究分析，以及对当代某些期刊的评骘。虽然或详或略，各不相同，但相信都或多或少可有助于读者感性认识的充实。

三编共收文章四十余篇，原本都曾在报刊上作为独立的文章发表过，而今把它们编辑成本书，每篇文章就不只是单独的文章而成为《期刊：长流的江河》这一系统中的一个个要素，而且是互相关联的要素了。其面目也因服从本书总体编辑构思的需要，有了或大或小的不同，进行了或多或少的修删。有的连标题也和单独发表时不同了。其中内容变动较大的，如《期刊：百年潮涌百年潮》发表稿约为 2 500 字上下的篇幅，收入本书的则用的是经加以修订的 6 000 字稿，比发表稿篇幅已相差一倍多；因此，各篇篇尾只标出写成年份而不标注原发表报刊。对于像本书这样专门研讨期刊杂志工作心得体会的著作而并非一般的论文集而言，为读者着想，上述的改动和做法，是不是还是可以允许的和必要的？

总之，本书的编辑构思，完全是从期刊杂志工作本身的逻辑和读者的需要出发的。作者的这种构思，从主观上来说应是用心于正的，但实际客观效果如何，自仍有待于读者诸君的裁定。作者固有孜孜矻矻向学之心，但“学之终身，有不能达者矣”(〔宋〕欧阳修《答李诩书》)，言行有失之处，更期望读者的不吝指正。

2007 年端午节

第一编

期刊实务

人的作为，是人的形象的反映。

——歌　德

期刊：长流的江河

期刊是条河。世间有许许多多各不相同的河，一份份期刊，也就是一条条不同的河。

河里的水，总是后浪推前浪，不断地奔流向前；每一份期刊，也总是下期接上期，一期期地出下去。流水不断，期刊也就这样成为所谓之“连续出版物”。

世间有大河，有小河，有湍流，有清溪……有各种各样的河。

期刊也有各种各样不同内容、不同风格的期刊，可以“百花齐放，百家争鸣”。

期刊的内容最忌千人一面。因此就不可邯郸学步，按葫芦画瓢效法别的期刊。要有新意，创我之新。

期刊的风格也最忌千人一面。风格既要与自己期刊的性质、内容相称，又要体现自己期刊的特色、个性，还要有异于同性质的其他期刊。世间没有全然相同的两条河，每种期刊也应有自己的风格。期刊的风格可以是慷慨豪放，也可以是低回婉约；可以高歌黄钟大吕，也可低吟小桥流水。

河总是有自己的河道。而河道要受两岸的约束。期刊也要有自己的“河道”。那河道是办刊宗旨决定的。所以，期刊要有一定的办刊宗旨，包括由办刊宗旨决定的期刊总体编辑构思、期刊的个性化、风格化，正是期刊自己河道的个性化、风格化。

期刊的河道也要受两岸的约束，这个约束，不仅是期刊内容范围的约束，同时也是期刊河道走向的约束，河道何处宽、何处窄；水流何处为激流、何处为缓流，期刊内容的重点与一般、中心与辐射……的美妙音律节奏，是在两岸的约束中奏出的。

没有岸际就不能成形。河流是这样，期刊也是这样。不仅要有岸际，还要有自己的节奏。河流是如此，期刊也是如此。

不同的岸际、不同的节奏，形成不同的河流特色、个性、风格，也形成不同期刊的特色、个性、风格。

河流永远是它自己：长江永远是长江，黄河永远是黄河。期刊同样是如此。这个永远是自己，来自它的稳定性。期刊和一切事物一样，不能不具有稳定性。如果失去了稳定性，就会因此面貌模糊，就会失去自己。

但是，河流又是每一分钟都不是前一分钟的自己。所以，古希腊哲学家赫拉克利特(Heracleitus，约前540～约前480)说："人不能两次涉过同一条河。"期刊同样应该是这样。应该永远是它自己又每一期都不是以前的自己。应该既具有稳定性又具有变易性……不断地在创新。

期刊跟河流一样，稳定性是基础。稳定性不仅对河流、对期刊赋以形，规定了它们的外在面貌，同时还对河流、对期刊赋以神，规定了它们的特色、个性、风格。

但不论是形或神，都不能是停滞的稳定而只能是发展的稳定。河流停滞的稳定就不再是河流而只是一滩死水，不久就会发臭。期刊停滞的稳定同样也只能是一滩行将发臭的死水，失去生命力。

编期刊，就必须懂得这样的辩证法：在稳定性中求变，在静中求动，在定型中创新……

1994年

再说期刊：长流的江河

你一定无数次看见过一条条的河吧？或者是浩浩瀚瀚的大江大河，或者是湍湍急流的怒江莽河，或者是闲庭信步的悠江缓河，或者是涓涓潺潺的小溪细流……

你也一定无数次阅读过一本本的期刊吧？或者是典奥厚实的学术性期刊，或者是庄重严肃的政论性期刊，或者是高雅益智的知识性期刊，或者是轻松生动的文化性期刊……

江河都是江河，不论是怒江莽河还是悠江缓河；期刊都是期刊，不论是政论性期刊还是文化性期刊。

但江河又都是各式各样的；期刊也都是各式各样的。

江河是江河，期刊是期刊。江河不是期刊，期刊不是江河？

但你从未曾把江河与期刊联系起来思考过吗？如果你把江河与期刊联系思考，你就不难发现：

期刊就是江河。一份期刊就是一条江、一条河……

期刊是江河。每一份期刊也就是一条江、一条河。世间有许许多多不同的江、不同的河，一份份期刊，也就是一条条不同的江、不同的河。

江里河里的水，总是连绵不断地、后浪推前浪地奔流向前；每一份期刊，也总是连续不断地、后期接前期地出版下去。江河是不断流的，期刊也是不断流的。

你知道吗？这就是为什么期刊被称之为“连续性出版物”。

江河里的浪花，不仅是一个连着一个、后浪推前浪地涌流而前，而且每一个浪尖、后浪与前浪的浪尖之间，保持着相同的节奏、相同的间距。就像期刊以相同的节奏、相同的时距出版一样。

首先正是由于期刊定期地、连续地出版这种特性，使期刊就像一条条江、一条条河。

每条河里流淌的都是水，都是由 H_2O 组成的水：每条河都是一样的；每份期刊载的都是文章，都是由文字、图片组成的文章：每份期刊都是一样的。江河的共性使江河皆为江河，期刊的共性使期刊皆为期刊。

每条河里流淌的水又都是各不相同的。或清、或浊：皆清者清度不同，皆浊者浊度亦有异；或咸、或淡：皆咸者不同咸，皆淡者亦不同淡；每条江、每条河里的水，所含矿物质不仅多寡不等，品种也各异，一条江有一条江的水质，一条河有一条河的水味……

期刊也是这样，刊载的文章也是各不相同的。或正确、或错误：正确的有不同方面的正确，错误的有不同性质的错误；或深、或浅：深者不同度，浅者亦不同度；不同期刊的文章，或给你思想启迪，或给你智慧知识，或给你性情怡悦……一份期刊有一份期刊的内涵，有一份期刊的品位……

条条江河各不相同，才让人们不会把黄河当做长江，不会把尼罗河当做密西西比河。

每一份期刊也必须有每份期刊自己的个性、特色，才让人们不会把你当做他人，或把他人当做你。

一条江、一条河，不仅有自己的个性、特色，也各有其自己的风格。

“九曲黄河万里沙，浪淘风簸自无涯。”这是刘禹锡笔下的黄河。

“三千三百西江水”，“云际溶溶雪水来。”这是刘禹锡笔下的长江。

“浙江八月何如此，涛似连山喷雪来。”这是李白笔下的浙江。

“千里嘉陵江水色，含烟带月碧于蓝。”这是李商隐笔下的嘉陵江。

…………

内容不同，风格各异；内容同类，风格也可各自标举。

江河如此，期刊亦复如此。

期刊内容要创新，不雷同于人；期刊风格更要创新，不落他人窠臼。

内容创新方能创造自己的特色，方能有自己的个性；风格的创新又离不开特色、个性：特色是风格的摇篮，个性是风格的乳汁。

内容不能创新，就只能是照葫芦画瓢，做别的期刊的影子。影只随人，徒具轮廓。面目且不清，又何来特色、个性？既无特性又无个性，又何能侈谈风格？

非随人之影，而有创我之新，则不但眉眼生动，抑且顾盼有神；不但具象，而且见其魂灵，所谓秀外慧中，形神兼备。于其特色、个性之中，风格就凝然可见了。

徐柏容在川上曰：期刊，长流的江河……

期刊的风格是可以“百花齐放、推陈出新”的。牡丹、芍药，海棠、玉兰，梅花、莲花，丁香、蔷薇……可以争艳，也可“芳林新叶催陈叶”，花样翻新。它像江河的流水一样，也是活泼自由的。

不同性质的期刊，因其期刊性质不同而会有不同性质的风格；不同类别的期刊，因其期刊品类不同而有不同类别的风格；然而比性质、品类决定的风格更重要的，是“我”的风格，“我”这份期刊与其他同性质不同性质、同种类不同种类期刊皆有所不同的“我”的风格。

这是独一无二的“我”的风格。

它可以是豪放的，也可以是婉约的；它可以是阳刚的，也可以是阴柔的；它可以是黄钟大吕，也可以是轻吟低唱……

然而却又不是豪放或婉约、阳刚或阴柔、黄钟大吕或轻吟低唱……所能完全表达的。它有它与其他不同的豪放或婉约、阳刚或阴柔、黄钟大吕或轻吟低唱……

它就是它，它自己唯一的风格。

就像黄河就是黄河，长江就是长江，尼罗河就是尼罗河，密西西比河就是密西西比河……

每一条江、每一条河都是自由的，自由地向前流去，然而，每一条江、每一条河都有自己的河道，由两边的堤岸构成的河道。或顺流直下，或曲折迂回；或滔滔东去，或九曲八弯；或“江间波浪兼天涌”，或“荆门滩急水潺潺”……无论河道或宽或窄，每条河都有它自己的堤岸，自己的河道。

期刊也一样。它总是在它自己的河道里流着，在它自己堤岸夹道的河道里向前流着。期刊的河道决定于期刊的方针任务，决定于期刊的总体编辑构思。期刊的方针任务决定期刊河道的走向、宽窄，期刊的总体编辑构思决定期刊河道的或平或陡，或直或曲，乃至特色、个性、风格。

期刊的河道开辟了期刊的长流，也约束了期刊的长流，即它只在它自己的河道里流淌、前进。期刊的河道不仅像河道范围江河那样范围了期刊，而且范围了它何处宜宽、何处宜窄；何处为急流、何处为缓水……像乐曲之美妙音律节奏，沁人心脾。这宽、窄、缓、急，也就是期刊各部分(栏目)之大、小、轻、重，重点文章与一般文章之如何君臣佐使，中心论题与辐射论题的如何互补共济。

堤岸之于河流，不仅是约束，而且是河流之所以为河流者所不可或少的。没有堤岸，也就没有河流，当河流泛滥时，洪水冲决堤岸，酿成水灾，即是河流发疯了。疯了的河流就再也不成其为河流，成为失去河道的汪洋一片了。“水则载舟，水则覆舟。”江河里的水是载舟之水，失去河道发疯的水就成覆舟之祸水了。

期刊之方针任务、总体编辑构思就是期刊的河道、堤岸。没有方针任务、总体编辑构思，也就不成其为期刊了。冲决了方针任务、总体编辑构思的期刊，也是发疯了的期刊，它会毁灭期刊自身，它也会成为覆舟之祸水。

不同的堤岸、不同的河道里，淌着不同节奏的水流，形成不同的江、不同的河。不同方针任务、不同总体编辑构思的期刊，形成不同特色、个性、风格的一份份不同的期刊。

长江永远是长江，黄河永远是黄河，尼罗河永远是尼罗河，密西西比河永远是密西西比河。每一条河永远是它自己而不是别的河。其所以如此，是因无论长江或黄河，尼罗河或密西西比河，所有的河流都有其相对的稳定性。如果是没有相对稳定的流向、相对稳定的河道，它就不会成为一条河。事物的相对稳定性，是决定事物之为此事物的重要因素。

对期刊来说，同样如此。从内容到形式：内容刊载些什么文章，以什么开本、版面……形式出现，都应该是具有相对稳定性的。有相对稳定性，才会使我成为我而不是别人或者似我而非我。

无论河流还是期刊，它们的这种稳定性都是不可或缺的；但无论是河流还是期刊，它们的这种稳定性又只是相对的，而不是绝对的。

长江可以用葛洲坝截流，黄河不止一次改道，虽然它们永远是它们自己，但它们又不是一成不变而是“苟日新，又日新，日日新”的。稳定不是凝固，不是停止。凝固、停止就会变成死水，失去生命力了。河流是如此，期刊也是如此。

每一条河永远是每一条河它自己，但每一分钟又都不是前一分钟的它自己。古希腊爱非斯哲学家赫拉克利特有过一句名言：“人不能两次涉过同一条河。”因为，第二次走过的河的河水，已经不是第一次走过的河的河水了。

河里的水是无时无刻不在变易着的。河流不会腐臭，就因为“流水不腐”。

期刊也只有如江河里的水那样无时无刻不在变易，要“不腐”，就该是“流水”。也就是说，要不断革新自己，要不断创新，要让它永远是自己却又每一期都不是前一期的自己。在稳定性的基础上时时刻刻创新。

期刊的创新，既是形的创新，更是神的创新。就像人一样，既要梳妆打扮换新衣，更要在思想品德、才学知识上不断充实自己。

又要永远是自己，又要每一刻不是过去的自己，这不是罗素先生所说的悖论，而是矛盾的统一。矛盾的统一，关键在掌握稳定与变易的度。对期刊来说，这也是一种编辑的艺术。人们都知道每半年换一个新的封面设计，每一期在固定封面设计格式基础上变换具体图片，就是掌握了半年或一年较大幅度的变易而每期较小幅度的变易的频率，掌握了不同的度。但有的期刊换封面时连刊名字体也变换了，这是不是就过度了？要知道，刊名字体是品牌的一个重要构成部分，是无形资产。怎能不去积累无形资产反而把它的一部分也抛弃呢？

掌握封面变易的度，不过是举其易见者而言。更重要的是掌握内容创新变易的度。是不是可以由此举一而反三？

江河是不老的，无论是大江大河还是小溪细流，都是不会老的。孔夫子叹息说“逝者如斯夫，不舍昼夜”的水，不还在那里“不舍昼夜”地流逝？

江河不仅是不老的，甚至还可以越过越年轻。长江在过了几千年后，滟滪堆的湍流变成平流了，过去的“沉舟侧畔”，如今真是“千帆过”了，葛洲坝上，如今点燃了多多少少千家万户的床头案头？长江不是越过越年轻了？

期刊也是不老的。它和江河一样而和人不一样。人是过一年要老一岁的，以至头童齿豁、耳不聪、目不明、食不甘、寝不安。这是人的不可抗拒的自然规律。期刊却不会过一年就老一岁，而和江河一样，可以长命百岁、历久弥新。

当然，期刊的命和编期刊的人是分不开的。有什么样的期刊编辑，就会有什么样的期刊。期刊编辑可以使期刊不老，使期刊越活越年轻；期刊编辑也可以使期刊丧失青春，以至“寿终正寝”。

不老的期刊啊，愿你不会有一个或一批让你老去的期刊编辑。

就像不老的江河，有“溃于一穴”的蝼蚁。

警惕啊，期刊！警惕啊，期刊编辑！

1999 年

论期刊编辑工作

期刊编辑工作，作为一种编辑工作，有与书籍编辑工作相同的共性，但又有不同于书籍编辑工作的个性。期刊编辑工作的这种个性，也就是期刊编辑工作的特性。

编辑之编，本含有组织排列之意；编辑之辑，则有收辑聚集之意。将这两个字复合成编辑一词，也可说就是汇集加以组织编排的意思。编与辑之合成一词，至迟始于唐代。如李延寿《南史》称："少好学，能属文，家有旧书，例皆残蠹，手自编缉，筐箧盈满。"(《南史·刘苞传》)这里所说的编缉即编辑，虽与今日的编辑工作内容不尽相同，但已是用以指对书稿进行某种工作了。编辑缀合成一词后，将编的组织排列与辑的收辑聚集两方面的意思结合在一起，就可概括编辑工作的中心内容了。现代编辑工作意义的编辑一词，则既包含有汇集、整理、编排的意思，又包含有审读、修改、加工、注释的意思。这一点，对书籍、期刊的编辑工作所说的编辑，都同样是适用的。体现了它们都是编辑工作的共性。

但是，细加考核就会发现，期刊编辑工作与书籍编辑工作，除了这种大同之外，还有其不同的特点。

一般说来，书籍的文稿一般是一本书一部完整的原稿，这原稿是已由作者组织成为一个完整的系统，不仅有头有尾，而且有其逻辑序列。而期刊则不同，是一堆由不同的作者分别写的不同内容、不同形式乃至不同题材、不同体裁、不同风格的一篇篇文章。这些文章基本是处于无序状态，只是结构成一本期刊的一些素材。期刊编辑的工作，除了和书籍编辑一样要做制订选题、组稿、审稿、加工一系列工作外，还多了一项十分重要的特殊工作，即将这些散篇无序的文章，按照总体编辑构思结构组织成为一个有序化的系统，使之能体现一定的思想内容、科学知识和审美感受等。这项十分重要的特殊工作，包括选择、调配、集中、分栏……这些工作做得好不好，对于决定期刊质量的高低，不仅不在各篇文章本身质量之下，甚且有以过之，要起关键性作用。各篇文章本身质量固然重要，就好像做佳肴先要有鲜美的鱼肉等一样。但鲜美的鱼肉能否真做出佳肴来，还在于厨师功夫的高低。对于期刊来说，就在于期刊编辑结构组织期刊这个系统功夫的高低。所以，期刊编辑这项结构期刊的特殊工作，就成为期刊编辑工作的一个十分重要的特点。这个特点，突出地体现了期刊编辑工作是一项具有很大创造性的工作。

期刊编辑工作是一项有很大创造性的工作，不仅在于它将分散无序的文章结构成为一个有序的系统，还在于当这项结构组织工作高质量完成，编好的一期期刊真正成为一个有序化系统时，这个系统就会产生贝塔朗菲(Ludwig Von Bertalanffy)所说的“系统效应”，能发挥出大于各篇文章单独存在时功能之和的功能。这就是通过期刊编辑结构期刊的工作创造的新的价值。

期刊编辑工作中这个富于创造性的特点，无疑会大大增加期刊编辑工作的意义和重要性。期刊编辑这项创造性工作，有一个很突出的作用，那就是导向作用。

期刊的导向性，表明期刊要将其读者引向何处。导向性从根本上决定了期刊的思想性、科学性、审美观。期刊的导向性既取决于期刊所刊载文章的思想性、科学性、艺术性，也取决于期刊的编排结构。文章的思想性、科学性、艺术性的缺点，虽不一定能通过高质量的编排结构扭转、消除其不良作用，但可以削弱、削减其不良作用。思想性、科学性、艺术性强的文章，高质量的编排结构可使其正确导向更突出，发挥更大的力量；如果编排结构质量低，则会削弱其导向作用。所以，期刊的导向作用固然有赖于文章本身的思想性、科学性、艺术性，也有赖于期刊高质量的编排结构工作。编排结构工作，可说是期刊编辑工作发挥其导向作用的一个特有渠道。

编排结构工作发挥导向作用的具体方式可以各有不同，但从根本上说来，主要是通过展示期刊的倾向性来体现导向。当然，这也有种种不同的方法。例如：

可以通过标题的制作或突出的编排手法，直接表明赞成什么、反对什么；也可以通过文章的数量或集中的编排、所占版面地位、使用的字号等等，间接地体现期刊的倾向。

可以只编排一面倒意见的文章，以一枝独秀方式展示期刊的倾向性；也可以通过对正反面意见以不同字号排标题、内文或安排版面不同位置等方式，暗示期刊的倾向性。

可以通过刊登或不刊登什么图片、图片的大小、位置等等来体现期刊的倾向性；也可以通过加不加花边、题图等等，传递期刊的倾向性。

期刊通过组织结构体现倾向性，也就是在发挥其导向作用。其基本手段，一是选择什么内容的文章来组织结构期刊，一是通过版面编排结构期刊的手法。两种手段相辅运用，就能很好地发挥期刊的导向作用。只重视前者而忽视后者，就不能很好地发挥期刊编辑工作的特点来创造性地进行工作。

当然，期刊编辑工作还有别的许多工作要做。我们首先重点讨论编排结构的意义与重要作用，不过是为了突出期刊编辑工作的这个特点与其特有的一个编辑手段罢了。

从期刊编辑工作整体来说，可以粗略地划分为宏观编辑工作与微观编辑工作两个部分。这两部分工作，分别适应于期刊作为连续出版物与每期又作为相对独立出版物的双重性质。因此，也可以通俗地说，属于相对独立的一期期刊的编辑工作，称之为微观编辑工作；而贯串于各期期刊编辑工作，不仅属于某一期期刊、带有适用于各期或某些期的、体现连续性出版物性质的编辑工作，称之为宏观编辑工作。必须说明的是，这两部分工作只是为了便于研究而作的粗略划分，实际并非截然分开的。因为，不仅宏观编辑工作往往是贯串于具体编辑工作中，微观编辑工作也是宏观编辑工作的组成部分。期刊作为连续性出版物与其每期作为相对独立的存在，原本就是统一的。

按照这种粗略的划分，宏观编辑工作主要内容有：

一、信息工作。信息是 Information 的对译，而 Information 的字源又是拉丁文 Informatio，原意是阐释、说明。申农倡创信息论，视信息为通信系统中之普遍联系方式，是包含于消息中的抽象物。现在对信息有种种不同的界说，但通常大都承认，如消息、信号、情报……特别是事实与数据，都是信息。期刊与社会联系密切，掌握信息是期刊编辑工作的基础。

二、市场工作。期刊和其他出版物一样，主要是通过市场来进行传播、发行的，并通过市场交换来发挥其精神力量(思想力量、知识力量、艺术力量……)，影响人们的思想、世界观。其力量、影响之大小，与市场传播、发行范围大小是成正比例的。为此，期刊在致力于提高内在质量之余，还有许多市场工作要做，如市场供应情况、市场需求情况的调查了解、市场流通渠道、流转速度之开拓、强化以及如何既引导又适应市场等。

三、方针任务。包括明确杂志长期的、年度、每期的方针任务。在总的长期方针任务规定下，进而明确年度的、每期的具体方针任务，使之成为年度、每期具体编辑工作的指针。

四、编辑构思。根据方针任务，具体进行宏观的总体编辑构思——即长远的及年度的总体编辑构思，与微观总体编辑构思——即一期期期刊的总体编辑构思。这些一环套一环的总体编辑构思，是如何组织结构一年年、一期期期刊的“施工”蓝图，是如何结构一年年、一期期期刊成为系统、子系统的预期构思。

五、宣传工作。这是市场工作的一个构成部分又不仅仅只是市场工作。因为，期刊的宣传工作固然与扩大期刊的市场有密切关系，但期刊宣传工作的着眼点，首先不应是市场，即不应是为了扩大市场的占有份额，而应是扩大期刊的社会影响——亦即社会效益。只是期刊这种社会影响、社会效益的扩大，总是会带来期刊在市场占有份额的扩大而已。

六、质量检查。这是期刊出版后的成品质量检查工作，应使之成为期刊编辑工作的一个构成部分，而不应有所忽视。期刊出版了，并不等于期刊编辑工作的全部完成，必须再益之成品质量检查工作。质量检查工作之所以视作宏观编辑工作而非微观编辑工作，是由于这种质量检查工作，不仅在于对受检查这一期编辑工作的检查、评估，还具有对其后各期期刊编辑工作的指导意义。

具体编辑工作主要内容有：

一、选题拟制工作。拟制选题和选题计划，是期刊进入微观编辑工作的第一步，也可说是期刊微观编辑工作的基础。这里说的选题计划，是指一期期刊的选题计划，即组织结构一期期刊的选题计划。

二、集稿工作。这里所说的集稿工作，其范围大于通常说的组稿工作，指文稿的征集工作，包括组稿、征稿、投稿……诸多稿源方式来稿的汇集。

三、审读工作。即对集稿的逐篇审读，进行判断、鉴定、选择——既是对文稿质量的判断、鉴定、选择，又是对文稿是否适合此期期刊系统结构的判断、鉴定、选择。

四、修改加工工作。这是指对通过审读拟采用的文稿的后续优化工作，包括从标题到文字、从政治性、思想性到知识性、艺术性以至技术性的修改加工。进行此项工作应注意事先得到作者授权。

经此一系列编辑工作后，方进入具体**结构工作**，即按其内在逻辑进行组织结构。其意义前已论述。它看似不过是整个编刊工作的一个环节，但实际却是一项集其大成的具有总结性的工作。

1995 年

论期刊编辑工作的特点

一

期刊编辑工作是编辑工作的一种，但编辑工作又是什么呢？我们不妨先从字义、词义考察。编，本有组织、排列之意；辑，本有收集、聚集之意。在编与辑二字未缀合成词之前，称这种工作为“辑而论纂”。如：“门人相与辑而论纂，故谓之《论语》。”(《汉书·艺文志》)编与辑之缀合成词，至迟当始于唐代。因李延寿之《南史》已称：

少好学，能属文，家有旧书，例皆残蠹，手自编缉，筐箧盈满。(《南史·刘苞传》)

这里所说的编缉，即编辑。虽与今日的编辑工作内容不尽相同，但已是用以指对书稿进行某种工作了。编辑二字缀合成词后，将编的组织、排列与辑的汇集、聚集两方面的意思结合在一起，成为汇集加以组织编排的意思，已可概括当时编辑工作的内容了。

有意思的是，在英文中，编辑也有两个字，一个是 edit，一个是 compile。这两个字都可以译作编辑，却并非无细微之区别。只不过它们的区别，并非与中文之编与辑二字相照应。英文的 edit 多用以指对报刊的编辑工作，而 compile 则有汇集编辑之意，多指编成书、表、报告书之类。似乎编辑期刊宜称之为 edit，编辑书籍则可称作 compile。但是，edit 又多指对作品进行审读、修改、加工、注释等编辑工作，而 compile 则多指对作品进行收集、整理、编排之类工作，则 edit 实既适用于期刊编辑工作，又适用于书籍编辑工作。而 compile 所指向收集、整理、编排一类工作，倒更是切合期刊的编辑工作。

通过上面对中文、英文有关“编辑”词义的粗略考察，我们可以明白：编辑工作意义的编辑一词，既包含有汇集、整理、编排的意思，又包含有审读、修改、加工、注释的意思。

作为编辑工作之一的期刊编辑工作所说的编辑，自然也是如此。只是，期刊编辑工作除这种共性外，也还有它自已的特点。

期刊编辑工作与书籍编辑工作等的共性，是从其大处而言。现代的书籍编辑工作侧重于审读、修改、加工之类的工作，也就侧重于英文 edit 所主指的工作；期刊编辑工作不同之处则在于侧重搜集、选择、整理、编排之类的工作，也就是侧重于英文 compile 所主指的工作；至少也是搜集、选择、整理、编排等工作与审读、修改、加工等工作并重，而非只侧重于后者。其所以会有这种区别的原因，主要是由于书籍文稿一般是一本书即一部完整的原稿，而期刊文稿则是要由许多篇文章组织编排而成的。

说期刊侧重于 compile 所主指的工作，或者至少是 compile 所主指的工作与 edit 所主指的工作并重，丝毫也不意味着期刊编辑工作较之书籍编辑工作，可以轻视或者放松 edit 所主指的那些审读、修改、加工之类的工作。说这些工作在期刊编辑工作中不是侧重面，只是相对于 compile 所主指的工作而言。只是由于加大了对于 compile 所主指的工作的分量造成的，而不是由于减少了 edit 所主指的工作的分量造成的。对这一点，不应有所误解。

在具体编辑过程中，书籍编辑工作由于书稿本身的分章分节，作者已将全书组织编排好了，书籍编辑主要是审核其组织编排是否还有不够妥当完善的地方，加以适当调整就可以了。即使是短文汇编的集子如论文集、散文集等，作者也大都已将全书分辑编排好，编辑的工作仍然主要是审核并在必要时作部分调整。但期刊编辑就不同了，期刊编辑不仅要像书籍编辑那样审读、修改、加工全部文稿，还要将这些由不同作者撰写的不同内容文稿，进行选择、配伍、分栏……进行编排组织工作。这种编排组织工作是一项再创造的工作，关系到期刊作为系统的各个要素——文稿选择是否得当，配伍是否科学，分栏是否适宜。这种编排组织工作的质量越高，作为系统的期刊结构就越趋于合理化、有序化，就越能产生大于各篇文章效能总和的系统效应。

这种编排组织工作，与书稿的由作者来完成不同，是完全要由期刊编辑来做的。而且这项工作的质量，还是决定期刊质量的一个极其重要的因素，成为期刊编辑工作中一个极其重要的组成部分。

从期刊编辑工作不同于书籍编辑工作的这种特点里，我们可以认识到，在具体编辑过程中，期刊编辑工作不仅比书籍编辑工作更复杂、更繁重，同时也要富于创造性，有更多发挥创造性的余地，因而也是更富有活力的，更具有挑战性的。

当然，这样说并不排斥书籍编辑工作中也可能有比期刊编辑工作更复杂、更繁重的地方。

二

期刊编辑工作中这种更富有创造性的特点，无疑，会大大增加期刊编辑工作的作用，使期刊编辑工作显得更具有重要性。

一般的编辑工作——例如书籍编辑工作，在具体编辑过程中，其作用主要是通过对书稿的鉴别、选择、删改、校订等呈现出来的，编辑鉴别了书稿的优劣，选择出可接受出版的书稿，再就这些书稿的不完善或不够完善的地方(包括内容和组织结构等方面)请作者删改或代作者删改，以及进行必要的校订等等，使书稿质量进一步得到提高。这些就是书籍编辑工作具体过程中的重点环节。也就是说，在具体编辑过程中，书籍编辑工作的作用，主要是选择、优化——包括使书稿更完整。

这工作看似简单实则不然。既需要懂得编辑学，又需要有广博的学识，否则就难以选择准确，难以使书稿真正得到优化。

当然，书稿编辑进入具体编辑过程之前还有如制订选题、组织稿件等等，之后还要做例如书评、再版、市场等工作。

期刊编辑工作可说也全部包括了这些内容。而且由于在具体编辑过程中还有很重要的编排结构工作，期刊编辑工作的重要性就尤为突出了。

期刊编辑工作具体过程中，编排结构工作的最重要作用，在于展示期刊的导向性。

导向性对期刊来说，是个很重要的问题。它表明期刊要把它的读者引向何方。所以导向性从根本上决定了期刊的思想性、科学性、审美观。

导向性既取决于期刊所刊载文章的思想性、科学性、艺术性，也取决于期刊的编辑结构。思想性、科学性、艺术性不是尽善尽美的文章，期刊的高质量编排结构可削弱、消减其缺憾的影响；思想性、科学性、艺术性较高的文章，期刊的高质量编排结构可使其正确导向突出，发挥更大的力量；倘若编排结构质量低，则可能削弱其导向作用。所以，期刊的导向作用更多地要靠期刊的高质量编排结构工作。编排结构工作，可说是期刊编辑工作发挥其导向作用的一个特有的渠道。

编排结构工作发挥导向作用的具体方式方法可以各有不同。但从根本上来说，主要是通过展示期刊的倾向性来体现的。通过展示期刊的倾向性来体现导向，也有种种方法。例如：

可以通过标题的制作和突出的编排，直接表明赞成什么、反对什么的倾向性；也可以通过文章的数量和集中的编排、在版面上的地位、字号等，间接表明期刊的倾向；

可以只编排一面倒意见的文章以一枝独秀的方式展示期刊的倾向性；也可以通过正反面意见的标题字号、内文字号以及版面位置安排等，让读者结合不同意见内容进行比较，得出与期刊倾向相同的结论；

可以通过刊登什么图片和不刊登什么图片，或者图片的位置、大小……展示期刊的倾向性；也可以通过花边、题头图的有无……展示期刊的倾向性。

如此等等。

总之，期刊通过组织结构工作的导向作用，一方面是选择什么内容的文章以组织结构期刊，另一方面是如何在版面上组织结构期刊。运用好这两种手段，期刊编辑就可以很好地发挥期刊的导向作用。

三

从期刊的具体编辑工作看，也有它自已的特点。

首先，期刊编辑工作是多元与一元统一的工作。

其多元性在于：期刊是由多文、多作者、不同内容汇集而成的。其一元性在于：以一个刊名、单独成册面世，也就是它要成为一元的整体。

期刊的具体编辑过程，就是要将多元性的许多文章，编辑成为一元性的一本期刊。

但这种化多元为一元的期刊编辑工作，并不是把多篇文章改写成一篇文章，或者如一些综述文章那样汇众家之说成一文。期刊编辑工作并没有消除多元性使之一元化，所以只能说是化多元为一元，而不能说变多元为一元。期刊编辑工作是一种使多元性与一元性相统一的工作。统一之中仍然还有多元性的因素存在。或者说，是一元之中有多元，多元之中有一元。

如果只有一元性而无多元性，或者反之只有多元性而无一元性，就都不是期刊而只是书本或活叶文选。只有多元性与一元性的统一才能成其为期刊。许多不同的文章，由于期刊编辑找到了它们之间的共同因素——或者说找出了它们的公约数，因而使这些不同的、独立的文章依赖这个公约数而彼此互相联系起来，从而编成了一元性的一本期刊。这就使多元性具有一元性，而在一元性中又仍然存在着多元性。

从哪些多元的文章中去找一元性的共同因素，找什么样的一元性的共同因素，这就是期刊编辑的艺术。

所以，期刊编辑工作，首先是使多元性与一元性相统一的工作。其次还是使多元性与一元性优化乃至最优化统一的工作。

先要对期刊编辑工作有这样的认识，才会有这样追求。

其次，期刊编辑工作是归纳与演绎的统一。

归纳与演绎，本是两种不同的推理和认识事物的科学方法，是从特殊到一般和从一般到特殊的方法。在期刊编辑工作中，也有一般和特殊、归纳与演绎的问题。

期刊编辑工作多元与一元的统一，可说是建立于归纳与演绎基础之上，又统一于归纳与演绎的。期刊的多元，或者说期刊的每一篇文章，原本都是具体存在的个别事物，即所谓之特殊。在这里，归纳不是从特殊到一般的推理，而是要寻求有共相的特殊和特殊的共相来组织结构成一本期刊的内容。期刊编辑工作的质量高低，在于所寻求得来的共相的特殊、特殊的共相的合理度与紧密度。合理度与紧密度愈高，归纳也就愈科学，也就更具有一元性，也就是期刊编辑质量更高。

编得好的期刊都有一个一以贯之的编辑主旨作为主导、中心，成为这本期刊的主题，这个主导、中心、主题，就是这本期刊的一般。期刊的各个栏目、各篇文章，虽然未必栏栏篇篇都是正面表现主题，表现一般的，但所有栏目、文章，应该都是围绕主题展开、安排，才能编辑成为一个有序化的结构系统，产生系统效应。有些文章独立存在时，也许是不能表现、表达这本期刊主题的，但被组合在这本期刊中，成为一般主题下统率的一个部分，文章内部潜存的与一般主题相通的地方，就展示出来了。无论是直接、间接，还是潜在相通于主题的文章，都具有从一般到特殊的意义，也就是演绎的意义。

期刊编辑工作多元与一元的统一，不仅是建立于归纳与演绎基础之上，而且又是归纳和演绎的统一。例如，不应单纯从特殊到一般，从众多文章去归纳一个期刊的主题，也不应单纯从一般到特殊，主观臆断地确定期刊的主题，只按主题去找文章。而应该是始终贯彻着从特殊到一般又从一般到特殊的归纳与演绎的统一。

归纳与演绎本是互相联系、互为补充的。演绎的根据源自归纳，归纳的结论是演绎的前提；归纳又是一般指导下的归纳，在一般的指导下才能正确地寻求到特殊的共相。

归纳与演绎的统一，在期刊编辑工作中，是更为深层、更触及本质的统一。在某种意义上，也可视作多元与一元统一的深化。

第三，期刊编辑工作还是整体与局部的统一。

整体与局部的统一，在期刊编辑工作中，具有更为广泛的意义。

一般说来，这种整体与局部的统一，包括三个层次。

浅层次的统一，或者称之为狭义的统一，是一期期刊文章整体内容与各个栏目、各篇文章之间的统一，包括栏目与栏目之间、文章与文章之间的协调。没有这种协调，也就不会有整体与局部的统一。

没有这个层次的统一，期刊就不可能编成一个有序化的系统。

这一层次之上的整体与局部的统一，与前述多元与一元的统一、归纳与演绎的统一是处于同一层面的，都主要是针对期刊文稿的选题、集稿、鉴定、选择、删改、校订、结集、编次、编排等工作过程，作横向考察的抽象。只是三者的视角与深度有异。但从其根本来看，这三个统一在期刊编辑过程中，它们自身也应该是统一的。

中层次的统一，或者称之为亚广义的统一，是一期期刊内容与形式的整体与局部的统一。这是范围更为广泛的整体与局部的统一。如果浅层次的整体与局部的统一可视作内容的统一的话，在这里，这个统一也成为局部了，整体则是还包括形式这个局部的整体。有一些期刊，也许在编辑工作中注意了浅层次的整体与局部的统一，却往往忽视中层次的整体与局部的统一。所以市场上就不时会看到在中层次上整体与局部欠统一的期刊。例如，美国纽约《中报》有篇文章说，翻阅我国的“一些政论性月刊时，发现它们也在大贴封面女郎”(凌珊《某些月刊格调降低了》，见纽约《中报》，1987 年 3 月 12 日)。抛开其他的不说，“封面女郎”的形式与“政论性月刊”内容不相协调，就是整体与局部不统一的例子。

这种内容与形式的整体与局部统一出现的问题，不仅可见诸例如封面与内容的不统一，也会见诸例如文章标题与内容、字体字号与文章内容的不统一，插图、题图、尾花与文章内容的不统一，乃至装订、纸张、字号……与期刊整体的不统一等等各个方面。期刊编辑的工作，就是包括局部与局部的、内容与形式的千头万绪的整体与局部的统一工作。

深层次的统一，或者称之为广义的统一，是一期期刊与其他各期期刊的整体与局部的统一。其范围又更广泛了，超出了一期期刊。这是由于，期刊作为连续性出版物，每期既是独立的，又不完全独立。它每期独立存在，也可独立阅读，所以是独立的；但它作为连续出版物，共用一个刊名分期出版，每一期又不是完全独立的。一期期刊有时不妨作为一个整体来考察，但从本质上，它又只应作为一个局部来考察。

对一种期刊来说，从创刊到终刊，才是这种期刊的整体；每期期刊，只是整体的一个局部。

于是，期刊编辑工作，就不能不包括这种广义的整体与局部的统一。

广义的整体与局部的统一所以是期刊编辑工作的一个抽象本质，是由期刊连续出版物的性质所决定的。

期刊如果不能在编辑工作中做到广义的整体与局部的统一，自然也就更谈不到期刊会有自己的特色、风格了。广义的整体与局部的统一，可说是期刊编出特色、风格的基础。言论态度的一贯，基本性质的一致，基本栏目的稳定，乃至形式的固定……都是期刊编辑工作中广义的整体与局部统一的体现。

不难理解，广义的整体与局部的统一，是包容了亚广义的整体与局部的统一、狭义的整体与局部的统一的。它是狭义的整体与局部统一与亚广义的整体与局部统一的延伸。三者之间是互相联系、相互促进的。在期刊编辑工作中很难将它们分割开来。

整体与局部的统一，连同多元与一元的统一、归纳与演绎的统一，似不妨称之为期刊编辑工作的统一观。这三个统一，它们本身也是统一的，互相联系的而不是截然分割的。从现象看，期刊编辑工作，就是将许多文章编成一本期刊，将这种工作抽象到理论上来认识，就是多元与一元的统一。期刊编辑工作达到多元与一元统一的方法，是运用归纳与演绎的统一。这些期刊编辑工作体现在物化的期刊上，就是整体与局部的统一。

无论期刊编辑工作如何千头万绪，如何环节众多，如何变幻莫测，透过现象的纷杂，抽象地认识其本质，就是上述三个统一。掌握了这种统一观，也就掌握了期刊编辑工作的特点，掌握了期刊编辑工作的金钥匙。

1992 年

论期刊的总体编辑构思

一

现在我国杂志期刊之多，可谓空前。杂志与期刊，严格说来虽然不能说是两个全同概念，但习惯上却常常视为一物。英语中的 Magazine，通常多对译“杂志”，但也可对译“期刊”。看来，中外皆然。Magazine 在英语中也是个外来词，其原义是指武器、弹药、炸药等之军火库，但从16 世纪始，这个词就兼有知识库的意义了，这就为它后来 18 世纪转义为杂志、期刊开辟了道路。因为，杂志、期刊这种出版物内容的丰富多彩，恰恰正如一座座大大小小的知识库。其内容之百味杂陈，也正是区别于狭义书籍的重要标志。

杂志期刊内容之杂的特点，又恰好适应了读者的阅读心理和阅读生理。各篇文章内容、文体、作者不同的变化，正好可以使读者在心理上不断获得新的满足，也可使读者更不易疲劳并容易吸收。这和学校排课是各科间杂而不是一天上一科乃至学完一科再学一科，是一个道理。

当然，不能把杂志期刊区别于书籍的这种特点绝对化起来，杂志期刊和书籍毕竟不是截然不同的两种东西。书籍也不是就没有内容不一、文体不一的，如某人的全集、文集就是如此。书籍也不是没有作者不一的，如多人集就是如此。以杂志期刊来说，有时也会出现某期是专门研究某一个问题的“专号”，也有某种文体的专刊，甚至也不排斥可能有全刊某个作者作品的专号。但无论是书籍还是杂志期刊的这些情况，严格说来，也许只可以算是变例，变例不能否定常例、通例，不能否定杂志区别于书籍的“杂”的特点。

但是，这个杂，却并不是杂乱无章的杂。要编好杂志期刊，就要编得既杂而又有章。这就首先要有杂志期刊的总体编辑构思。

人们往往认为，一种杂志期刊的好不好，完全取决于所刊文章的好不好。也就是说，杂志期刊的质量，完全取决于所刊文章的质量。

诚然，杂志期刊的质量，离不开所刊文章的质量，但绝不是有了好文章就会编出好杂志期刊。除了文章本身质量之外，杂志期刊的质量，还取决于编辑质量。正像同样原料在不同厨师手里做出来的菜肴味道大不相同一样，同样文章在不同编辑手里也可把杂志期刊编得大不相同。

自然界有所谓“同分异构”现象，就是同样的分子，可以构成完全不同质的东西。例如，异氰酸银(AgNCO)和雷酸银(AgONC)就是最早被发现的两种具有相同的分子组成而结构和性质完全不同的同分异构体：前者性稳定，后者却易爆炸。社会现象也是如此。恩格斯在《反杜林论》中就说过，许多力量融合为一个总力量而产生的新力量，“这种力量和它们的一个个力量的总和有本质的差别”。在马列主义旗帜下团结起来的工人阶级的力量就是这样的。系统论也告诉我们，系统的性质具有非加和性，即并不简单地等于其各个要素的总和。如果系统的整体组合合理，则系统中各个组成部分在不同层次的有机联系和有序结构中，结构信息量就会倍增，系统就能具有它各组成部分孤立存在时所未能有的新质，产生“系统效应”。这就是系统论创始人贝塔朗菲所说的“整体大于部分总和”的系统论定理。系统论还告诉我们：系统的性质，不仅取决于其组成要素，而且也取决于其结构形式、排列组合。

杂志期刊也是如此。一种杂志期刊的质量，除了取决于文章的质量外，还取决于编辑质量。因此，编辑就需要研究，如何使杂志期刊这个系统的组织成为最恰当的有序状态，让我们的编辑工作产生“系统效应”而不是无效应或负效应，这就是我们为什么说，首先要有杂志期刊的总体编辑构思。

作为系统来看，杂志期刊也可以有大系统、中系统和小系统之分。

我们所说的大系统，是就赓续出版、自始至终全过程的杂志期刊整体而言的。相应于这样一个系统的总体编辑构思，我们称之为宏观总体编辑构思。

我们所说的中系统，是就某一阶段或某一期间(例如一卷或一年)的整体而言的。相应于这样一个系统的总体编辑构思，我们称之为中观总体编辑构思。

我们所说的小系统，是就具体一期亦即一本杂志期刊而言的。相应于这样一个系统的总体编辑构思，我们称之为微观总体编辑构思。

大、中、小系统之间，宏观、中观、微观总体编辑构思之间，是互相统一而不是各自孤立的，三者是层次叠加的辩证关系。

不论是宏观的、中观的、微观的总体编辑构思，都奠基于杂志期刊既定的方针任务，也可以说是贯彻方针任务的具体方案。这是首先要明确的。

二

先谈谈宏观总体编辑构思。

宏观总体编辑构思，首先要为期刊正位。

所谓正位，就是要确定、摆正自己这份期刊在社会上的位置，在同类刊物中的位置。找好了自己恰当的位置，才能从这个位置上更好地发挥自己的性能。例如，同是以青年读者为对象的期刊，如果是团中央办的，是不是就应该站在团中央的立场，面向全国团员和青年积极分子，并对地方团委办的青年期刊，起引导、示范的作用？如果是全国总工会办的，是不是就应该站在全国总工会的立场，面向全国青工，并对地方工会的青工期刊，起引导、示范的作用？如果是地方团组织或地方工会办的青年期刊，其位置自然又应各有所不同。不明确并摆正自己的位置，宏观的总体编辑构思就没有坚实的支点，就会使期刊面目模糊、性能不可靠，整个宏观总体编辑构思，就难以做到组合合理，难以产生“系统效应”。

其次，要构思如何确立自己期刊的个性，创造自己期刊的特色。

我们的期刊，不仅有个性不鲜明的，也有缺乏个性的。期刊办不出自己的个性，显不出自己的特色，就很难有深远的影响。20 世纪 50 年代，周恩来同志在一次谈地方戏的讲话中说过，地方戏如果没有自己的特色，就没有生命力。我以为，这话也同样适用于刊物。以文艺期刊而言，倘若内容千篇一律四大块——小说、诗歌、散文、评论，“千人一面，千部一腔”，彼此差不多，那自然很难具有自己鲜明的个性、特色。20世纪30年代邹韬奋先生办的《生活》周刊，就很有个性、特色，这也是《生活》周刊当年能一纸风行的一个重要原因。

个性、特色是需要去创造的，因此，就不会有一张万应良方。我们至多只能试提一些构思的线索。

创造个性、特色，不能离开期刊既定的方针任务。问题是你用什么方式在期刊上体现、贯彻它。在这方面越有创造性，就越能显示你的个性、特色。

要针对期刊的特定读者对象去创造个性、特色。从横向言，有类别不同的读者；从纵向言，有层次不同的读者。要对你这个期刊这个交叉点的坐标读者进行具体调研分析，从而构思适应读者的期刊个性、特点。有人怕这样一来会使读者面窄了，这种想法可以说是一种“心理眩惑”，实际并非如此。因为面窄而人人爱看比面宽而人人不看，读者的绝对数字仍会多得多。

一份期刊的个性、特色，还要内和期刊本身条件(如人力、人员素质等)、历史等相适应，外和所处环境的情况、作者的构成等相联系，否则也会事倍功半或徒劳无功。总之，期刊的个性、特色，要根据具体的主客观条件出发去努力创造，而不应是主观的、架空的设想。

此外，期刊的个性、特色，是要在一贯的、多方面的综合总体中体现。虽然主要是反映在期刊的内容上，但同样也反映在形式上，包括编排、装帧设计等等，都不可以忽视，都要有体现个性、特色的总体构思。

第三，要从宏观上构思期刊的编辑大结构。

对期刊的每一阶段(如一卷)、每一时期(如一年)，如何衔接，如何发展，如何变化，如何更新……都要有一个总的、长远的设计。当然，这种设计不可能也不必要是细线条的，因为客观实际和我们的认识能力都在不断的发展中。但一个粗线条的宏观编辑结构构思，还是必要的、可能的。期刊的杂的特点，不仅体现在每一期的微观总体编辑构思上，中观总体编辑构思上，也要体现在宏观总体编辑构思上。这样，才能做到杂而不乱，有条有理。

宏观总体编辑构思，还包括质量、作者、读者、文风……许多方面以及由内容决定的、与内容相适应的形式(如开本)等等。

三

现在一般期刊多不分卷而按年分期，所以中观总体编辑构思也就可以说是一年的总体编辑构思了。

在宏观、微观总体编辑构思之间的中观总体编辑构思，起承先启后的作用、中介作用。列宁曾指出："一切都经过中介，连成一体，通过转化而联系的。"(《哲学笔记》)宏观构思之体现于微观构思，微观构思之植本于宏观构思都是经过中观构思的转化。这个中介是很重要的。所以，我们也不可因上有宏观总体编辑构思，下有微观总体编辑构思就忽视中观总体编辑构思。

中观总体编辑构思，第一要考虑革新的问题。

中国有句古话说："一元复始，万象更新。"新的一年开始，万事自应有一番新气象。期刊往往每年换个新封面，大概也是这个意思，就像人新年穿新衣服一样。但人过新年也好，期刊进入新的一年也好，穿新衣服、换新封面当然也有必要，而更重要的还是要在精神上、内容上要有所更新，要有蓬蓬勃勃的新气象。对期刊来说，这就是内容的革新。

从客观情况来说，客观实际是在不断更新的，特别是在当今信息时代，更新周期越来越短，期刊也就必须不断更新，才能赶上时代潮流，适应读者需要。

从期刊本身来说，恐怕也永远不会有尽善、尽美、止于至善的一天，而是永远要向前发展的。只有不断更新、改进，才会有蓬勃的生命力。即使是很受读者欢迎的期刊也是如此。否则，读者欢迎也可能向反面转化。

从读者阅读心理来说，除了希望期刊内容能越来越丰富外，读者既有阅读惰性，也有喜爱新鲜心理。在依赖阅读惰性之外又能更新以满足喜新的阅读心理，才能保持老读者，争取新读者。即使你这份期刊本来办得不错，也不能满足于已有水平(更不必说降低水平了)，而应不断改进、更新。否则，不仅别的同类期刊可能赶上或超过你，而且老是那么一副面孔的话，读者也会"如入兰芷之室，久而不闻其香"(〔汉〕刘向《说苑·杂言》)，甚至生厌。

期期大更新既难以做到，也易影响到期刊的稳定性。所以，特别应该注意新的一卷、新的一年的更新。这是中观总体编辑构思首先要记住的问题。

第二，要考虑构思一年中的“常中有变”问题。

期刊由于“杂”，有如百肴杂陈，丰富多彩。但期刊形成自己的个性、特色后，就必然成为某种程度的成型化。有个性、有特色、成型化，一般说来是成熟的表现。成熟的东西就具有稳定性。杂志的稳定性，是所谓之“常”。但“常”中还应有“变”，只有“常”而无“变”，稳定就会变成呆板、僵死。有“常”也有“常”中之“变”，期刊才能办得既有个性、有特色而又生动活泼，并时见新意，这也就是叶燮所说：“唯正有渐衰，故变能启盛。”(〔清〕叶燮《原诗·内篇》)例如期刊的栏目，每年、每期可以基本固定，但又有变化，基本栏目固定，有些栏目则可间断、轮流出现，做到栏目“大同小异”。

当然，还可以有比这个更大一些的“常”中之“变”。例如出专号、出专辑。专号和专辑之不同，在于前者是整个这一期刊登某个专题文章，后者则是在一期中划出一定篇幅而非整个一期刊登某个专题文章，专辑之外的篇幅，仍然刊登其他文章。读者可以从形形色色的专号中对某种文艺形式作品，对某一个问题的各个方面、各种观点的论述，集中阅读，从而开拓认识的广度和深度。期刊本来是杂，这样一来却变为“杂中之专”了，这也是“常中之变”。出专号虽然有上述好处，但应掌握好频率、专的主题等等。如果频率过密，变“常中之变”为“常”，就会丧失期刊之“杂”的特色。如果选择的专号专题不当，读者就可能整本一篇不看或者很少读者看。

专辑实际是划出一定篇幅，设立一个临时栏目。出专辑的好处是可以不改变刊物的基本内容，保持了稳定性，适应读者的阅读惰性；又有本期特色，给读者比较完整的知识，可适应读者喜新的阅读心理。同时，组织一个专辑也比组织一期专号容易一些。在中观总体编辑构思中，对这种“常中之变”也是“常中之新”的中变，同样也应慎重考虑主题和频率问题。

第三，要考虑与上、下一卷，上、下一年期刊的连续性。

期刊的一期、一卷，看似自成单元，实则互相连贯。期与期之间，年、卷与年、卷之间，是藕断丝连的关系。刊物有了这种关系，才会使读者读完上期再读下期，读完今年的还想读明年的。中观总体编辑构思，应该很好地来体现这种关系。把这种连续性仅仅考虑为连载长篇小说之类，那自然是简单不过了，但也是比较原始的方法。我以为，主要应该从编辑构思的连续性、内容的关联性上去着眼，内容的稳定性例如栏目的相对稳定性，就是值得注意的一个方面，在中观总体编辑构思时，也可以在这一年中构思若干个中心论题，连续刊登；或者构思一些连续性的讲座、讲话等，虽分散却又是系统地介绍给读者某方面的知识，对某个问题的各方面的不同的论述等等。问题讨论、争鸣，也是一种可取的方式。这类文章，最好能做到既可连续读，又可单独读。即既有连续性，又有独立性。

中观总体编辑构思，是办好期刊的一个重要环节。它把宏观总体编辑构思具体化了，是宏观总体编辑构思的派生物；又指导并规定微观的总体编辑构思，为微观总体编辑构思奠定基础。

四

微观总体编辑构思，第一是要注意要素的选择取舍问题。

从系统论来看，一期期刊构成一个系统(虽然相对于总体的大系统与一卷、一年的中系统来说，它只是个子系统)。所以，一期期刊里的文章虽杂，但彼此又不应是互不相关的。例如，桌子上有饭锅，有饭碗，有饭勺，有菜，有筷子，这些东西是“杂”的，本是各自独立的。但你拿起饭勺和饭碗，从饭锅里盛饭，用筷子夹菜就饭吃，经过这些“程序”，达到吃饭的目的，这就是一个系统了。本来各自独立的锅、碗、勺、菜、筷子等各不相同之杂物，就成为互相关连的吃饭这个系统的一部分了。微观的总体编辑构思，就是要把能组成系统的锅、碗、勺、菜、筷子都摆出来，而不摆墨汁、肥皂等这些与吃饭系统无关的东西。这样，这期期刊内容才会杂而不乱，自成系统。不要以为要做到这样是件十分容易的事。吃饭这个系统要做到这样也许不难，编一期期刊要做到这样就并非不难了。因此，我以为，一期期刊中，除了锅、碗、勺、菜、筷子外，如果夏天还有把扇子，冬天还有个手炉这样一些东西，也未可厚非，因为它们虽非吃饭系统必要构成，但对你完成吃饭这个过程，有所裨益，问题的关键是，不要缺碗少筷子，或者摆出墨汁、肥皂之类。

上面说的主要是一期期刊文章的选择。选择之后——

第二个要注意的问题，就是文章的排列组合问题。

这是微观总体编辑构思的又一个方面。系统论的结构质变定律说，结构质变就是由于系统各要素、各层次排列组合方式变化而引起系统整体质和功能加强的必然过程。由此可见排列组合关系之重大。

一本期刊编好后，应该像一首完整的乐曲。期刊应该编得有秩序，有节奏，有张弛。从内容到形式，都应如此。文章的硬与软，长与短，庄与谐……要调剂得当，有起有伏。任何刊物都应这样构思。只是不同性质的刊物，其具体体现方法有所不同。严肃的期刊不在于始终板起一张面孔，严肃刊物也有严肃刊物的谐与软。谐与软，也是有不同层次的，即使是理论刊物，要求有些文章写得生动活泼一点，也还是可以和应该的。各种不同的文章组合得恰当，就会像交响乐队的各种不同的乐器一样，奏出一曲和谐美妙的交响乐。

第三，要积极对待并吸收新信息，敏锐、及时地反映新思想、新观点、新技术、新表现方法……

我们知道，热力学第二定律表明，在封闭系统中，实际发生的过程中，总是使整个系统的熵的数值趋于增大。当然，一切有生命力的系统，都是具有自组织、自控制的开放系统而不是封闭系统。因此，它们能不断积储输入的信息，使自身的熵值减少，优化系统整体。而从多方输入的信息量越大，整体优化的程度也就越高。我们是处于一个信息不断涌来、不断更新的时代，所以，短期的微观总体编辑构思，在这方面要比宏观、中观总体编辑构思有更重大的责任。要用新思想、新观点、新技术、新表现方法来研究新问题，反映新问题，或者重新研究老问题，从新的角度、用新的方法反映老问题。这样，期刊才能“苟日新，日日新，又日新”(汤铭)，才能不断突破一般化，迈向新的高度。

这里提出的，实际涉及了微观总体构思中有关创新的编辑指导思想问题。提出新思想、新论点、新技术、新表现方法等等，或以它来研究新问题、老问题，实际上都是创新。而一切新生的东西往往又是幼稚的，不完全成熟的。我们不能要求新生的东西一开始就是成熟的、确定的。所以需要我们的期刊编辑，在进行总体编辑构思特别是微观总体编辑构思时，特别注意这个问题。

五

高质量的总体编辑构思，包括宏观的、中观的、微观的，都应该是开拓型的创造性构思。这样的构思，至少应该具备下述品质：

第一，要有独立思考精神。

不要随大流，踩着别人脚印走，你模仿我，我效法他，就很难说什么开拓型的创造性构思。我们要敢于突破他人的框框，也要敢于突破自己的框框。只有独立思考，才能产生开拓型的构思。当然，独立思考也大都是建立在过去已有的基础之上的，但要除旧布新，化腐朽为神奇。

第二，要善于由此及彼地思考。

一个信息，一项经验，当然有它本身的确定价值，但同时在不同情况下也会有不同意义。善于由此及彼思考的人，就可以从中引申、推衍出更多的东西，于是信息、经验的价值就会得到增延。由此及彼可以是纵向的深入，也可以是逆向的反推，从本来的因果关系中推出互为因果而发现其可逆性。还可以横向地联系。

第三，要善于运用多维思维，发挥机智。

多维思维是一种发散式的思维。我们所谓之机智、灵感，往往是从多维思维而来的。发散式的多维思维才能对问题提出多种多样的设想、方案，因而扩大了选择的余地，可以获致最佳方案。由于多维思维有多种思维指向、思维起点，往往只要把多元性的事物变换一个因素，就可能创新。

多维思维的方面是极广的。从一定意义上说，上面说的由此及彼的引申、推衍，也是多维思维的一种。由此及彼是一种扩张式的，此外还可以有辐射式的，由此及众彼，及许多方面，还可以有连锁式的。从辩证法来说，这是运用了辩证法的普遍联系法则，运用了因果发展律和因果转化律的辩证思维方法。清代《官场现形记》作者李伯元在他另一本书《南亭笔记》卷一中记了一段年羹尧的事迹：“年征青海时，一夜阖营安寝已三更矣，忽出帐传令，分兵数队。离营十里埋伏，派帐前将弁，带兵接应。并云四更有贼兵劫寨。……四更后贼果大至，突起邀截。贼出不意，大败奔回，斩馘无算。明日众将入贺，参赞某进曰：‘我等同在营中，杳无所闻。不审将军何以预知贼至?’年笑曰：‘有送信者，汝等自不觉耳。’众愈不解。年曰：‘昨夜在帐中，闻群雁飞过，嘹唳有声；今夜月黑，雁已就宿，必有人惊之始飞。雁宿必依水泊，其地离营百余里，为贼人来往必经之地；雁飞较捷，雁以三更过，贼必四更到矣。’众始佩服。……”年羹尧就是通过连锁式的多维思维，才能打胜仗的。而众人之“杳无所闻”，“有送信者”而“自不觉”，就是未能应用连锁式的多维思维的缘故。

第四，要善于综合思考。

信息都不是孤立的，但它往往又是从不同的方面出现。我们要善于让这些信息互为补充，去粗存精，从而获得完整信息、最优信息，乃至全息。互为补充，就是把多种方向来的信息，综合思考，从而创新。

所以，要获得开拓型的创造性的总体编辑构思，除了要提高思想水平、理论与实践结合，不断增大信息量之外，重要的是要在博学多识的基础上，更新我们的思维方法。总体编辑构思不仅是期刊总编、主编的事，也是全体编辑人员的事。在整个编辑工作中，期刊的每一个编辑都应该像总编、主编那样去考虑问题，处理工作。一个编辑如果只有局部观点而没有全局观点，那是不行的。在总体编辑构思上，尤其是这样。

1985 年

期刊总体编辑构思的三个纵贯点

我曾经把期刊的总体编辑构思分为递进式的三个层次：宏观总体编辑构思、中观总体编辑构思与微观总体编辑构思。总体编辑构思研究的问题，属于我所说的宏观编辑工作，即超越了选题、组稿、审稿、修改加工等等微观编辑工作的更为重要、更具有宏观意义的编辑工作。宏观编辑工作虽然既存在于杂志、期刊编辑工作之中，也存在于书籍编辑工作之中，但相对来说，对杂志、期刊编辑工作，尤为重要。

为了说明这个问题，用不着按期刊总体编辑构思的三个不同层次，从面上剥笋式地去一层层论证，而只需择取纵贯总体编辑构思中的几个颇具闪光的亮点，例如开本、刊名、栏目来稍加审视就可以明白了。

这三个点，都是选题、组稿、审稿、修改加工……一套微观编辑工作之外、之前的工作。它不是日常的手头工作，却又支配、制约日常的微观编辑工作。包括这些点的宏观编辑工作做好了，微观编辑工作就会顺畅得多；否则，在微观编辑工作上的努力就会事倍功半，甚至徒劳无功。

宏观编辑工作怎样才能做好？我们不妨就以这三个点来试做一些研究。

开本，是期刊的形式问题。开本可供选择的天地并不很大，一般说来，小不会更小于袖珍本，大不会更大于四开报纸。在我国现有八千种期刊中，大都介乎 787×1 092 毫米 1/32 开本与 1 000×1 400 毫米 1/16 开本之间，只有极少数采用 787×1 092 毫米 1/8 的大开本。虽然这个选择天地并非很宽阔，但开本的选择，仍然是一个总体编辑构思中的要点。这是因为，它决定期刊的形——期刊的基本形态。读者首先看到的，就是包括开本在内的期刊之形。这是期刊予人的第一印象。第一印象给人留下的，往往会是具有决定性意义的印象。所以，开本问题值得重视。

刊名，就是期刊的名字。刊名看来也似乎只是个十分简单的问题，一般寥寥数字，少可以少到一个字、两个字，多也超不过六七个字，十字或十字以上的刊名就十分罕见了。这岂不是十分简单？更有人也许认为，刊名不过是一种称呼，只不过是类似编码的符号，这实在是大大的误解。刊名既不简单，更不仅是类似编码的符号，而是传期刊之神的极其重要的东西，它至少还要能表明期刊的性质，能概括期刊的内容，以至能体现期刊的风格。可以称作是期刊“灵魂的窗子”，就像眼睛被称作人的“灵魂的窗子”一样，它就是期刊的眼睛，能传期刊之神的眼睛，能从中窥见其灵魂的眼睛。古代说张僧繇画龙，不点眼睛，“点睛即飞去”(〔唐〕张彦远《历代名画记》卷七)，也就是说，画龙一经点睛，就有了生命力。作为期刊眼睛的刊名，同样也能赋予期刊以生命力。

如果说开本定期刊之形、刊名定期刊之神的话，那么，栏目也许就可说是传期刊之神的形了。栏目不是文章，它的内容不是固定成形而是具有可变性的，所以，栏目也许更具有形的性质而不像文题那样已具其神；但栏目内容又不是可以随意变化而被约束在一定范围之内，只能在栏目包容范围之内变化，因此，虽非已具其神却又已囿其神。从后面这层意义来说，栏目又不只是一种形式、一种形，而在以形的面目出现中又有神魂游动，具有一定的神的性质。这样，栏目即使不一定就可褒之为形神兼备的东西，至少也可说是形不离神的东西。它的这种颇为微妙的性质，使之在期刊总体编辑构思中，成为一种颇为令人注目的亮点。

了解开本、刊名、栏目的性质后，就不难理解为什么要选择这三个点作为代表来研究纵贯的期刊总体编辑构思了。

这三个点之所以说成点，只是有别于就面的总体编辑构思而言，并不意味着它们是各自孤立的。说它是点，是就其不是全面而是突出之处言之的，但它们之间还是有联系的。就上面说的一为形、一为神、一为形神兼备或形不离神而言，也可以看出，不仅栏目与开本之为形、刊名之为神具有形、神方面的联系，就是作为形的开本与作为神的刊名，也是有联系的。因为，任何的形与任何的神都不是割裂存在的，既无不赋形而能存在的神，也无脱离内容(神)的形式(形)。形与神总是以某种关系相关联的。

既然我们所选择的总体编辑构思的这三个点形似名目孤立而实神有相通，我们也就可以探索它们在总体构思中的共同着眼点了。也像只选择三个点而不逐点都论述一样，这里首先提出的一个共同着眼点或者说是共同规律，就是创意与求实。

无论是开本、刊名或栏目之设定，都要有创意，务求实。

在这三个点中，开本创意的天地比较狭窄，但也不是不能创意，何况，就是在几种规范的开本中选择一种最适于自己期刊的开本，也需要创意。

什么是创意呢？

通常认为，创意是从英文 Creative idea 译过来的，意思是创造性的意念，译成创意，可谓言简意赅。而且，“创意”一词，也是汉语言中原本就有的，王国维说到周邦彦的词时说的：“但恨创调之才多，创意之才少耳。”(王国维《人间词话》)就用了“创意”一词，意思也是指创造新意，与英文 Creative idea 相同。李翱论创意说：“创意造言，皆不相师。故其读《春秋》也，如未尝有《诗》也；其读《诗》也，如未尝有《易》也；其读《易》也，如未尝有《书》也；其读屈原、庄周也，如未尝有六经也。故义深则意远，意远则理辩，理辩则气直，气直则辞盛，辞盛则文工。如山有恒、华、嵩、衡焉，其同者高也，其草木之荣，不必均也；如渎有淮、济、河、江焉，其同者出源到海也，其曲直浅深、色黄白，不必均也；如百品之杂焉，其同者饱于腹也，其味咸酸苦辛，不必均也。此因学而知者也，此创意之大归也。”(〔唐〕李翱《答朱载言书》)这话虽是在一千多年前对诗文创意而言的，但就是在今天，对我们理解创意以至如何在编辑工作中创意，在总体编辑构思中创意，在开本、刊名、栏目设置等等上创意，仍然是可以获得启发的。

李翱、王国维所说的诗文创意，在实物创意、制度创意、思想理论创意这样三个层次的创意中，属于最高层次的思想理论创意。我们的编辑创意，总体编辑构思创意，开本、刊名、栏目的创意，同样也是属于这个最高层次的创意。创意可说是一切创新之本，一切创新几乎都是始自创意的，有创意方有创新。

李翱上面那段话所说的创意，含有不同于其他同类事物的特色、本色的意思，或者也可说是“有我”。这个“我”，是不同于其他所有人的

"我"，是不重复的，因而是新的。在诗文、在总体编辑构思，都可谓之有新意，都可谓之创意。

但是，创意不是可以任意之谓。创意必须求实。求实是什么？求实就是要与实际相一致，是符合客观实际的而不是空想；求实就是名实相副、名至实归，有名即有实。

从实践看，期刊开本之创意，要求实，要与期刊之实际相符，像《社科信息》、《故事会》、《半月谈》选择 787×1 092 毫米 1/32 开本那样。倘若它们不是选择 787×1 092 毫米 1/32 开本而是选择 1 000×1 400 毫米 1/16开本，就会让人有圆凿方枘之感，这是因为它们名实不副，违背了求实原则的创意选择。刊名之应名实相符，就更容易理解了。倘若不是这样，一份社会科学期刊创意选择了一个适合于自然科学期刊的刊名《化学杂志》或者文艺期刊的刊名《文学月刊》，岂不是咄咄怪事？栏目的设置同样也是这样，要从不同性质、不同内容、不同特色、不同风格的期刊的具体情况，亦即其实来考虑。违背了这条规律，栏目将不成其为栏目，期刊将不成其为期刊了。

所以，总体编辑构思、总体编辑构思的开本、刊名、栏目，都要既有创意，又能求实。从创意中求实，在求实中创意。

创意与求实只是首先提出的一个着眼点或者说是共同规律，但并不是唯一的着眼点或共同规律。

还有一个很重要的着眼点或共同规律，那就是要求同、求异、求和并求同、异、和之互济。

求同，有求大同、求小同之分。所谓求大同，即要求得与大的时空之同，与时代、与社会同一、同步。不同时代、不同社会有不同时尚、不同风习。像《世说新语》这样的书，只能出现于魏晋清谈风尚之后的刘宋时，而难以出现在崇尚理学的宋代。以刊名来说，像《礼拜六》、《消闲月刊》、《游戏世界》、《梨花杂志》、《蔷薇花》……之类的刊名，就只能出现在 20 世纪头 20 年那个新旧文学交替的过渡时代、过渡社会，而难以在例如 50 年代的新中国社会出现。

所谓求小同，即开本、刊名、栏目彼此之间的统一，还有它们与期刊其他部分的统一。如体现同一方针任务、同一总体编辑构思、同一风格等等。总之，指的是期刊各个部分的同一、统一。这种小同，自然也不是黑格尔说的那种“排除一切差别的同一”，那是不实际的，也是不可取的。这种小同，是在求异同时的求同。

求异，就是求其异于他物之特色。以期刊来说，不仅要求其异于不同类的期刊，也要求其异于同类、同性质的期刊。而且需要致力以求的，正是这种与同类、同性质期刊之异。这不仅由于前者之异易得，后者之异难求，更因为只有求得后者之异，方可标独有之风神。

然而，就在这有限的天地里，也不是不可能有突起之异军。

文学期刊之按体裁分设小说、诗歌、散文、评论等栏目，堪称数十年一贯制了，能数十年一贯，当然反映了它生命力之强与具有其合理性的一面，不可忽视；但从求异来看，又不免令人有一般化、乏特色之感。如何能既保有其生命力、合理性而又能推陈出新、求新求异，就是给此类文艺期刊总体编辑构思留下的一个课题。

求和，是求其和谐，求其协调。和不同于异，也与同不相同，而且大不相同。这从孔子说的“君子和而不同，小人同而不和”(《论语·子路》)之以和或同来区别君子小人，就可知道了。史柏对郑桓公也以“去和而取同”为周室“殆于必弊者也”(《国语》卷十六)的根据，把取和还是取同为邦国兴衰之由，就更说明和与同之大不相同了。《国语·韦氏解》说：“和为可否相济，同谓同欲。”(《国语》卷十六)和不是同欲而是可与否二者的互济——或可说是同与异二者的相济。所以，我们这里的求和，是包括求同与求异之相济，包括在求同与求异之间求和。所以要求和，也是由于同与异是一对矛盾，求同与求异也是一对矛盾，既要求同、又要求异，就必须求得矛盾的统一，也就是求得求同与求异之和，最后达到求同、求异、求和的统一，同、异、和的互济。

从开本、刊名、栏目来说，都既要求同、求异，还要求和，求同、异、和的互济，而不可各自为政、各张一帜。开本、刊名、栏目和期刊的其他方面如内容、风格、装帧……之间，同样也要求同、求异、求和，并求同、异、和之互济。只有这样，刊物才可能办成个和谐互济的统一体——也就是系统论所说的一个有序的系统。

2000 年

论期刊的系统结构

一

一期期刊，本身是一个相对完整的个体，所以它要自成系统。期刊的系统结构，就是如何根据编辑构思，把一期期刊具体结构起来。结构得成功的一期期刊，其中的各篇文章，彼此连成一体，从横向方面成为一个完整的系统；同时又从纵的方面与其他各期组成一个更大的系统。它就应该是这样一个纵横交织的矛盾统一体的系统。

纵的方面的系统性，是体现期刊总体的性质、特色、风格等等的，是体现期刊的连续性，体现这份期刊的共性的。我们从拟制选题、组稿到审稿、修改加工等等所做的工作，都为这方面奠定了基础。决定采用准备进入结构的文章，应该都是符合期刊的总体的性质、特色、风格等等的。问题是如何结构得使纵的系统性更合理，能发挥更大的系统效应。而横的方面的系统性，即如何把这期期刊结构成一个有序的完整系统，使之不仅能体现期刊总体的性质、特色、风格等等的共性，而且还能有本期期刊自己的特色，自己独具的魅力，恐怕就更为困难，更需要期刊编辑付出创造性的艰苦劳动了。

二

我们应该是从下述几个方面出发去结构期刊。

第一，时间性。期刊是定期出版，有时间性的出版物，我们在审稿时，就要审其是否具有适时性，要考虑到这期期刊的出版时间。期刊给读者的新鲜感的强弱，往往是跟编辑在结构期刊时的时间性、适时性观念的强弱是成正比例的。

一说到时间性、适时性，人们往往就容易想到要配合一些重大节日、纪念日发表文章。当然，这是不应忽略的。特别对时事性、综合性期刊来说更是如此。但配合并不一定等于就是发纪念、庆贺文章，而要根据期刊不同的性质、不同的对象，采取不同的方式去适应。

所谓适时性，更重要的是，要像 80 年代的期刊应该有 80 年代的时代感一样，1990 年 1 月号的期刊，也应该有 1990 年 1 月的“时代”感，2 月号应该有 2 月号的“时代”感。这种“时代”感，确切地说，应该就是时间感，就是要使人一看到期刊就会感到这是 1990 年 2 月号的，而不是 1 月号或者 3 月号的。当然，在这点上，对不同性质的期刊的要求也会有所不同。

怎样才能有时间感呢？例如一期国际时事性期刊，结构的中心是上月发生的重大国际事件，环绕此事件分析了其来龙去脉、当前的情况、演变的前景，以及背景材料、世界各国态度……这期期刊就有既不是上期期刊可能有的内容，也不是能留待下一期期刊刊登的内容。它就有鲜明的时间感。不仅从文章内容、手法可以增强时间感，就是纯从结构上考虑，编辑同样也可以做到这一点。例如知识性杂志，6 月决定采用一篇介绍中元节起源演变知识的文章，就不应该早结构在 7 月号上，也不应该晚结构在 9 月号上，而应该结构在 8 月号上。因为农历的中元节，就在公历的 8 月份。

第二，新颖性。期刊编辑在结构一期杂志时，就应该突出一个“新”字。上面说的时代感、时间感，从其本质来说，其实是与新颖性互为表里的。期刊反映了最新的变化，最新的发现，最新的进展，最新的信息……一句话，反映的事物越新颖，新颖性越强，时间感也就会越强。

所谓新颖性，首先指的是新出现的事物，即前所未有或前所未见的事物。许多新颖的东西、许多新事物，往往是还不够完整的，也有的可能会中途夭折。因此，未必就都能出版专著，都适宜于出版专著，但这种情况却并不影响期刊的介绍、刊载。即使夭折了还可以再介绍它的夭折，并分析原因、总结教训等等。这就是期刊之所以能突出新颖性的优势。

新颖性还包括旧事物的新面貌、新变化。这是指一个事物本身现在与过去比较相对而言。例如关于中国奴隶社会与封建社会分期问题，有人主张在春秋战国之交，这原是旧说之一而非新说。但新文章提出了前人所未提到过的论据，而能言之成理、持之有故，这就是旧事物的新变化，也是新颖的。

期刊构思的新颖性，并不是孤立地为新颖而新颖，而是在保持期刊的稳定性中去求新。倘若离开了期刊的稳定性一味只追求新，那就会导致丧失期刊的总的特色和个性。每期期刊的变化，不宜过大。假如一本社会科学期刊，为了求新竟出了一期原子能专号，那就不是新颖，而是脱轨了。

第三，现实性。现实性与时间性、新颖性也是密切相联的。时间性说的是时间问题，现实性则可说是空间问题。离开了时间与空间，也就说不上什么新颖性不新颖性了。

现实性，就是要考虑这一期期刊出版后在其生存空间中与周围环境的关系，最值得重视的是两个方面：一是生活的现实，一是读者的现实。

生活的现实是一个广泛的领域。我们特别应该注意现实生活中的种种与期刊结构有关的问题、矛盾等等。生活现实中在进行经济体制改革，我们的经济期刊，就不能不从经济体制改革来考虑期刊的结构。期刊的性质各有不同，结构期刊时重点着眼于广泛的现实生活中的什么方面，也会各有不同。有些普遍应予重视的生活现实，对不同期刊来说，其重要程度也可能不完全一样。同一种生活现实，对某省某市的期刊来说，是要首先考虑的生活现实，但对另一省市或全国性的期刊来说，也许就变成了可以不加考虑的生活现实。它会这样因地区而不同，也还会因时间而不同。这个月可以不考虑的生活现实，到结构下一期期刊时就也许变成必须考虑的了。

读者的现实包括一般读者的现实情况和本期刊特定读者的现实情况。特别是要着重从本期刊特定读者的现实情况去结构期刊。要根据这些特定读者的水平、兴趣、阅读习惯等等作一般的考虑，更要根据他们当前最关心的、最急于了解的、最迫待解决的问题来结构期刊。要考虑到他们读到这期期刊时的需要。

现实性，还包括要从当前的现实出发，考虑现在读者也许还未感到需要，但行将需要或从长远看是他们所需要的，而且又应该提前或经常提供给他们的东西。这里就有一个从读者现实出发又高于读者现实的问题，即引导、教育读者的问题。作为社会主义国家的期刊，不仅考虑满足读者的需要，还要考虑引导读者需要的正确、健康的发展，还有教育读者的责任。

三

出发点明确了，我们如何去具体进行结构呢？进行期刊结构有必须遵循的经纬。经纬交错，结构就可形成了。下面先谈谈结构之经，也就是结构一期期刊的基本原则。

第一，突出中心，突出主干文章。一期期刊有一期期刊的中心。没有中心，期刊就散了；中心不突出，期刊也会显得散。要突出中心，也就要突出主干文章。突出了主干文章，就像矗立了顶梁柱，支起了主要间架，把一期期刊都支撑起来了。主干文章是一期期刊的时间性、新颖性、现实性的具体体现，也是期刊总的特色、风格下这一期期刊特色、风格的体现。

主干文章往往不止一篇，但也不能太多。独木不成林，一篇主干文章难以支撑整座大厦。主干文章太多，也就淹没而不突出了，也就不成其为主干了。至于具体以多少篇为好，要看期刊一期所能容纳文章之多寡、期刊的性质不同而异。一般说来，最多也就是什一左右而已。

主干文章可以不止一篇，而一期的中心一般却只宜有一个。中心一个并不意味着期刊变得不杂了、单一了，而是意味着围绕中心的杂，围绕中心的多样化。中心也不是封闭凝固的，而是多维放射式的。中心的辐射力，应该有很广阔的范围。围绕中心的主干文章，也不是说就必须是谈同一个问题的，而也可以是谈各种问题的。只不过它们所谈的那些问题，不仅与中心有关，彼此也有联系。例如以改革为中心，则可以有谈经济改革的，也可以有谈出版改革的；可以有谈历史上某次改革事件的，也可以有谈国外某学者的改革理论的；可以有谈宏观控制的，也可以有谈群众承受能力的……如此等等。它们虽然是多维的，广度很大的，但却不是散漫凌乱的。

有主自然还有从。围绕着各主干文章，还要结构一批批辅佐性的文章。辅佐文章或是主干文章某一方面的扩充，或是主干文章某一点的深入；或是正面支持，或是反面烘托；或是不同侧面造影，或是不同层次解剖……多维多样地来互相呼应，以揭示事物、问题的全貌。

有时，辅佐文章并不一定就比主干文章质量低，甚至也不一定就比主干文章不重要。虽然在一般情况下往往是这样。作为主干文章或辅佐文章，虽然往往与文章质量有关，但也不完全如此。有时把这篇文章作为主干文章，只是或者主要是由于它具有更广阔的辐射面、更强大的辐射力，便于围绕它来展开的缘故；有时把那篇文章作为辅佐文章，只是或者主要是由于它的辐射面较窄、辐射力较弱，不便围绕它来展开的缘故。期刊编辑在选择主干文章时，通常看质量当然不错，但也决不能无视或忽略这一点。

结构一期期刊时，不仅要使这一期期刊本身成为一个有序化的系统，还要使这个有序化的系统，成为本期刊大系统、中系统中的一个有机组成部分，一个要素。这就要求期刊编辑在确定这一期结构的中心时要联系其他各期，在结构这期诸文章时要联系其他各期，而不仅仅注意本期内容横的能成为一个有序化的系统，而且还要注意本期与其他各期内容纵的系统性，也就是说，要把期刊结构成纵横交错的网络性系统。

第二，面向主要读者对象，兼顾其他读者对象。许多期刊都既有主要读者对象，也有兼顾的其他读者对象。结构期刊时应该首先瞄准主要读者对象，不要错位。要根据主要读者对象的需要来安排、结构这些文章。

怎样兼顾其他次要读者对象呢？我们首先应该认识到，一份期刊所能兼顾的次要读者对象，往往只能是与其主要读者对象相邻近的一些读者。例如，一本文史杂志，一般就难以把生物工程学者当做它的兼顾读者对象，而只能兼顾社会科学某些部门的读者。既然兼顾的读者和主要读者对象是相邻近的，那么他们的阅读需要和爱好也往往是相邻近的，或者说有其相邻近的地方。只不过他们对这些近乎共同的需要的强烈程度或许有异。因此，我们在针对主要读者对象需要结构期刊时，首先要有意识地结构一些同时也能兼顾次要读者、也为次要读者所需要的文章，以便既满足了主要读者对象的需要，又在不同程度上满足了兼顾读者对象的需要。而我们在针对兼顾读者对象而结构进去某些文章时，也要有意识地结构一些同时也能为主要读者对象所愿接受的文章。这都是主次兼顾的“一石二鸟”的结构方法。只不过这两类文章对准的鸟的主次有所不同罢了。当然，在这两类文章之外，必要时，也可结构进少量专为兼顾读者对象需要的文章。

期刊编辑应该注意的是，在结构期刊时，应尽量避免把针对不同读者对象的文章割裂成不同的几个部分。这样做容易使期刊结构成为如历史上的春秋战国，无法统一。国与国之间疆界分明，也许可以减少许多纠纷，但一期期刊的文章之间、所适应的主要读者和兼顾读者之间的疆界，却也许还是不那么分明为好。一本结构得成功的期刊，不仅主要读者对象觉得是为他的需要而编写的，感到满意，而且兼顾读者对象也觉得愿意接受，感到满意。我们所以有可能做到这样，就因为主要读者对象和兼顾读者对象二者之间，既不是形式逻辑概念的矛盾关系或对立关系，也不是全异关系，而是交叉关系。即他们的需要虽不全同，但有部分相同，部分重叠。期刊编辑在结构期刊时，要注意结构这个重叠部分的东西。当然，这种文章是一期期刊中的一部分，而不可能是其全部或大部分。否则就势必会把主要读者对象需要中不与兼顾读者对象需要相重叠的那部分舍弃了，势必会把主要读者对象完全混同于兼顾读者对象了，也就势必会难以满足主要读者对象的全部需要了。

第三，要贯穿互补关系。主干文章与辅佐文章是一种互补关系。但期刊编辑在结构杂志时，不仅要注意这种互补关系，还要把互补关系贯穿到所有文章之间去。包括主干文章与主干文章之间的互补，辅佐文章与辅佐文章之间的互补，这部分文章与那部分文章之间的互补，这一期文章与其他期文章之间的互补……如此等等。而且不仅是文章内容、论述的互补，还包括体裁、写作方法、风格等等诸方面的互补。内容、论述的互补当然是重要的，它使期刊的内容更完整、更充分、更集中。但其他方面的互补也是重要的。例如理论分析的文章与通过实例展示的文章互补，就既可使理论更透彻、更具体，又可使实例不仅仅流于就事论事，而能从理论高度来加以认识。像这样的互补，还可增加读者阅读的兴趣和耐力。再如除文章之外，再配合以相应的图片，直接诉诸形象以与文字互补，同样也可起到这种作用。在排版空白处补白以短小的东西，以与正文共济，也是一种互补办法。它不仅可以调节期刊版面，也可调节内容的可读性。例如刊登世界知识性的期刊，倘若补白一些各国某些方面的统计数字，或者风俗习惯、奇景异观等等，它们就会像一盘名贵菜肴里的各种作料一样，增加菜肴的色、香、味，会使期刊更加生色。当然，下什么作料也要看是什么菜而不同，这些小补白，也应与本期期刊的中心有联系，而且它们彼此之间也是有联系的。而不是随手抓到葱就是葱，抓到胡椒就是胡椒。

互补还不仅是指的同向互补，也包括异向互补。正面反面的意见看似矛盾而不相容，但在期刊结构中，这种肯定与否定的矛盾，却也是一种互补。正面、反面、肯定、否定的意见，都摆在读者面前。读者就可以更全面地思考并认识这个问题了。这就好像欧洲传说中的那个两面盾，既看到了金盾的一面，又看到了银盾的一面，两面都看到了，就全面了。

也不仅是要在本期文章之间贯穿互补，还要在本期与其他各期之间贯穿互补。这是期刊的一期只是整个期刊系统中的一个部分这个特点决定的。也是期刊作为连续性出版物的一个特色。它可以在本期补充以前某期的不足，也可以纠正以前某期的错误。也可以提出与以前刊登过的文章不同的见解。

第四，要体现整体的优美性。整体的优美性，包括从内容到形式的优美，也包括风格和情调的优美，语言和节奏的优美。这种整体的优美性，首先来自整体的多样化的协调。要像一首乐曲那样，有抑扬顿挫，有高低疾徐，又富于变化，又协调优美。所以，期刊结构要注意变化，注意变化中的协调。把思想性强的文章与艺术性强的文章相间杂，把严肃性的文章与轻松性的文章相间杂，把长文章与短文章相间杂，以使读者在思想上、情绪上、心理上能跟着起伏松紧，节奏分明。这也就是说，在期刊结构上，要一张一弛。一切事物都不是直线式前进而是波浪式前进的，结构一本期刊时就也应该是一张一弛、矛盾的统一。这种一张一弛的矛盾统一，是要统一于杂志的性质、风格，统一于这个基础上的协调。因此，这种张与弛，也是有约束性的，而不是可以任意地各走极端，不是为一张一弛而一张一弛，更不是为了破坏整体和谐的优美性而一张一弛。

四

上述期刊结构之经，是结构的主体思想。下面我们再谈谈与结构之经交织的具体结构之纬。

第一，集中。集中是结构杂志的基本方法。任何一本期刊的编辑，或多或少都知道一点集中这种结构方法，但未必有很多期刊编辑都懂得集中有多层次的集中。把二三十篇或更多的文章结构到一期期刊中，这是在一期期刊层次内的集中。各大门类如政治、经济、哲学、文艺等的文章，集中到各门类之下，这是门类层次的集中。文艺期刊的小说、散文、诗歌、评论……诸形式下的集中，也属于这个层次的集中。在各门类、各形式之下，按内容或问题之相近者，再彼此集中，这是内容层次的集中。必要时，还可再作更多层次的集中。不同层次的集中，是从远到近、从疏到亲、从外围到核心的集中。反过来看，这种不同层次的集中，就像一颗石子投进水中，漾起一圈圈的涟漪，一圈套着一圈，从密到疏，越扩越大，形成一个群体。

这种不同层次的集中方法，只不过是为了便于说明问题而举的最普通、最简单的例子。集中的方法或者说集中的艺术，是多种多样的，是复杂得多的。世间的事物，都存在着普遍的联系，他们之间的联系也是多种多样的，而非仅限于某一种联系。结构期刊时集中文章，就是以文章之间的联系为依据的。既然它们之间的联系是多种多样的，因而集中的方法也就必然可有多种多样的。不仅可以如上述那样按门类、形式、内容等等来集中，也可以从其他联系来集中。例如可以按提出了新观点这一点，把不论是政治、经济、哲学等各方面的文章集中，构成一个标明或不标明栏目的新观点专栏，也可以根据作者都是大学生这一点，把不论是政治、经济、哲学等各方面的文章集中，构成一个标明或不标明栏目的大学生论坛专栏。总之，可以有多种多样的集中点。至于到底要采取哪种集中方法，期刊编辑大可创新。不过，别忘了一个前提，结构必须为期刊的方针、总体编辑构思、风格服务，不能离开这个前提，而肆意为之。我们应该知道，集中在某点上进行结构，往往实际是在结构上突出某点。大学生论坛是突出推出大学生作品，新观点专栏是突出介绍新观点。如果期刊的性质、方针任务和总体编辑构思等不宜于或不准备要突出这些方面，编辑结构期刊时就不应该在这些集中点上集中结构。

第二，平衡。在结构时要掌握各种文章之间的比例恰当，以求得期刊内容的平衡。不仅是在各门类、各形式或文章之间掌握平衡，在主干文章与辅佐文章之间、重点文章与一般文章之间，面向不同读者文章之间以至相反相成的文章之间、一张一弛的文章之间……都要掌握平衡的比例尺度。平衡不是半斤对八两，也不大可能提出一个什么“黄金律”来。它要根据不同的具体情况具体决定。一本学术性期刊，对于比较轻松的文章，一般说来就比一本综合性杂志需要的会少一些。不仅内容不同，数量也会不同，达到平衡的比例也会不同。当然，主次关系是明确的，主干文章、重点文章总是少数，是点；辅佐文章、一般文章总是多数，是面。平衡就是做到点面结合，以点带动面，从面中突出点。

以综合性期刊来说，各大门类在期刊中占的地位、比例，宏观、中观总体编辑构思中，一般都有个原则要求。结构一期期刊时，当然要根据这种原则要求来考虑平衡。除此之外，还要考虑内容、主题、题材、风格等等方面的平衡。例如同一主题的文章，可能是分散在不同门类中，就要综合考虑这一主题的文章群与其他文章之间的比例。总之，文章与文章之间有种种错综复杂的关系，我们就要从种种方面考虑这些错综复杂的平衡。

有些期刊可能在结构时还要考虑其他一些特殊方面的平衡问题。例如文艺期刊有的也许要考虑老、中、青作者作品的比例问题；地区性文艺期刊有的也许要考虑本地作者与外地作者的比例问题；地区性农业期刊有的也许要考虑针对地区农业生产的文章与涉及农业普遍性问题文章的比例问题……如此等等。

同一种期刊，每一期的平衡比例也不一定是固定不变的。如果是一期专号，它和其他各期的平衡比例就会有很大的差异。有专辑的一期，最突出的一般都是专辑，占主要地位。但专辑和专辑以外的文章，也要注意平衡。比例关系也会和其他期有较大的不同。

平衡不是为了求得各方面铢两相称，而是求得比例之合理化、最优化。只有这样，才能促进整体的和谐优美。

第三，连续。平衡说的是横向的本期文章之间的比例问题，连续则说的是纵向的与其他各期的承先启后关系问题。这是期刊作为连续性出版物的结构上必须渗透进去的问题。在结构期刊时，要在结构上具体体现这种连续性。一些讲座、讨论、争鸣……的文章，都不仅要根据其本身质量，还要根据连续性来考虑。例如一篇争论意义不大，不大可能通过争论解决多大问题的文章，如果质量不错，可以结构进本期去，但不要把这当做引导争鸣的文章来结构。要体察前因，也要预计后果。反之，对于一篇原本未曾当做连续引线发表的文章，在社会上却引起了出乎意料的反响，编辑部经过研究后，必要时也可以机敏地接过来，把它变成一个连续性的中心话题。编辑结构期刊时，对社会反响，应该有高度的灵敏性。

结构期刊时所要考虑的连续性，还不仅限于对这些带有连续性栏目文章的安排，而且是多维多向的。特别要注意结构时突出期刊的非连似连的微妙关系。国外有人说过，即使抹去那些固定栏目和连续性文章，老读者一看目录，就会知道那是一期《读者文摘》的目录。其实，我国30年代同是小品文半月刊的《太白》与《论语》，一般说来，老读者一看目录，也不会把二者混淆而能识别的。其奥秘就在于一看目录便能体察出它们各自那种非连似连的连续性的缘故。要谈清楚这种连续性，也许并不容易。它虽难以言传，却人人又可以神会。从编辑的角度来分析，它大概可说是一种多维的综合感觉，这种综合感觉的多维来源，既包括栏目(不论标明或不标明)、作者、内容等等，也包括文章标题的风格、期刊结构的艺术等等。结构的风格也是有连续性的，虽然这种连续性也并不完全等于同一性。

第四，对比。我国有句俗话说："不怕不识货，就怕货比货。"两相对比，其高下优缺就不难判明了。报纸新闻编辑结构，常常就用对比的方法：一个正面事例、一个反面事例；一个好的典型、一个坏的典型；这样两条新闻编在一起，置于同一个标题下，正面的、好的因反面的、坏的衬托，就显得更正确、更好了；反面的，坏的因正面的、好的衬托，也就显得更不对、更坏了。期刊结构时，也可以用对比这样一根纬线把不同的文章串连起来。

但期刊结构的对比法，与新闻编辑的对比法并不全然一样。新闻往往是采取两个极端相对比，利用巨大的反差取得强烈的效果。反差不太大、对比不鲜明的新闻，往往就不一定采取这种编法。例如新闻会把一条舍身救落水儿童的新闻和一条流氓伤人、路人袖手旁观的新闻编在一起，而不大会把一条结婚新闻和另一条夫妻吵架新闻编在一起。但在期刊结构中，却不一定要强调对比的极端、对比的强烈。这是因为期刊不像新闻以报道事件为主，而是以分析论述事件为主。分析论述要说理，要商榷，而不在于对比之强烈。期刊结构的对比，可以是理论与事例的对照，可以是文字与图片的对照；可以是意见的相左，可以是标题的对偶，可以是长短的相形，可以是庄谐的相峙……在期刊结构中，对比也可说是集中的一种补充，通过对比的结构方法，往往可以把似乎不能紧密集中的文章集中起来，加强结构的系统性。

上面说的结构之经与结构之纬，是就一般杂志都能通用的而言。不同性质的期刊，还可以有其他适合于它的结构经纬线。例如比较常为某些文摘性学术杂志采用的汇萃法就是其中之一。此外，我们说的期刊结构之经、之纬等等，可以说是一些属于纯结构性的方法，即编辑只是做文章的组织、结构工作，而自己并未添加任何东西。但我们应该注意，在期刊结构工作中，编辑并不永远是从不添加任何东西的。必要时，也需要添加点东西。最常见的大概就是加“编者按”和“编者的话”了。编者按往往只是就期刊中某个栏目、某组文章、某篇文章以至文章中某个地方、某句话而发的。编者的话则通常是就本期期刊或就期刊整体而发的。二者适用范围不同。

除了编者按和编者的话外，结构期刊时，编辑还可能要撰写有关的资料或背景材料文章作为补充。例如对论述某一边界问题的文章，就往往应辅以有关这一边界问题的历史渊源、具体争论点、演变经过等等资料以及这些争议的背景材料等等，以便于读者据以思考、研究。

1989 年

论期刊的开本与刊名

一

我国期刊常用的开本有如下几种：

16开本(787×1 092毫米 1/16)

大32开本(850×1 168毫米 1/32)

大16开本(850×1 168毫米 1/16)

32开本(787×1 092毫米 1/32)

除此之外，也有极少数用长32开本或8开本或其他异形开本的。

如果把期刊开本粗分为大开本(16开本以上的)和小开本(大32开本以下的)两种的话，一段时期以来，许多人都有追求大开本的趋向。这固然有其合理的一面，如大开本显得大气、有气派以及版面大了带来的优点：版面结构可有更多变化余地，更为活泼，有更大创意空间，也更便于安排图片。但任何事物都有个度，要掌握好，要恰如其分。所以孔子说："过犹不及。"(《论语·先进》)不及是失度，过也是失度，都是没有做到恰如其分。开本大虽有大的长处，但却并不是越大越好。前些年，在"与国际接轨"声中，许多期刊纷纷改16开本为大16开本，有的改得很成功，受读者欢迎；有的却在一段时间以后从大16开本改回为16开本了，因为据市场调查，改大16开本后能接受的读者反而减少了。这里头自然不能不说读者有个接受习惯问题，需要有段适应时间，但并不是所有从16开本改为大16开本的都使接受的读者减少了。这就不能不让人思考了。

问题就在于，开本的大小，不能抽象地认为大开本就比小开本好，而是要量体裁衣，根据期刊自身的性质、内容、读者对象……来决定选择什么开本最能得体。如像《故事会》、《半月谈》、《社科信息》这样性质、内容、读者对象……的期刊，选择32开本或大32开本就是得体的，相称的，形式与内容统一的。《散文海外版》创刊于“与国际接轨”声中，八年来一直选用大16开本，2000年改为大32开了，据说销路增加了，读者更认同了。我以为，这是由于散文本是轻骑兵，以短小精悍见长，所以百花文艺出版社从20世纪60年代起以690×960毫米1/32的小开本出版的散文广受读者欢迎，除了内容外，也有形式适应内容的原因在内。散文期刊用大16开出版，似乎就不如用大32开出版更能获取形式与内容的统一。这就是《散文海外版》改小开本后能更为读者认同的奥秘之一。

类似的例子过去也有过。20世纪50年代创刊的《文艺报》，现在是以报纸的形式出版，但这只是80年代后期的事，此前，它一直是份16开本的期刊。50年代有段时间，它改为8开本的期刊，许多读者都感到不便，不认同，大约一两年后，又不得不改回16开本了。不久前有搞文艺评论工作的人在报上写文章说，现在想搜购《文艺报》杂志，最不易获得的就是以8开本出版的。这不是由于求购8开本的《文艺报》的人特别多，而是由于8开本因不为当时读者接受而可能印得少了，而更为重要的原因还在于8开本不便于保存，使得买了它的人也早和报纸一起卖废品回炉了。

和《散文海外版》用大32开本比用大16开本更能达到形式与内容的统一一样，文艺评论性的期刊《文艺报》同样也没有理由要选用8开的大开本，8开大开本对它未必有助于形式与内容的统一。新创刊的《国际音乐交流》不意又蹈《文艺报》50年代之覆辙，选用8开本出版。只不过比50年代《文艺报》醒悟得快，第二期就改用16开本了。

这是期刊的开本编辑构思时要很好思考的一个问题。

期刊的开本，也可以创意、创新。印刷技术的发达，为此提供了条件。早在30年代末的抗日战争时期，笔者编的一份期刊就创意编过可称为长16开本的形式，即长如16开本，宽度窄于16开本的开本。由于印刷条件困难，未能坚持下来。如在今天，这个问题就要容易解决得多了。期刊的丰富多彩，必然也会有期刊开本的丰富多彩。但应当注意的是：

开本的创意创新，既应求异，也应求同，更应求和与求同、异、和之互济，求其称体，也就是求形式之能适应性质、内容，适应读者对象，而不应为求异而求异。为求异而求异，就成为不顾称体、得体与否的追求奇装异服，徒然招人讪笑。

现在期刊的各种开本，基本上都是以 787×1 092 毫米和 850×1 168 毫米规格的纸张论开的。而这两种规格的纸张，因其与国际通用规格不合，国家早已确定为淘汰品种，逐步以生产新规格、与国际通用规格一致的纸张取而代之。纸张规格的改变，自必会影响期刊各种开本的实际尺寸，期刊的开本也要随之加以调整。但不论纸张规格如何变化，开本尺寸如何调整，选择期刊开本要量体裁衣，要适应期刊的性质、内容、读者对象，以及要求同、求异、求和与求同、异、和互济的原则是不变的。

二

刊名构思的一个原则，就是刊名要因不同类别期刊而有不同的思路。期刊可以从不同视角作不同的分类。“按开本分类”只是“从形式分类”方法之一。这就是说，上面谈到的开本与刊名关系，还只是触及“从形式分类”的一个方面，所以刊名要因不同类别期刊而有不同思路的构思原则，涉及的面还要大得多。不仅也涉及“从形式分类”中的按刊型分类、按刊期分类等，还涉及“从内容分类”中的按读者对象分类、按内容层次分类、按期刊内容的性质分类等。各种分类法的不同类别期刊，也各有其刊名构思的不同思路。

就与按刊型分类的关联而言，例如，《散文》因散文以短小精悍见称，所以创刊至今 20 年，一直是每期 3 个印张，属于中小型刊型，刊型与刊名可说是基本相称的。如果一份刊名为《小品》、《小溪》之类的期刊，却是每期大 16 开本 200 个页码，就容易让人有小孩穿大人衣服、戴大人礼帽那种旷旷荡荡之感了。由此可见刊型与刊名之关联。

刊期与刊名的关联就更明显了，只有月刊、周刊才能在刊名中带月刊、周刊之类字样，如《小说月报》、《深圳周刊》；也只有半月刊才能构思出《半月谈》的刊名。当然，除了这种显性关联外，也还可以有比较含蓄的隐性关联。例如，只有刊期为月刊的期刊，才宜于用《月季花》这样的刊名，只有刊期为周刊的期刊，用《礼拜六》这样的刊名才适宜。这些刊名中都隐含有刊期为月刊或周刊的意思，却又不像《小说月报》、《深圳周刊》对刊期说得那么直露。

刊名与期刊的不同形式类别都如此紧密关联，那么，与体现期刊灵魂的不同内容类别的关联更其紧密，更其重要，自不言而喻了。事实上，从期刊不同内容所分的类别来研究与刊名构思的关系，又可以引出要因不同类别而有不同构思的刊名构思原则之外的另一些刊名构思原则，那就是：要因不同读者对象期刊而有不同刊名构思原则、要因不同性质期刊而有不同刊名构思原则、要因不同层次期刊而有不同刊名构思原则与要因不同风格期刊而有不同刊名构思原则。

各种期刊的读者对象各不相同，而且有愈分愈细的趋势。为了把刊物办得更贴近读者，这种趋势可说是必然的、合理的。当然，也要注意度的掌握，不能失度。刊物要贴近读者，就应使作为期刊“灵魂窗子”的刊名先贴近读者，让读者一看到这“眼睛”，就有“美目盼兮”(《诗·卫风·硕人》)之感，就喜欢看。读者对象有性别、年龄、职业等等的不同，刊名构思也就不同。《女友》、《小伙子》之类刊名，就是从特定的性别、年龄上来命名的；一些少儿期刊以及《中学生》、《外来工》之类，则是从特定的年龄、职业来命名的；《中国青年》、《中国老年》之类，又是单从特定年龄段来命名的；《驾驶园》、《微电脑世界》之类，又是单从特定职业来命名的。锁定特定读者办刊，来为期刊命名，也很受西方期刊的重视，并取得相当成功。因期刊不同读者对象而有不同刊名构思的原则，值得重视。

社会科学期刊不应以自然科学名目来命刊名，自然科学期刊不应以社会科学名目来命刊名，这种简单的道理就已经说明刊名构思要因不同性质期刊而异了。期刊按性质不仅可分为社会科学期刊、自然科学期刊等，还可分为综合性期刊、专门性期刊，又可分为理论学术性期刊、文化知识性期刊、文学艺术性期刊、文选文摘性期刊、生活娱乐性期刊……无论哪一种期刊，在构思刊名时，都要考虑到它本身的性质，包括不同性质分类法的归属，尽可能来体现其性质或适应其性质。《中国社会科学》、《化石》之类刊名是直接从其所属性质来命刊名，类似这样命名的期刊很多，《小说月报》、《散文》、《人民文学》、《个人电脑》、《中国新药杂志》……一大批都是，一看便知。当然，也有更含蓄的，如《八小时以外》、《双休日》、《世纪风采》……之类是。可见，刊名构思要服从期刊性质这条原则，早已为人们普遍接受。

期刊之名，还要与期刊内容的层次相适应。只有学术性期刊可以命名为什么学报、什么学或什么研究之类，如《中国科学》、《遗传学报》、《经济科学》、《哲学研究》……而却不宜以之命名通俗性期刊。通俗性普及性期刊即使内容严肃、知识性较丰富的，也只适合于命名为《大众医药》、《科学知识》、《历史学习》……之类。

期刊之命名，还要与期刊的风格一致。风格严肃的期刊用的刊名也应是严肃的，轻松活泼风格的期刊也应选择轻松活泼的刊名。《八小时以外》适合于轻松活泼的业余文化生活的期刊，而不一定适合于例如研究工作时间与业余时间如何合理分配的理论学术性严肃期刊，道理就在于此。

优秀的刊名，往往可以出奇制胜、化腐朽为神奇。表面看来似乎违反了期刊名构思原则，实际却是另辟蹊径而又体现了刊名构思原则。下面要举的实例中，就是这样的。这里只讨论原则，先不说它。

以上讨论的这些刊名构思原则，实际只是构思内容的原则，即立意的原则、创意的原则。有了立意、创意，还要用文字把这意思表达出来。所以除了以上讨论到的这些刊名构思原则之外，还有命名的原则，即表达刊名构思的原则。它们可以归纳为：准确、鲜明、新颖，大部分期刊的命名原则还可以加上一条生动。

准确，就是要准确体现刊名构思的立意、创意。也就是说，要准确体现期刊是哪一类的，是给什么读者看的，是什么性质、什么层次、什么风格的。因为，这些都是刊名立意、创意的内容。

明确，就是旗帜鲜明，不可含糊，不可产生歧义。如果说准确原则是偏于从刊名的内容而言的话，则明确原则可说是偏于从刊名的形式即刊名文字本身而言。所以，明确原则与准确原则是互为表里的：明确才准确，准确才明确。

新颖，就是不陈陈相因、不落俗套。新颖方能超群拔众、独树一帜，才可能人见人爱。

除了严肃性的期刊外，一般期刊的命名还应力求生动。当然，不同期刊刊名所要求的生动性也各不相同。但总起来说，生动才易于表现期刊蓬蓬勃勃的生命力。

三

上面说到优秀的刊名有的看来似乎违反了期刊刊名构思原则而实际是化腐朽为神奇地体现了刊名构思原则，可以举 20 世纪 30 年代的《论语》为例。

大家知道，《论语》是四书五经之一，是儒家经典著作。历来被看做是“修身、齐家、治国、平天下”的经典，如世传赵普有“半部《论语》佐主得天下，半部《论语》佐主治天下”之语。不仅严肃，而且崇高。20 世纪 30 年代林语堂却把它作为自己主编的一份小品、随笔、散文的期刊名称。粗粗看来，既不符合期刊刊名构思的因应类别原则、因应读者对象原则、因应期刊性质原则、因应期刊层次原则、因应期刊风格原则等等，也不符合准确、明确、新颖、生动等原则，而完全越轨了。但实际情况却是：抛开对这份期刊的不同认识与评价不论，仅就刊名来论刊名，却实在是出奇制胜、巧妙绝伦的上品。如果认真思考，就会发现，它完全是符合刊名构思与命名的那些原则的。这里且不逐条对照说它，只指出几点来就够了。

在 20 世纪 30 年代，读书人对《论语》可说是无人不知、无人不晓的。《论语》半月刊是以读书人或者说知识分子为读者对象的，用这样一个读书人再熟悉不过的书名来做刊名，不仅使读者感到亲切，也立即会产生认同感，用不着做广告去宣传。大有“桃李不言，下自成蹊”(《史记·李将军列传》)之妙。此其一。

《论语》半月刊这份小品、随笔、散文期刊，提倡语录体的小品散文，而《论语》这本经典著作，就记的是孔子语录，算得上是语录体的老祖宗了。以语录体的老祖宗的书名《论语》来作为提倡语录体的期刊刊名，不仅因应了期刊性质、类别等等，而且不是十分准确、明确、新颖(推陈出新的新颖，化腐朽为神奇的新颖)而且生动的吗？说它妙不可言，岂是虚誉？此其二。

还有，林语堂编的这份《论语》半月刊，是提倡幽默的。《论语》这书

《论语》

名，正儿八经的，用来作为刊名，似无幽默可言。但细细一想，这样攫取“圣人”的经典著作之名来作为一份半月一期的刊物之名，不也颇具幽默感吗！不也暗暗地体现了期刊的风格吗！此其三。

还有吗？还有。只是要请读者自己去体会了。1980 年创刊于天津的《小说月报》，在有的方面，与 30 年代的《论语》有异曲同工之妙。它和《论语》一样，也是旧名新用，袭用了二三十年代主要的新文学期刊《小说月报》之名，旧店新开，却成为一份首创文选性这个品种的期刊，刊名准确、明确地显示了期刊的性质、类别，也在一定程度上因应了读者对象、层次等，还不乏推陈出新的新颖。同时，连刊期也揭示了。刊名里那个“报”字，还隐含有“汇报”之意，含蓄地暗示着它是份要汇报一月来优秀小说的“文选性月刊”，而又避开了“选刊”、“选萃”一类的陈辞老套，这不是颇为新颖吗？

当然，不是所有优秀的刊名都如出一辙。例如，《半月谈》这刊名，平淡朴实中却让人容易产生亲切感。它创刊于 1980 年，本来是 20 世纪 50 年代《时事手册》的复刊。但它们废弃了原来这个颇有点官样文章气味的刊名，而改用了平易近人的《半月谈》之名，两相比较，就可以看到这一改不愧为高明之招。《半月谈》的半月一谈，不仅明确表明了刊期，更用“半月”显示出对时间性的强调，以暗示它的时事性期刊的性质。不是《半月论坛》之类而是《半月谈》，不仅平易近人，同时也有了它与老百姓谈天下事的刊物性质、读者对象以至层次的因应性。它以其期发行量近三百万册成为全国八千种上下期刊中发行量最高者之一，当然不只是由于刊名好，但也绝不是与刊名好无关。

有的刊名构思也很巧妙，却白玉有瑕、失之一隅。20 世纪 50 年代天津创办过一份期刊，刊名借用了刚在天津塘沽建成的港口之名新港。

新港是新中国成立后第一个建成的北方大港，当时在全国的知名度很高。借用这样一个全国扬名的港口名称作为刊物之名，在一定程度上也可收到与《论语》半月刊借用四书五经中《论语》一书之名为名的效应，相当巧妙。当时，全国各地的文艺期刊，差不多都是以地名之后加上“文艺”二字为刊名，令人有千篇一律之感。天津能别出心裁，独辟蹊径构思了《新港》的刊名，在强调地方化的当时又是以天津的港口新港命名，隐含了地方化的内容，实在可说是难能可贵。除此之外，《新港》还隐含有文学新港之意，暗示它是一份充满新的活力的期刊，是新生力量、青年作者的家园、港口，寓意之丰，即此可见。虽然这个刊名有种种优点，但却又有个堪称是致命性的问题，那就是会产生歧义。对一般人来说，更容易将它误认是一份有关新港港务、建设、管理、业务之类性质的刊物，而难以想到它是一份文学期刊。创刊号出版后他们寄我征求意见时，我提出了这个问题。但木已成舟，无法更改，后来只好在《新港》刊名之下，再加上“文学月刊”四个小字作为补救。

由此可见，刊名之立，的确不是件容易的事。稍有照顾不周，便会功亏一篑。期刊要有一双明亮美丽的“眼睛”，让人透过它能触及期刊的灵魂，在期刊刊名构思和命名上，还需要认真对待才是。

2001 年

期刊的眼睛

诗人赞美人的眼睛是“灵魂的窗户”，意为从眼睛中可以窥见人的灵魂。

期刊也有“灵魂的窗户”，那就是它的名字。期刊的“灵魂的窗户”不仅外形应该是美的，而且还要闪烁它的灵魂——思想内容之美，构成与期刊整体风格协调一致的美。

我国30年代的期刊，有些是很重视“灵魂的窗户”之塑造的。

例如，有两种大型文学月刊，一种名为《文学》，是傅东华、王统照等主编的；一种名为《现代》，是施蛰存、杜衡等主编的。它们都是综合性文艺杂志，篇幅也差不多，但是名字只有各自用了才合适，如果互换一下的话，就会让人觉得像男人错穿了女人的裙子，女人错长了男人的胡须。

原来《文学》是提倡写实主义的，多刊登写实主义的作品。刊物的封面构图、排版格式，也多是现实主义的。可说从内容到形式都是现实主义的。这样一种期刊，取了这么一个如实道出其性质的朴实无华的名字——《文学》，也可说是现实主义的，这实在是恰当不过了。

而《现代》呢？李金发、戴望舒等人的后来被称为“现代派”的诗，当时就是刊登在《现代》上；穆时英、叶灵凤等人的横光利一式的“新感觉派”小说，也是在《现代》上发表的。刊物的封面构图，也常常是变形的现代派构图，版式也比较“野”。为这样一份刊物取了个有点抽象意味的名字——《现代》，不也是恰当不过的吗？

30年代还有许多散文刊物，其中有一种是林语堂主编的《论语》半月刊。大家知道，《论语》是四书五经中四书之一，过去是学子发蒙后必读的书。30年代的读书界，几乎是无人不知、无人不晓。林语堂旧名新用，把这么一个人所熟知的现成书名，作为新创刊的期刊的名字，有它明显的好处：首先，在林林总总的期刊中，它的名字很容易为读者记住。其次，由于这名字本为读者所熟知，读者对它就容易产生认同感、亲切感。而更妙的是，林语堂编的《论语》，是提倡语录体小品散文的，《论语》这本书，恰恰正是语录体的老祖宗！以语录体老祖宗的书名来作为提倡语录体刊物的名字，可谓名实相副。而且，林语堂编的《论语》，又是提倡幽默的，攫取圣人经典著作的名字来作为自己刊物的名字，也似乎不乏幽默感呢！

现在的期刊，大概也会具有这种“美目盼兮”的“灵魂的窗户”。可惜我未一一研究。1979年我筹办《小说月报》，借用二三十年代茅盾主编的《小说月报》的名字，也是旧名新用吧。这个名字容易为读者熟悉，既显示了内容是专载小说的，又显示了刊期是每月出一本，刊名里的“报”字，还隐寓着“汇报”的意思，显示了它是汇报一月来优秀小说“选刊”的性质，而又避开了“集锦”、“选刊”、“选萃”之类的陈套。这层意思应当说是新添的。

现在也有些期刊对它的“灵魂的窗户”不大注意，一般化而无个性。如50年代的期刊刊名，大多是省名、市名之后，文艺期刊加上文艺二字、青年期刊加上青年二字、工人期刊加上工人二字而成；后来的社会科学刊物又踩着这脚印走，省名、市名之后加上“社会科学”四字便是刊名。文艺期刊后来想突破省界、市界，所取刊名又多带风、花、燕、鸥之类，彼此题名思路雷同，而与杂志内容、风格，多半没有多大关系。不免令人有目虽有而无神、窗既开难觅魂之叹。当然，这只是一部分期刊的情况，也不乏名实相副且响亮的刊名。我希望有更多的令人瞩目的“美目盼兮”。

1987年

期刊的栏目构思

一

现代的期刊，大都分设有若干栏目，再将散篇文章分别纳入不同栏目中，结构成不同的板块，再结构成期刊。这就好像地球上的大陆，由五大洲组成，五大洲又由若干国家组成。少数不设栏目的期刊，也都会将刊载的文章分成若干组，并往往在目录上用空行将各组文章分隔开来，实际上每组也类似一栏，这也是在分栏，只不过没有标出栏目之名来，有栏无目罢了。所以可以说，期刊基本上都是要分设栏目的。

栏目在期刊这个系统中，有着很特殊的地位；它既具有作为系统结构的作用，又具有系统要素的性质。栏目把文章结构成一些板块，这些板块又成为期刊这个系统组成的要素；但真正的要素并非栏目而是各篇文章。栏目内容不是单一的而是由多篇文章结构而成的组合体，可说是期刊这个系统内的一些子系统、小系统，主要是起结构质的作用，只不过它的作用并不仅限于作为结构质进行结构，而又有作为系统要素的性质。

栏目的这种特殊地位，使它连“虽圣者不可能也”的“一身而二任焉”(〔唐〕韩愈《圬者王承福传》)的任务，居然也担当起来了。仅此一点，就足以表明它在期刊编辑工作中具有何等重要的作用了。

对于这样一项重要工作——进行栏目构思，自然也就必须殚精竭虑地来从事。

栏目构思的基础，是期刊的方针任务、期刊的总体编辑构思。一方面，它要受方针任务、总体编辑构思的制约，即不应逾越方针任务、总体编辑构思，否则就可能失去自我。另一方面，它又要尽可能地充分、并有创造性地去体现方针任务、总体编辑构思。充分，意味着全面，无遗漏地体现方针任务、总体编辑构思；有创造性地，意味着要发扬方针任务、总体编辑构思丰富的内蕴而又有独特的创意。所以，栏目的编辑构思虽然要受方针任务、总体编辑构思的制约，要以它们为基础，却又不是消极无为的，甚至还可反作用于方针任务、总体编辑构思，起对方针任务、总体编辑构思阐幽抉微的作用。

在这个基础上构思栏目，应当遵守的原则有：同一性原则、非取代性原则、系统性原则、参差性原则与层次性原则。

第一，同一性原则。

栏目与栏目之间，要有同一性。所谓栏目之间的同一性，含有两层意思：一是说栏目都要与期刊的方针任务、总体编辑构思具有同一性，不仅是符合方针任务、总体编辑构思的，还是能积极贯彻方针任务、体现总体编辑构思的。一是说各个栏目是从各自的不同维度去体现同一方针任务、总体编辑构思的。

栏目选择的同一性原则，既是栏目选择自身所需要的，也是编辑第一规律——求同、求异、求和与求同、异、和互济规律在栏目选择工作上的体现，虽然它还只是从求同的维度提出的要求。

第二，非取代性原则。

每个栏目都有它自领的畛域，此栏目与彼栏目是不可取代的、唯一的，这就是栏目选择的非取代性原则。

唯一并非孤立，如果是孤立的，那就难以具有同一性了。究其极，唯一性也只是近乎独立性而已。

栏目之不可互相取代，与栏目各有其自领的畛域是一体的两面。各自的领域不同，才能不可互相取代。即使在栏目与栏目彼此畛域接壤处，有时可能不是像楚河汉界那样泾渭分明，但各自的领域仍然有的是“大漠孤烟直”（〔唐〕王维《使至塞上》），有的是“东风转绿苹”（〔南朝梁〕江淹《咏美人春游》），同在一个中国，却又各不相同，不会混淆。

这就要求栏目构思时，要注意栏目与栏目之间有同一性之外，又要注意它们之间各有各的特色，有非取代性。栏目之间既不应该彼此无关、孤立存在，又不应是亲密无间、不分你我。

栏目构思的非取代性原则，同样是编辑第一规律——求同、求异、求和与求同、异、和互济规律在栏目构思工作上的体现，虽然主要还只是从求异的维度提出的要求。

第三，系统性原则。

系统性原则要求栏目构思时，不应仅就栏目考虑栏目，而应从期刊总体、栏目总体来选择具体栏目。这是系统论所说系统要从系统需要和要素之间的结构关系来选择要素理论所规定的。

系统中要素之间的关系，表现为系统的结构。栏目“一身而二任焉”作为要素看时，栏目的系统性原则要求它体现与其他栏目的关系；作为结构看时，就还要求它体现栏目内文章与文章之间的关系。前者是要求把一个个栏目结构起来，后者是要求把一篇篇文章结构在一个个栏目内。

要想符合栏目结构的系统性原则，发挥它上述“一身而二任焉”的作用，就特别应该在进行栏目构思时，注意强化栏目之间的互补性。这样才能在对栏目求同、求异之外，还求和并求同、异、和的统一。

系统性原则主要是求和并求同、异、和的互济这个维度体现栏目构思时编辑第一规律的作用。

第四，参差性原则。

任何事物的发展都是具有参差性与层次性，而不是无差别的。有参差的不齐与层次的高低，才会有千山竞秀、万壑争幽的错综复杂之美。参差性是平面的横向的不齐，层次性是侧面的纵向的不齐，一经一纬，互相交织，于是呈万花缤纷之风采。

栏目编辑构思也要遵循参差性原则与层次性原则。

参差性原则表明杂志期刊所选择的诸栏目，彼此的轻重大小并不是一致而是参差不齐的。这就是说，有大栏目、有小栏目，有重点栏目、有非重点栏目……栏目与栏目之间，形成各有各的特点，各有各的妍艳，如同苏轼所说的“短长肥瘦各有态，玉环飞燕谁敢憎”(《孙莘老求墨妙亭诗》)的美姿。

但这并不是说，参差性原则只是出于审美的需要而产生的。不错，参差性原则以及层次性原则都有审美意义，但更重要的还是栏目本身性质所决定，即对体现方针任务、总体编辑构思重要性的大小轻重不同而产生的。越能体现方针任务、总体编辑构思及方针任务、总体编辑构思重点的栏目，就越是重栏目、大栏目，反之亦然。当然，这只是就一般情况而言，是就其正道而言。并不排除有奇、有变。重要的栏目往往也就是常设栏目，一般的栏目或不重要栏目则往往定期或不定期变换，不完全固定。这又体现栏目出现的参差性原则。

第五，层次性原则。

层次性原则是指栏目虽然原则上是处于同一平面，但又不完全处于同一平面而有不同的层次。这种层次性以什么面目出现，既会因期刊性质不同而不同，也会因总体编辑构思不同而不同，还会因编辑艺术等等的不同而不同(参差性原则之以何种参差面目出现，同样也有这个问题)。例如，一份文化史期刊，它所选择的栏目中，可能在中国文化史概论之类栏目之外，又有唐代文化史、宋代文化史之类栏目；在西方文化史概论栏目之外，又有英国文化史、北欧文化史之类栏目。在上述栏目中，中国文化史与西方文化史如果从中西对比角度看还可算是同一层次，那么，唐代文化史、英国文化史等几个栏目，显然是另一个层次——朝代或国别文化史层次了：唐代文化史与宋代文化史是低于中国文化史的层次栏目；英国文化史、北欧文化史是低于西方文化史的层次；同时，英国文化史与北欧文化史也不是一个层次，前者是国别文化史，后者是地区文化史。这些栏目层次的同同异异，就体现了栏目的层次性。

但在另外的期刊中或者另外的总体编辑构思情况下的同一期刊，却可能出现另外不同的栏目层次性。例如一份青年杂志，其栏目中可能出现正面讲道理的栏目和纪实性的栏目，前者重在以理说服人、教育人；而后者在以事喻人、感化人，这两个栏目，又用另一种方式体现了层次性原则。因为理论与事例，并不处于同一层次。许多时候，层次不同的栏目的出现，是为了适应不同层次的读者需要或调剂某层次读者阅读需要，是为了适应读者的层次性，阅读的层次性。

二

杂志栏目之编辑构思还有个栏目名称的问题。如果说前面讲的五条基本原则，主要是从栏目内容着眼的，那么，栏目名称的构思，也可说是从形式着眼的编辑构思。我们知道，辩证唯物主义认为，形式与内容是统一的，形式是内容的内部组织，是由内容决定的。因此，栏目名称的构思，首先就要服从内容，体现内容。这可说是栏目名称构思的根本原则。但形式不只是消极的被内容决定，还可以积极地反作用于内容，促进或者遏制内容的发展。所以，做好栏目名称的编辑构思，并不是件不重要的工作。

栏目名称的编辑构思，除上述根本原则外，还要注意的是：

一、精练——字数应少，内涵深广。一般三五个字，能包括栏目内容，而且准确不产生歧义。

二、统一——栏目名与栏目内容统一，栏目名与栏目名彼此风格统一：如用直述方式就都统一用直述方式，如用虚拟方式就都用虚拟方式，如用形象方式就统一都用形象方式。如果不同方式混合杂用，也应该有统一的着眼点，要有“公约数”。

三、新颖——就是避免老框框、老套套，要“唯陈言之务去”(〔唐〕韩愈《答李翊书》)。新颖才可喜，新颖才能亮出自己特色。

四、美——不但要新，还要美；听起来有美感，入目也有美感。

上面这几点，说来似乎容易，真正要做到都并不容易。要都同时兼顾到，就更不容易了。

首先，精练到只有三五个字，这三五个字要准确到让作者、读者都能心领神会，知道它刊载的是些什么样的文章，不致误解、不生歧义，就要煞费苦心。又要用这三五个字揭橥其领域，不仅揭橥内涵，并且揭橥外延，既明确范围，又启发文思，费心就更大了。

其次，既要求栏名新颖，又要求风格统一，也容易产生矛盾。统一会对新颖有所限制，新颖就总是在越轨中方易出现。统一却是对越轨的一种约束。统一本不易，新颖也难求，现在要的却是统一下的新颖，新颖而又统一，岂不是难上加难？何况它还只能用精练的三五个字来表现，岂不是在难上之难中再戴上一副沉重的枷锁？这样戴着枷锁跳舞，还要求跳得很美，这难道容易吗？

但是，梅花香自苦寒来，不经艰难，又岂得佳构？栏目立名构思之难，也正是栏目佳构出现之胚胎。皇天不负苦心人，迎着艰难努力向前，总会有收获的。

栏目立名，可以多种多样，不拘一格，越有创造性越好。甚至不妨标新立异。就像报纸的新闻标题，有时会出现神来之笔；如果只知一板一眼，那就易陷于呆板了。新闻设标题是一门学问，大有讲究；期刊栏目立名，同样也是一门学问，也大有讲究。

然而，不拘一格不是毫无法度，不是可以任意妄为。世间任何事也不能任意妄为。栏目立名构思，对上述那些基本原则，还是应该尽量遵循的，否则难以获得理想成效。

因此，栏目构思，也可大致归纳出三条主要途径：实题、虚题、虚实结合题。

实题是指栏目之题据栏目内容而从实道来。例如：《编辑之友》2001年第1期的栏目题就属此类：

出版研究　期刊探索　编辑科学　编辑教育　科技编辑　编创谈片　编辑札记　装帧艺术　编辑与我

从实道来的实，主要指的是这个栏目所容纳的内容，不一定指所刊文章内容而言。根据栏目包容的内容来选择与根据栏目所刊文章的内容来选择是一致的，例如，文艺期刊就经常是根据所刊作品的文学形式来作栏目题名的选择，例如2001年第1期《当代外国文学》的栏目：中篇小说　短篇小说　诗歌　散文

中篇小说栏刊载的都是中篇小说，散文栏刊载的都是散文……也是按栏目包容的内容而分的实题，但却不是按所刊文章的内容而是按文章的形式分的。

虚题则往往或是点出一种情怀、一种比喻之类，来曲折地让人感知这个栏目的内容。这是一种比之实题更精致、也往往是带有抒情味的栏题。例如，2001年《女友》的栏目题：左岸咖啡馆　单身女子客厅　心情旅行。2000年《健报》的栏目题：绿色长廊　心灵氧吧也都可归入虚题之列。

虚实结合题刊是虚中有实、实中有虚。这类栏题构思起来可能更难些。我曾举过《散文》月刊的一个栏题“屐痕处处”为例，这是借郁达夫的一本书名为栏题名，郁达夫这本书是游记，字面未直接表达旅游的意思而是用典故曲为表达。这里屐痕的屐，不仅泛指底有二齿的木屐，也特指“谢公屐”——南朝宋代谢灵运登山穿的木屐，也就是现代所称的旅游鞋，是暗含旅游鞋处处留下鞋印的意思来曲折表达栏目刊登旅游散文的意思。虚中有实、实中有虚。

对于不同期刊来说，实题、虚题、虚实结合题的表达方式，各有其

不同的适应性。从上面的举例中也可得知，像《编辑之友》这种专业性以及理论性、学术性期刊，更适合用实题栏题；艺术性、文化性期刊更适合用虚题或虚实结合栏题。当然，这只是就其一般而言，不是不能出奇制胜，更不是条条框框。

近些年来，期刊栏目的选择，有两种趋势似可商酌。

一种是栏目碎化趋势。

栏目碎化就是栏目越设越多，越来越碎。这大概是想要达到五彩缤纷、繁花似锦的功效。栏目五彩缤纷、繁花似锦固然可以赏心悦目，但什么事都有个度，否则，就会“过犹不及”，适得其反，收到相反的效果。

栏目多少的“度”在哪里呢？在掌握这个“度”时，不要忘记栏目不像文章之在杂志期刊中只是要素只起要素的作用，而且还是结构，要起结构的作用。栏目的结构作用，就在于作为结构质的中介作用，它把散杂的一篇篇文章(也就是要素)，按它们的内在联系，凝聚结构成一个个子系统，然后再按栏目与栏目之间的内在联系，结构成期刊这个系统。栏目是期刊系统结构的基础。栏目过多过碎，每个栏目中文章寥寥无几，常常一个栏目只有一两篇文章，这就使栏目与文章标题相似，形成重复了。要知道在系统中，重复的往往就是多余的。而且，更重要的是栏目与文章标题重复，栏目也就失去了作为系统结构基础的作用，这无异于自我否定，走上自我毁灭之路。

还有一种是栏目套栏目的趋势。

栏目套栏目，就是大栏目下面又分若干小栏目，小栏目下面才是文章。栏目题选择原则之中，我们说过，就有个层次性原则，各个栏目层次是不尽相同的。栏目套栏目，机械地一律分作两级，是否都必要？不无可考虑之余地。由于刊物篇幅不是无限而是有限的，能刊载文章的容量有限，栏目分成两级、栏目套栏目，就往往会造成栏目的碎化，栏目的过多，因而一栏只一两篇文章。这就和上述栏目碎化的后果一样，消解栏目的结构作用，易导致栏目的自我毁灭，后果可能相似。因此，除了容量特别大，刊载文章篇数特别多的期刊外，栏目套栏目的做法应该慎重，切不可逐末而舍本，只图花里胡哨而失去设立栏目的作用。

2001 年

附：

说“屐痕处处”

编杂志要分栏目，栏目要有栏目题。早期杂志的栏目题，一般无非是以栏目下所刊文章性质，如实道出罢了。如30年代韬奋先生编的《生活》周刊之有“小言论”、“信箱”等栏目题，陈望道先生主编的《太白》半月刊之有“风俗志”、“杂考”、“速写”等栏目题。这类栏目题，我在《杂志编辑学》一书中称之为实题，就因为这类栏目题如实道出栏目的内容。它如文学杂志栏目题之“小说”、“散文”、“诗歌”等等，同样也是栏目题中的实题。

《杂志编辑学》中将栏目题归纳为三种类型，即实题、虚题、虚实结合题。对于虚题，举了如“诗韵画魂”、“彩色的世界”等为例。栏目题中的虚题，大多是出现于文艺杂志，后来也为有的生活类杂志、综合性杂志等采用了。实题让人一看便知，有开门见山、清楚明白的长处，短处则是多种杂志千篇一律，缺少韵致。栏目题中虚题之起，可能也是意识到这个问题而别出心裁以纠其弊吧。但虚题往往又失去实题之长，而有时让人难以捉摸，因而失去或模糊了栏目题的意义与作用。虚实结合题之出现，看来是想兼实题、虚题二者之美，而去二者之短。如果栏目题的虚实结合题做得好的话，也的确有双美具、二难并这种妙处。

我在《杂志编辑学》中谈虚实结合栏目题时，曾举了《散文》月刊的一个栏目题“屐痕处处”为例。不少同志认为这个栏目题确实富有情韵。但是，它的情韵究竟何在呢？解剖一下这只“麻雀”也许不无启发意义。

屐，是古代一种带齿的木制鞋。不过后来也称草制的鞋为草屐，帛制的鞋为帛屐。这也就是说，屐从原本只特指那种带有二齿的木制鞋，而逐渐具有泛指鞋的意思了。按照这种泛指的意思，“屐痕处处”就是“鞋印遍及各处”的意思。用它作为栏目题，并未正面从实说出栏目文章的性质、内容、体裁、风格等等，而只给人某种联想、暗示，所以近乎虚题。

但是，这“屐痕处处”的“屐”，却既不是专指两齿的木屐，更不是泛指一般的鞋，而是还具有比专指两齿木屐更具有特指的意义，即特指“谢公屐”。

1946年6月铁流书店版
《屐痕处处》书影

什么是“谢公屐”呢？

谢公，即南北朝宋时移籍于浙江会稽的诗人谢灵运。谢灵运被贬为永嘉太守，在不得意的情况下便纵情于山水。游踪所至，每有吟咏，从而开了中国山水诗派之始。他游山时“登蹑常着木屐，上山则去其前齿，下山则去其后齿”(《南史》卷190谢灵运传)。所以，李白诗《梦游天姥吟留别》说：“脚着谢公屐，身登青云梯。”后来人们就往往以屐来特指“谢公屐”。“谢公屐”也者，如果用现代语言来说，也就可以说是旅游鞋。专指“谢公屐”的屐，也就因谢公而具有那么一点旅游鞋的意思了。于是，“屐痕处处”也就不仅是“鞋印遍及各处”的意思，而更具有“旅游鞋印遍及各处”的意思了。照此说来，“屐痕处处”又可说是近乎实题的栏目题了。

然而，屐特指“谢公屐”，只是“屐”的释义之一，“屐”的概念比“谢公屐”更广泛，它包括了特指谢公屐而非仅指谢公屐，仍可用以指比谢公屐涵盖面更大的两齿木制鞋乃至涵盖面更大的诸种鞋。“屐痕处处”作为栏目题，便实而不尽实、虚而不尽虚，所以它是虚实结合栏目题。

像“屐痕处处”这样的虚实结合栏目题，人们所以会认为它有韵味，也就主要在于它实而不尽实，虚而不尽虚，既能让人对栏目的内容可以思而得之，又不让人一览无遗；虽近虚而又可把握，虽近实而又不说尽，因之实而耐人寻味，虚而可拟其神。是不是有点司空图《诗品》所说“象外之象，景外之景”的味道？或者刘禹锡《董氏武陵集序》所说“境生于象外”之妙？也就是说，它象外有象，景外有景，象之实中有虚，境之虚中有实。

“屐痕处处”栏目题的韵味，还有比上面道及的更进一层的隐义。这个栏目题，虽然是我在1979年《散文》筹备创刊时提出的，但却非我独出心裁创制，而只是巧作了移花接木而已。我是将郁达夫一本书的书名《屐痕处处》移接在期刊上作为栏目题的。

郁达夫的《屐痕处处》一书，1946 年 6 月由上海铁流书店出版。此书的内容和《散文》所设这个栏目的内容正好相同，都是旅游散文，也就是游记。《屐痕处处》一书，是现代文学作品中颇负盛名的一本游记，其特点主要是对自然的景物描写优美生动，堪与古代山水散文名篇比美。其中如《方岩纪静》、《仙霞纪险》、《西天目》、《昱岭关》……诸文，不仅文字美，而且感情充沛，正如郁达夫自己说的："总要把热情渗入。"因而景中含情，有血有肉。移用此一书之名来作《散文》游记的栏目题，也暗寓有一种希望，希望此栏目中所刊登的，不仅是游记散文，而且还是既写景物又是情景交融的游记散文。栏目的性质、内容、体裁、特色、风格，都隐括于此栏目题之中了。

栏目题的这种移花接木带来的隐义，给"屐痕处处"一题重笔浓描了一下"屐"作为旅游鞋的特定意义。这一重笔浓描，倘若《屐痕处处》这书不是一本游记名著，它就难以具有这种意义，难以进一步落实"屐"的这重特定意义。然而，这种落实毕竟不是如实道出而只是委婉含蓄的落实，只是"曲径通幽处"的落实。与园林美学上所说的借景、藏景，庶几近之吧。

1993 年

谈期刊的方针任务

一

期刊的方针，是期刊出版目的、出版意图、出版原则的纲领。根据方针规定的工作内容，就是任务。相对而言，方针是较为抽象的原则，任务是较为具体的项目。二者结合在一起就更为明确也更为完整了。因此，通常统而称之为方针任务。

期刊的方针任务中，最根本的一点是方向问题。

期刊的社会主义方向，集中地表现在期刊要为人民服务、为社会主义服务。这也就是说，期刊是为人民而办的，是为社会主义而办的；是要服务于人民的，是要服务于社会主义的。具体一点说，主要表现在以下几个方面：

第一，期刊的社会主义方向，表现在期刊鲜明的思想性和革命性，宣传爱国主义和共产主义思想。从当前来说，还要宣传四个现代化，宣传社会主义物质文明建设与精神文明建设，宣传改革开放，以推动社会主义现代化建设。

第二，期刊的社会主义方向，表现在期刊很强的知识性和科学性，传播科学文化知识并积累科学文化知识。同时，本着“百花齐放、百家争鸣”的原则，通过文学艺术题材、体裁、风格的多样化，科学学术不同学派、学说的讨论争鸣，促使文学艺术、科学学术的健康发展。

第三，期刊的社会主义方向，表现在期刊内容的积极性、健康性。无论期刊是适应人民群众哪个方面、哪个层次、哪种文化程度需要的，无论如何丰富多彩、或提高或普及的，内容都应是积极而健康，应能激发人民群众的社会主义建设热情。

第四，期刊的社会主义方向，还表现在期刊坚持以社会效益为第一，以质量为第一的原则。关于这点，将在另文中作具体讨论。

二

期刊方针任务的制订，除了方向这个根本问题，还要受其他一些因素的制约。

第一，期刊的方针任务，要受期刊性质的制约，体现期刊的性质。

不同性质期刊会有不同的方针任务。专门性期刊不能有综合性期刊的方针任务，学术性期刊不能有普及性期刊的方针任务，反之亦然。否则，方针任务与期刊性质扞格，“圆凿而方枘兮，吾固知其鉏铻而难入”。(《楚辞·九辩》)要么是期刊与扞格的方针任务脱节，要么就是扞格的方针任务形成具文。无论如何总是难以相符、难以实现的。

这说明，期刊制订方针任务时，必须要从期刊的性质出发；制订出来的期刊方针任务，必须能体现期刊的性质。

第二，期刊的方针任务要受期刊所处地位的制约，要与期刊所处的地位相适应。

方针任务不能脱离期刊的实际。期刊所处的地位，与期刊的性质一样，都是期刊的实际。方针任务超越了期刊所处地位力所能及的范围，方针任务就难以执行，难以贯彻。因为其所处地位没有给予执行贯彻的条件。例如，一份地方性的青年期刊，如果制订的方针任务要它指导全国共青团的工作，就是与其所处地位不相适应，因而也是这份地方性青年期刊所难以执行、难以贯彻的脱离实际的方针任务。

方针任务超越了期刊所处地位力所能及范围是脱离实际，反之，方针任务不及期刊所处地位力所能及范围也是脱离实际。只是这种情况可能比前一种情况较为少见一些。例如，本来期刊是处于全国性地位，却规定只担负反映某个地区工作的方针任务，这也是脱离了期刊实际，与期刊所处地位不相适应。

第三，期刊的方针任务要受其不同读者对象的制约，要适应它自己

特定读者对象的要求。

各种期刊各有其不同的读者对象。即使性质相同、地位相似的期刊，具体读者对象也会不完全相同。同样是国际时事性杂志，面向研究者的与面向一般读者的，其方针任务就各有不同；同样是地方性的青年期刊，但甲地的青年也不完全同于乙地的青年，甲地的青年期刊与乙地的青年期刊方针任务也不全同。其他如面对妇女读者的、面对少年儿童的……方针任务也会不同。不仅如此，面对妇女读者的，其中面对职业妇女的与面对家庭妇女的，方针任务也会不同；面对少年儿童的，其中面对低幼儿童与面对初中少年的也会不同……

总之，期刊的方针任务既要受不同读者对象的制约，又要适应它自己特定读者对象的要求。否则，就是南辕而北辙，办不好期刊的。

每种期刊有每种期刊的不同实际情况。因此，真正从期刊实际出发制订的期刊方针任务，是会有它自己的个性而不会是一般化的。

但是，期刊越来越多，方针任务要想与众不同，也非易事。事实上，现在内容大同小异的期刊为数不少，它们不论有无成文的方针任务规定，其实际执行的方针任务多有雷同的。不但期刊缺乏鲜明的个性，方针任务更是缺乏个性。这实在是期刊的误区。要想将期刊办得有个性，首先就应该有一个有个性的方针任务。

三

强调期刊方针任务要有个性，并不是否定期刊方针任务的共性，而只是否定没有个性的那种雷同。期刊的方针任务，在个性之中又蕴藏着共性，而并不排斥共性。这种蕴藏于个性中的共性，主要是：

第一，时代性。

期刊是社会的产物，也是时代的产物。期刊还有相当强烈的时间性。一个时代有一个时代的情况、特色、任务，同时代的期刊，其方针任务都会带有同一时代的色彩。民主革命时期期刊的方针任务，都会带有民主革命时期的色彩，因而编出来的期刊也有民主革命时期的色彩；新民主主义革命时期期刊的方针任务，都会带有新民主主义革命时期的色彩，编出来的期刊都会有新民主主义革命时期的色彩。这就是它们时代性的共性，期刊的方针任务倘若缺乏时代性的共性，按方针任务编出来的期刊就难以符合时代的要求，会被时代所抛弃。

所谓时代性，是一定时期社会经济、政治、文化等包括经济基础与上层建筑特征的综合体现。期刊的方针任务无论其个性多鲜明突出，其个性也总是植基于这种时代性共性之上的个性。

我国现正处于社会主义初级阶段。我们的社会主义事业进入了发展的新时期，要以经济建设为中心，坚持四项基本原则，坚持改革开放，努力把我国建设成为富强、民主、文明的社会主义现代化国家。我们正处在这样一个伟大的时代，各种期刊的方针任务，都应该围绕着这个时代性中心来创造自己的个性。

第二，方向性。

任何期刊的方针任务是离不开办刊方向的。这一点在本文中已首先提到。既然如此，任何期刊的方针任务，也就必然在其个性中蕴藏着方向性这个共性。在我们这样的社会主义国家里，也就是具有社会主义方向这个共性。在资本主义国家里，虽然大多数期刊方针任务中方向性的共性是资本主义方向，但社会主义作为不可抗拒的新生力量，有的期刊方针任务中必然也会包容有社会主义方向。具体是资本主义方向还是社会主义方向虽然是完全不同的两种方向，但期刊方针任务的个性中蕴藏有方向性这点却是共同的共性。

第三，专业性。

所谓专业性的共性，指的是出版业这个专业的共性。出版学、编辑学都已成为新兴学科，具有它的科学性与专业性。期刊编辑学是编辑学的一个部门、一个组成部分。任何一种期刊的方针任务，无论其个性如何鲜明突出，同样也必然蕴藏着期刊编辑专业的共性。这种共性，就是我们所说的专业性的共性。

出版专业的方针任务，是“必须坚持为人民服务、为社会主义服务的根本方针，宣传马克思列宁主义、毛泽东思想，传播一切有益于经济和社会发展的科学技术和文化知识，丰富人民的精神文化生活。”(《中共中央、国务院关于加强出版工作的决定》)对于任何一种期刊来说，它是期刊方针任务不可背离的“母法”。任何期刊的方针任务作为“子法”，都是脱胎于这个“母法”，因而在其个性之中，蕴藏着这个专业性的共性。

专业性的共性和方向性的共性乃至时代性的共性，在其具体内容上是有交叉的，但却是三个不同方面的共性。

1993 年

审稿：判断与评价

本文所讲的判断与评价，是指审稿时对书稿、文稿的判断与评价。

审稿中的判断，是通过对书稿、文稿的编审来予以评价，最后作出综合的价值判断。如果我们把整个编审过程作为评价活动的话，那么，判断便是评价的结论。也就是最后对编审对象——作出的判断：稿件采用或不采用，出版或不出版。

所以，对于编辑稿件选择来说，判断是不可缺少的。没有判断，就没有选择。编、审、判断的过程也就是稿件选择的过程。

编、审、判断过程，是通过边编边审边评价来积累评价资料，最后根据评价资料做出对稿件的整体评价，以进行编辑选择的。在这个过程中，编辑人员通过编审，从而输入信息，然后以方针任务、总体编辑构思、编辑原则等审稿标准信息来加以衡量，作出判断。审稿标准在评价活动中也就是评价标准。所作出的判断也属于价值判断：是否可接受出版的价值判断。

一部书稿、一篇文章，都是一个系统。系统都是由众多要素经过结构而成的。而结构，实际也就是要素之间的关系。有序化的系统，都有这个系统所必需的要素而排除不需要的要素，并以最能充分体现这些要素之间的关系的结构而成的系统。要素与结构都是经过优选的。以书稿、文稿的审读编辑来说，就是要审核有没有这个系统必需的要素，或者还应补充什么要素，或者什么要素还须强化，有没有不需要的要素掺杂其中，须剔除什么不需要的要素，或者须改造某个某几个要素，如何改造，现有结构形式是否充分体现了要素之间的关系，要作什么改造，如何改造，如此等等，就都是一边在审编，一边在评价，以便积累，综合起来予以总评价，最后作出判断：接受出版或不接受出版，包括如何优化后才接受出版。

判断只有出版或不出版、采用或不采用两种选择。虽然在实践中还可能有另一种选择，习惯称之为“修改后再考虑是否采用出版”。但实际上这不是一个可以独立的选择，而只是一种延期选择，延至修改后还要在出版与不出版、采用或不采用之间作最后选择。所以，实际并没有第三种选择。

这个出版或不出版、采用或不采用的判断是很不容易做出的。要考虑的因素和因素之间的关系是那么多，是那么复杂，很容易出现失误。不仅是判断，就是整个编审过程的评价，也很容易出现失误，影响到最后综合评价的结果。评价的失误尤其是综合评价的失误，必将更影响到判断失误。此外，还涉及个人评价能力、判断能力的问题。也许这也至少是原因之一，才有三审制审稿制度的建立并沿用至今。

评价、判断造成的失误，除了与评价者、判断者的主体素质有关外，也有评价方法的问题。即未能对作为系统的书稿、文稿用系统的方法去进行。系统论表明，系统内的各个组成部分都是紧密联系在一起的。它们既是有序的，又是有层次性的，还是处于运动的动态中的，成为一个整体的。这就是系统论所说的有序性原则、层次性原则、动态性原则与整体性原则。对系统进行评价、作出判断，自然就应以这些原则来衡量，就应是从有序性、层次性、动态性、整体性出发的评价。这也是一种系统观点、系统方法。这样才容易克服编审、评价中常见的顾此失彼的失误、因小失大的失误、得近遗远的失误、见利忘害的失误以及与此相关或相反的种种失误。在审稿工作中，像只见其一的价值而不见其他方面价值、“捡了芝麻、丢了西瓜”、看到眼前价值而不顾长远价值、只见其利未见其害或反之……片面性的失误，我们不是常常能见到吗！上面说的这些，还只是就其两面中见其一不见其二的失误，何况在系统中不止两个部分关系而是多维的关系呢！稍有不慎，便会出现失误，并不是什么奇怪的事。所以，评价的方法，必须用系统方法来进行，才可不致失误或减少失误。

系统观点的审稿方法告诉我们，存在于稿件中的诸多要素，彼此之间都是相互联系的，因而不能只孤立地去看待、评价任何一个要素；所有要素本身都是多维的，有不同的方方面面，与其他要素之间的联系同样也是多维的，而且这些不同方面的关系也是互相有着这样那样联系的。因此，审稿也要既从部分又从整体、既从个别又从一般、既从不同层次又从不同层次之间的统一、既从其内在又从其序列化去进行。

这应是审稿——稿件选择的基本评价方法。

通过审稿所进行的稿件选择，对稿件进行评价，不像自然科学那样用是否可以重复试验得出同样结果的方法来判断。这自然又增加了对稿件选择时判断的难度。因此，通过审稿进行评价，除了以系统观点作为基本评价方法外，又须辅以抽象的概括方法。

抽象的概括方法可以通过找出其共同点加以概括而暂时抛开其他不同点来进行。例如，马这个概念，就是抛开实际存在的白马、黑马、棕马、花马等等毛色的不同，抛开老马、幼马年齿的不同等的差别而概括出来的。只抽取它们共同的特点来进行分析、进行研究，这样，本来是有着方方面面的复杂对象就成为单一的对象了，也就便于深入细致地研究分析，在审稿的评价中，例如对一部或一篇研究某个历史人物的书稿或文章，这里说到其人有重农轻商思想是反马克思主义的思想，另一处又说到其人拒绝参加农民起义军是反革命行为，其他还有多处也有类似论述，就可以先抛开这类论点中各个论点的或合理、或不合理的不同之处，抽象概括出这些地方的问题是不是都有个是否正确地运用历史观点来评论历史人物的问题？单一地从是否以历史观点的论述来进行考察，就比对每处问题都作面面俱到的考察更容易深入、细致，因而也更可能准确了。

这种把复杂的问题单纯化，取其主要一点不及其余的抽象概括方法，看起来与系统方法似乎正好是背道而驰，但也正是把这两种不同方法结合起来，才可使它们起到互补共济的效果，使审稿的评价、判断更全面、更准确。系统方法审稿具有从一般到个别的性质，而抽象概括方法审稿则有从个别到一般的性质。既从一般到个别、又从个别到一般，反之复之，颠之倒之，达到矛盾的统一。这就是古人所说的“天下同归而殊途，一致而百虑”；或者说，是审稿的辩证法。

判断与评价都不是很容易为之的工作，但却又是一件像英国诗人拜伦所说的“纯洁而珍贵”的工作。

2002 年

审稿工作：困顿与解困

近几年来，由于采取了种种加强书刊质量管理措施，书刊的编校质量有所好转，却还不能说问题已基本解决。而且，这好转指的还只是错字、错词、错标点等浅层的、明显的错误；深层的、内容上的错误，其实是更重要的编校质量问题——更准确地说，是编辑质量问题。

从编辑工作来说，解决浅层、明显错误，特别是解决深层、内容错误，提高书刊质量的根本之道，在于大力加强审稿工作。这里说的审稿工作，是包括加工整理工作而言的。虽然人们往往把它们视作两个相衔接的不同工作环节，实际却是密切相关的：不仅加工整理要以审稿工作为基础来进行，是先知后行的知行合一；而且，加工整理过程也是审稿工作的继续，在行中又为知的过程补苴罅漏。侧重点虽有异，工作性质其实相同。

书刊中的错字、错词、错标点，固然有的是校对不精造成的，但很多是作者原稿就错了，编辑审稿加工未改正的，甚至还有编辑改错了的。而内容的错误，则与校对无涉，完全是编辑审稿不精所致：有的是法律用语错误，如将民事诉讼的被告与刑事诉讼的被告两个不同概念混用，将尚未判决的犯罪嫌疑人、被告人称为罪犯等等；有的是政策性的错误，如说股份制就是公有制性质，明显不符合十五大报告精神。更有的是政治性错误，如描写领导人物不注意严肃性，虚拟心态描绘；乃至引进台湾版权书刊中出现的种种错误。此外，还有科学性、知识性等方面的错误。这些内容的错误，如果编辑能更严肃认真地对待审稿工作，强化审稿工作，绝大部分乃至全部都应该是可以避免的。所以，要提高书刊质量，说来说去，还是应正本清源，从加强审稿工作开始。

审稿工作做得不精，有主观原因，也有客观原因。

客观原因是审稿工作本身具有复杂性，使审稿工作难以面面俱到，容易顾此失彼，审稿工作不仅要兼顾思想性等书稿内在素质，还要考虑文稿的社会适应性等外在的东西，以决定取舍。除了这些大的方面外，审稿工作还有微观方面，包括字、词、标点、语法……的正确使用问题，数码、纪元、计量单位、符号、汉语拼音……的符合国家标准并前后统一，还有外文翻译人名、地名、专名……的规范化和前后统一，注文格式的规范化与统一，辅文如索引等的与正文相对应……这些在审稿中无一不需照顾到。所以审稿工作，仅只是“眼观六路，心想八方”都还不够，而要眼观十六路、二十六路……心想十八方、二十八方……稍一疏忽，就没有不出错的。审稿工作的复杂性，不能不说是审稿工作往往难餍人意的客观原因。

能精简审稿工作内容吗？从提高图书质量要求看，不可能。怎么办？一要加强责任心，二要改进工作方法。

所以首先提出加强责任心，因为这是根本的一条。责任心强，才会时时刻刻想到要眼观、心想的方方面面，才会处处留意、处处动脑子，才会专心致志、神凝稿中，也才能对稿件既“入乎其内”又“出乎其外”，既宏观、又微观，做到滴水不漏——是的，审稿工作虽然是十分复杂，但却并不是不可能做到“滴水不漏”的。

当然，要做到“滴水不漏”并不容易，责任心强提供了做到“滴水不漏”的可能，但不是必然，还要济之以工作方法的改进。改进工作方法也是建立在加强责任心基础之上的。责任心强，才会想方设法改进工作方法，以适应要求。

改进工作方法之道，一是将审稿内容分解成几部分，例如分解成内在素质、外在适应性、文字技术性等三部分，对稿件审读两遍三遍，每遍着重解决一或两部分问题。这样做的困难在于要增加一或两倍审稿数量，延长审稿周期，除重点稿外，在实际工作中难以做到，也许更切实可行的办法是增加一个助理编辑或专职文字编辑，与责编共同流水作业审稿，由助理编辑或专职文字编辑分担文字技术部分加工工作。这种做法成效明显，也不会延长审稿周期。

编辑审稿过程中，具体方法也有可以改进使之更科学化之道。例如，审稿手记本上，先分栏预列好思想性、科学性、知识性……社会适应性、市场适应性……以及规范化、技术性问题项目，分门别类记录，分阶段检查并综合分析，就可能有助于克服顾此失彼之病。以统一译名为例，每次首见一个译名时，核实其译名符合规范后，即记录在手记本上，以后每见同一译名，即加以核对，就不致有译名前后不一之失。

徐柏容在书房中工作

工作方法的改进，也可说是个永恒的主题，每个编辑都会有发挥其主观能动性的天地。而发挥主观能动性的动力，就是高度责任心。

要做好审稿工作，客观上存在一定的难度，这是不容否定的。但从上所说，我们不难得知，关键还在有无高度的责任心，在于能否发挥主观能动性。主观上责任心不强，客观困难就会成为不可逾越的天堑，审稿工作就难以做好，书刊质量就不能提高。

主观原因还在于对审稿工作的重要性认识不足，这种情况近十几年来有所滋长。不少编辑津津乐道于“出点子”，似乎只要脑子灵光，灵机一动有了什么点子，就能策划选题，就可做好编辑工作、出好书刊。我们并不认为选题工作是不重要的，但做好选题工作要靠扎实的学识底子和踏实的工作，而不能只靠脑子灵光；做好了选题工作也不等于就做好了编辑工作、出好书刊。更不能因为重视选题工作而忽视、轻视审稿工作。“选题对路”了，还必须要“内容充实”，“有尽可能高的思想性、科学性或艺术性”。

这种重策划选题轻审稿的偏差，近年来更有发展为重商业化炒作而相对忽视内在的质，甚至认为“作者是一传手，编辑是二传手，而图书营销人员才是主攻手……直接决定出版的成败”。在这样的认识下，审稿工作的地位，自然更是次中之次了。但炒作虽或可以炒出“轰动效应”，却炒不出真正的优秀书刊，炒不出书刊的高质量。

这类流行的“新观点”，对经济压力增大的出版社及编辑人员，不能不影响到他们对待审稿工作的心态，加重了审稿工作弱化的主观因素，特别是对于某些编辑经验不足、编辑水平不高的人。

全国的出版社，至 1997 年底，已发展到 565 家。其中绝大部分，都是近 20 年内陆续发展起来的。就是其中少数的老出版社，五六十年代的老编辑，也大都到退休年龄了。陆续补充进出版社的编辑人员，虽不乏佼佼者，但总的看来，仍难免鱼龙混杂、良莠不齐。全国正式出版的期刊，至 1998 年，已发展到 7 999 种，更是近 15 年间，翻了一番。基本上都是来自各方的新编辑，总的质量还不如出版社的编辑人员。而像有的同志所说“高素质的人员较少，素质不高甚至素质很低的人员较多”、“各种专业人员较少，缺少专门训练和专业知识的人员较多”的情况，恐怕是比较普遍存在的。这种从业人员素质与审稿工作重任的差距，无疑也是影响审稿工作质量的主观原因之一。

解决的办法，我看只有提高认识，加强学习。从个人来说要努力学习、提高认识；从组织来说，也要创造条件、建立制度。目前实行的持证上岗培训制，用意是好的，也收到了一定效果。但时间短，培训内容还不够系统化，恐怕还应有更长远、更系统的学习制度继之于其后才好。另一方面，还可严格规定进入编辑队伍的高要求，以便于选拔高素质人才。有人建议如外语级别考试或会计师、律师考试那样，应先通过考试取得资格证书。这样做是否可解决问题，我还不敢说，但是不妨试一试。

加强审稿工作，提高审稿质量从而提高书刊质量，在当前形势下，还有一个越来越突出的问题有待解决，就是快出书刊与慢审稿的矛盾。

按照 A. 托夫勒的说法，我们行将进入第三次浪潮冲击的时代。“第三次浪潮不仅简单地加速了信息流动，而且还深刻地改变了我们赖以日常行动和处世的信息结构”。从发展看，为了适应“加速了信息流动”的社会(虽然图书与信息是有区别的)，缩短图书出版周期，快出书刊，恐怕也是难以逆转的趋势。

审稿是一字一句看、一字一句加工的，还要把字字句句联系起来看、改，既宏观又微观，因此是急不来、快也有限的。如果要将那眼观心想的多路诸侯分成几部分，各个击破地看两遍、三遍，那就更慢，时间要更长了。何况，还要二审、三审呢！何况一、二、三审那里，稿件不止一部、一篇，还要排队呢！减少审次行吗？抽看而不看全稿行吗？那又怎样保证审稿质量、提高审稿质量并提高书刊质量呢？

从当前来看，三审制恐怕不仅要坚持，还必须加强——不仅坚持三审制的过程，而且要充实三审的内容，各审都实实在在、认认真真地细审。在这个基础上，有时也可以采取一些因稿制宜的措施，例如，对某些急稿，能否一、二、三审坐在一起“三堂会审”，流水作业审读？这样，用一审的时间就可三审完毕了。再如，必要时，对某些原稿质量有保证的书稿，一审编辑将全稿内容及正反面问题，在“三堂会审”会上详细汇报，然后对照原稿一个个问题进行讨论，这样也可以至少省下三个审次一半的时间。总之，在具体措施上，还是可以想些办法来缩短审稿时间而又不影响审稿质量的。

类似这样一些措施，或许目前能缓解快出书刊与慢审稿的矛盾，但问题却未必能根本解决。时代的节奏在不断加快，信息的流动在不断加速，真有瞬息万变的趋势。书刊是文化载体，生命力固然是长于其他传媒的，不像蜉蝣那样朝生夕灭，但总还得跟上社会、跟上时代，而不能“以不变应万变”。因此，快出书刊与慢审稿的矛盾，不从既要审好稿、又要快审稿去想办法，矛盾就不会解决而会加剧。从长远看，这应是我们下大力研究对策的问题。

1998 年

编辑艺术与编辑风格

编辑工作是怎样一种工作？仅仅是一种技术性工作呢，还是一种艺术性工作？

所谓技术性工作，一般是指根据经验和科学原理而形成的工艺操作技能，而艺术性工作则是人类的社会劳动实践通过头脑的反映的产物。艺术是一种社会意识形态，是带有创造性的工作。因此，技术性工作需要的只是熟练的工艺操作技能，而艺术性工作除需熟练的工艺操作技能外，还需要进行创造性的思维活动。

要做好编辑工作，就应该掌握以至熟练地掌握编辑工作规范化的工作程序、工作方法，即应该掌握编辑工作操作技能。但这不等于说，掌握以至熟练地掌握了编辑工作规范化的工作程序、工作方法，就能够做好编辑工作了。“正定律是正确的，反定律却未必是正确的而可能是谬误的。”这条数学公理，也可以应用于此。要真正做好编辑工作，掌握编辑工作规范化的工作程序、工作方法，只不过是具备了做编辑工作的入门条件，是远不够的，还应该用头脑进行创造性的工作。

编辑工作不仅是一种技术性工作，更是一种艺术性工作。只有这样认识编辑工作，才是从现象深入到本质地认识了编辑工作。如今人们研究编辑学，正是与对编辑工作本质的这种认识密不可分的。

什么是编辑艺术？其含义是什么？

用最简单的语言来说，编辑艺术指的是创造性地进行编辑工作。更具体一点，编辑艺术是指通过社会劳动实践、社会生活在人们头脑中的反映，贯注了编辑人员的思想感情，在编辑工作中的创造性体现。

这也就是说，掌握了编辑艺术的编辑工作者，要调动他整个的社会生活经验、工作经验，全部的思想感情、聪明才智，来创造性地进行编辑工作。编辑人员要开动脑筋、呕心沥血地将所编辑的书籍，尽可能地成为一座座艺术丰碑。

正因为编辑艺术是要编辑人员倾注他的思想感情，倾注他的心血来工作的，因此，编辑出来的书刊，就往往具有独创性。出版社和期刊的编辑部作为一个编辑的群体，在同一个方针任务、同一个总体编辑构思下工作的编辑群体，如果是个相当成熟的群体的话，他们就会形成在编辑工作上的共识，在编辑工作上的群体思想感情，因而在编辑工作中也会形成这个群体的编辑艺术特色，使这家出版社出的书、这份期刊也有其独有的创造性。编辑人员个人在其所编辑的书中所体现出来的编辑艺术特色，就形成他个人的编辑风格；出版社或期刊编辑群体在其编辑出版的书刊中所体现出来的编辑艺术特色，就形成出版社或期刊群体的编辑风格。这两种编辑风格既不是完全同一的，也不是互不相关的。个人的编辑风格中包含有出版社或期刊编辑风格的因素，出版社或期刊编辑风格中也凝聚着多个编辑的个人风格的因素。二者可说是相辅相成，有联系而又有区别的。

不难看出，编辑风格是编辑艺术的体现，只懂编辑操作技能而不懂编辑艺术的编辑，是创造不出编辑风格的；只懂编辑操作技能而不懂编辑艺术的编辑部群体，是创造不出出版社或期刊的编辑风格来的。

应该注意的是，编辑风格的形成，虽然源于编辑艺术，但并不是掌握了编辑艺术就立即会形成自己的编辑风格。编辑风格的形成，也是一个运动过程。编辑、编辑部在编辑工作中，在选题的思路、书稿、文稿的处理、取舍抉择、编辑的手法乃至书刊形式等方面的艺术特色，这种艺术特色和编辑个性的一致并反复出现，而且愈来愈鲜明。只有在这种运动过程中，编辑风格才会逐渐地凸现出来。所以人们才说：风格是成熟的表现。

一些老编辑家，如张元济、鲁迅、茅盾、叶圣陶、邹韬奋……都有他们自己的编辑风格；一些严肃的出版社和期刊，如 30 年代的商务印书馆、中华书局、开明书店、生活书店和《生活》周刊、《东方杂志》、《太白》……也都有他们各自的编辑风格。例如张元济和商务印书馆、《东方杂志》的学者式严谨风格，邹韬奋和生活书店、《生活》周刊的战士式泼辣风格，叶圣陶和开明书店、《中学生》的青春型活泼风格……都是经过长时期不懈努力达到成熟境界才形成的不同风格。

编辑风格所体现的虽然是编辑工作中表现出来的编辑艺术特色和编辑个性，但编辑艺术特色和编辑个性既然会体现编辑思想，也就必然贯串着编辑不同的生活经历、立场观点、学术素养、个性特征等等。由编辑艺术形成的编辑风格，自必也是与其他有所不同，呈现自己的风格。

1995 年

期刊版式设计的思想原则与美学原则

思想原则

期刊版式设计，既是一项艺术性工作，又是一项思想性工作。因此，不仅要遵守版式设计美学原则，也要遵守版式设计思想原则。这才能使版式设计既有艺术性又有思想性。版式设计的思想性、艺术性不是各自孤立的，而是融合于版式设计一体之中。

版式设计思想，决定版式设计的思想性，又直接影响版式设计的艺术性。

版式设计思想首先要遵循形式适应内容的原则。

这一原则要求在版式设计思想上，应明确：版式设计作为期刊的形式结构，必须适应期刊的系统结构。这一点，可以视作版式设计的出发点。所谓版式设计必须适应期刊的系统结构，直接指的是必须适应该期的内容、内容结构所体现的编辑思想(例如该期的中心、文章与文章之间的联系与脉络，重点文章之间的布局与辅佐文章的点线安排……)。不仅如此，版式设计还应间接地体现期刊的性质、层次、风格等。例如风格严谨的期刊、版式设计就不宜过于花哨；风格潇洒的期刊，版式设计就不宜过于拘谨。30年代的《文学》月刊是提倡现实主义的，其版式设计也有现实主义风格；另一份《现代》月刊则刊登新感觉派小说、现代诗等等，其版式设计也就颇有现代风味，比较“野”。至于标题的设计、字号的大小、版面的整饬或多变、花边的运用等，也无不与期刊的性质、层次、风格有关，都是版式设计体现系统结构的手段。

形式适应内容原则还要求在版式设计思想上，不仅宏观要适应期刊的系统结构，而且微观还要适应各篇文章的不同内容。这一点，对于综合性期刊来说，尤为重要。综合性期刊内容丰富多彩，多栏目、多篇文章各有千秋，因此，版式也宜丰富多彩，各有千秋。当然，这是在适应期刊系统结构大原则和期刊总的风格下的丰富多彩。以字体为例，一本以五号宋体为常规字体期刊，如将一首抒情诗或散文诗改用五号长仿宋或五号仿宋设计排印，字体之轻灵与诗之内容清灵正好相适应，版面上就会出现仍用五宋设计排印所未能有的诗情画意。字体的设计是如此，版式的其他设计也是如此。一篇活泼优美的文章，版式设计在行款、题图、尾花等方面，也宜是活泼优美而非庄重整齐；一篇童话故事，版式设计也应富于幻想力。甚至文章的喜、怒、哀、乐情绪，版式设计也应力求能予以体现。就是花边，不同类型的花边给予读者的情绪感也不是没有差异的。有的花边显得凝重，有的显得轻盈，有的显得端庄，有的显得活泼……如果凝重的花边用于风格凝重的文章，活泼的花边用于文笔活泼的文章，如此等等，就会相得益彰；反之，就会枘凿难合。

版式设计时还不应忘了要适应各个不同的栏目。不同栏目实际是将全部文章分成若干组。版式设计还应注意体现不同栏目各组文章的特色。因此，不妨将期刊全部版面先按栏目分割成几大部分，按各栏目不同情况进行各有特色又联成一体的版式设计，然后再在各栏目内为一篇篇文章设计安排，使文章与文章之间、栏目与栏目之间的区别与联系，能在版式设计上体现出来。

其次，版式设计思想要遵循整体设计原则。

版式设计工作，就是对期刊版面的造型工作，既要着手于一块块版面的处理，又不能单纯只着眼于版面，而且同时要着眼于期刊装帧工作整体，特别要与封面设计相协调。这就是期刊版式设计要遵循的整体设计原则。

整体性本是系统方法的原则之一。一本期刊构成的一个系统，版式设计是系统的结构形式体现，它必须与系统的整体结构以及组成系统的诸要素相协调。整个期刊的装帧以至形式结构，应是一个完整的艺术品。要产生这样一个完整的艺术品，不从整体设计原则出发，是不可能的。这就是整体设计原则的理论根据。

版式设计的实践同样印证了整体设计原则的重要性。如果不着眼于装帧整体，封面设计是生动、活泼的，而版式设计却是凝重端庄的，就不仅会破坏期刊风格的统一，而且使人会对期刊从形式上产生杂乱无章之感。着眼于期刊整体设计来进行版式设计，举个简单的例子就可说明：在设计每行应排多少字时，就必须考虑到期刊的装订方法。如每行字数相同，采用骑马订较之采用铁丝订，订口空白会更大一些，就可考虑每行多排1～2字。不考虑装订方法的话，就难以作出最佳版式设计。其他如材料方面采用什么纸张，印制方面采用什么技术，都会影响到版式设计。用凸版纸印与用胶版纸印，纸张粗细不同，可能要影响图片如何制版以及在版面上位置大小；用铅版印刷或用照排胶印，也将影响图片制版网目、尺寸大小，以至采用字号的大小等。小处非有整体设计原则不可，大处就更不待言了。

整体设计原则还要求版式设计不仅仅着眼于版面的美观，还要着眼于实用。这是期刊的性质所决定的另一种整体观。这个方面的要求，是设计功能上的整体观：美观与实用的统一体。

版式设计仅着眼于实用则不过是一种技术，同时着眼于美观才能成为一种艺术。

期刊是要供人阅读以传播信息的，版式设计的实用就要求便于阅读、传播信息。例如字号的大小，就要既便于阅读不可太小，又要容纳尽可能大的信息量而不可过大。版式设计的美观要求，不可脱离实用。在版式设计上，实用和美观有时可能是矛盾的，我们要求的是矛盾的统一。尽管对二者矛盾的统一法有种种不同的看法，至少从版式设计来说，实用可能还是矛盾的主要方面。一般情况下，不可因求美而不顾实用性。

第三，版式设计思想要遵循视觉美感原则。

版式设计的视觉美感，主要有传递效应和接受效应两个方面。视觉美感应是传递效应与接受效应的统一。所谓传递效应，指的是版面设计构成的版面，所要传递给读者的信息(包括美感信息)，以及借以吸引读者视线的手段。这主要是从版式设计的主观意图而言。在整体设计原则中说过，版式设计应是实用与美观矛盾统一的整体。它在向读者传递美感信息时，也包括实用的评价，还包括了形式适应内容的有关内容的信息。所有这些，从版式设计来说，都是通过视觉美感的内涵来传递给读者的。在版面上，也就是通过某些设计手段，来吸引读者的视线，吸引读者的注意力。版式设计的性质，决定版式设计所需要的视觉美感与一张画、一个雕塑不同，不仅仅在于画、雕塑本身的美，还在于版式设计所体现的系统结构的美、期刊内容的美等等。所谓接受效应，指的是版面设计在读者接受时心理上的反应，视觉上的美感效果。这是视觉美感原则更为重要的一面。传递效应质量再高，如果接受效应不佳，版式设计依然是不成功的。

从版式设计的实用与美观的双重性观之，传递效应是从实用到美观，即在实用基础上进而求美观。接受效应则反之，是从美观到实用，即从视觉美感中感受其实用性。倘若读者接受时得不到视觉美感，往往就连其实用性也感觉不到。由此也可印证接受效应对于视觉美感原则为更重要的一面。

为此，版式设计者不仅应熟悉本期刊以内的事物，还应熟悉其以外的事物。

这首先是要了解读者，了解社会。特别应该了解读者的审美能力，读者的视觉心理，以至社会心理、审美风尚……版式设计者要比艺术家之了解艺术了解更多的事物。

其次，要了解印刷技术。在传递效应与接受效应之间，还要通过印刷这个中介。如果不完全了解印刷技术情况，传递效应原本是与接受效应统一的，就可能因印刷的中介而达不到统一，产生不了原本应有的视觉美感。

美学原则

上述版式设计思想原则是版式设计的基础，对做好版式设计工作，具有决定意义。但要想做好版式设计工作，除了应遵循这些思想原则外，还要在具体版式设计中，遵循版式设计必要的美学原则。

第一，版式设计美学原则首先要求版面的和谐与韵律。

版式设计的韵律，首先来自设计的完整、严谨。完整，是整体设计思想意义上的完整；严谨，是形式适应内容意义上的严谨。创造视觉美感从这个基础出发，就要胸有成竹。胸中应先有版式总体构思的“成竹”，下笔设计时，“其所欲逐者”既是“胸中”的“成竹”，又是版式设计中隐含的思想内容。随着内容系统结构的韵律，相应地表现出版式设计的韵律。此时，完整乃形成版面的浑然一体而非支离破碎，而且此呼彼应，相辅相成。严谨乃形成高低、轻重、长短、间歇、重复……的错落有致，而又层次清晰，节奏分明。整个版式设计像音乐之具有听觉美感一样，具有视觉美感。

版式设计的和谐与韵律要求“神气”能贯之始终，而不可“神气”渐衰，至终泻尽无遗。版式设计通病之一，往往失之于此。这就是结构不合韵律之过。期刊的系统结构应是如古人论文时所说的“凤头豹尾”，开篇既要俊秀，结尾尤须有力。而版式设计也宜相应如是，即使至末页，版面已尽，仍能使人从版式结构韵律中，感受“曲终人不见，江上数峰青”的余韵袅袅，绕梁三日，盘桓胸中。

第二，版式设计美学原则要求版面有统一与变化。

版式设计从艺术上说，应该具有统一感。首先是每块版面上的整体统一，其次是每块奇偶一体版面上的整体统一。(奇偶一体，指期刊翻开阅读时左边偶数页与右边奇数页联成的版面。这种奇偶一体联成的版面实际也是视觉中的完整版面。)再次是一本期刊版面上的整体统一，进而是一份期刊各期版面上的整体统一，并形成期刊版式整体风格。

版式设计的统一产生秩序感。统一的版式设计才能从形式结构上体现出期刊作为一个系统的、有序化的系统结构，成为形式与内容的统一，形式与内容的和谐。

版式设计的统一并不意味着雷同、单调，而在于韵律的和谐。是变化中的统一而不排斥变化。

统一是指的整体上的统一。所以不妨说是宏观的要求。而变化则是版面设计中对不同版面、不同文章具体安排的变化，不妨说是微观的要求。也就是说，版式设计应是宏观上统一的，微观上丰富多彩、善于变化的。可以举个简单的例子作为说明。例如，某个栏目中的多篇短文，每篇都设计有题头装饰图，其位置、大小、画法都是相同的，构成这个栏目版式设计的整体统一感。然而，每篇的题头装饰图内容是各不相同的，甚至图的形态也有异，或方或圆，变化不定，这就是微观的多种多样变化。没有整体统一感，就不足以在版面上以题头图来体现这些文章是同一栏目下的一组文章；没有微观的变化，又不足以显示这些文章各有其独立性，并会在视觉美感上导致单调、呆板的效果。

应注意的是，宏观与微观也是相对的。就一本期刊言，从首页至末页、从封面到封底着眼，是宏观；每块版面，每块奇偶一体，每个栏目等是微观。当从一卷期刊着眼时，一卷期刊是宏观，一期期刊又成微观了。对此，版式设计时不可形而上学地看待，而应辩证地认识。

第三，版式设计美学原则要求版面有相似与对比。

版式设计中的相似，指造型相似的版式设计。相似造型的版式设计，当然容易产生整体的统一感，版面显得整齐平稳。但如用得多了，却又易产生单调感、呆板感，显得版面端庄有余而活泼不足。所以，严肃性的政治期刊、学术期刊，在追求版面的庄重严肃感时，相似的设计手法可能会有助益；而内容多样、格调生动的期刊，采用相似版式设计时则宜慎重。但也不必忌讳相似，如果运用得好，也会产生如同诗歌中的重复，能起到一唱三叹之效。问题在于掌握有度，用得恰到好处。

运用相似的版式设计，如果能巧妙地做到相似而又不似，或者如画之形不似而神似，那就不至于有单调、呆板之虞。而要做到这样，也正如绘画之能传神一样，要靠学力与修养。

对比与相似相反，不相似方能形成对比。在版式上，指的是造型结构相异的版式设计。但这种相异，不是说只要版面结构不雷同、不相似就可以形成的。对比的版面造型之间，也是有联系的。这种联系，就在于其相异而能形成对比，它们之间的联系，就在于这种对比关系。

版式设计的对比，可以是形状的对比，如大小、宽窄、曲直等的对比；也可以是型式的对比，如疏密、边框有无及花线型号等的对比；又可以是墨色的对比，如浓淡、强弱的对比——用黑体字排印，色感就浓、就强，用仿宋体排印，色感就淡、就弱，还可以是多种对比的综合运用。对比的运用，可增强版式设计的美学品位。

相似与对比虽是异趣的造型设计方式，但二者又是相辅相成的，并且都是达到统一与变化的手段。运用相似的造型设计方式，可以增强版面造型各构成部分的内在联系，使变化中有统一；运用对比的造型设计方式，则可在整体的统一中有所变化。两个方面结合起来，就更能接近达到完美的美学效应。

第四，版式设计美学原则要求版面的对称与均衡。

对称是指两侧铢两相称的一种平衡状态。对称会给人以稳定感。版式设计上的对称，同样可使版面稳定典雅。

对称不仅是包括版式设计在内的造型艺术的美学原则，也是合乎自然的美的法则。中国园林建构等，无不重视对称的运用。在期刊的版式设计中，例如同一版面上两幅形状相同图片的设计，往往安排在左下和右上这样一类位置上，就是运用了对称原则的设计。期刊版面上分割为两栏或四栏时，也是以版面中线为轴，左右两侧对称地安排长短相同的一栏或两栏。

对称的造型固然可在版面上获得稳定的美感，但仅用对称的设计手段，未必是足够的。一本严肃的学术性期刊，多用些对称的版式设计也许还可以，而对综合性期刊，特别是文艺性的以及轻松活泼的期刊说来，用多了对称造型就不免会显得过于呆板。因而往往是既有对称的，又有不对称的。不对称并非就可以任意为之，除了有特殊目的外，通常往往是虽不对称而也要有均衡感。

均衡与对称之不同，在于对称要求中心两侧不仅等量而且同形，而均衡则仅要求中心两侧等量而不要求同形。版式设计右下与左上的图片不仅分量(如面积)相等，而且形状相同，形成对称；仅分量如面积相等，而一为方形、一为圆形，则形成的是均衡。在实际运用中，当然要比这个例子复杂。

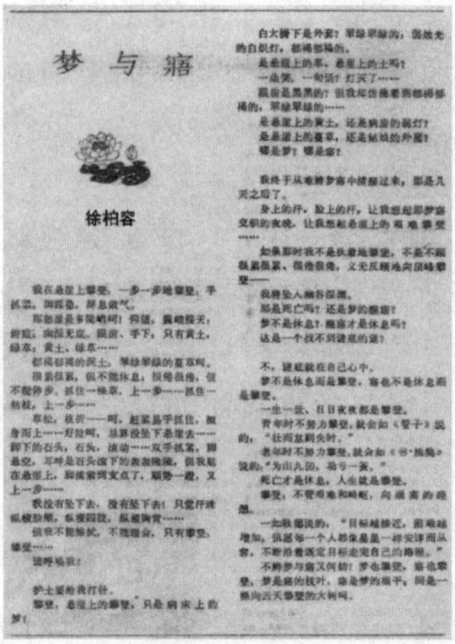
梦与瘤

徐柏容

左右对称的两栏

与有题花装饰的版面

一般说来，版面均衡感，可归纳为三种造型方式：一是向心式的，二是离心式的，三是交叉式的。人的视觉注于版面时，常在版面中心略略偏上的地方。版面设计时，可使版心上下左右四方都趋向版心中央稍稍偏上，以形成向心式的均衡造型。反之，从版心中央偏上部位向版心上下左右四方放射，则形成离心式的均衡造型。从版心的上左到右下，上右到左下形成的均衡，则为交叉式的均衡造型。在这三种均衡造型方式中，交叉式的均衡往往可获得更大的版面活泼感。

对称与均衡的版面造型，不仅是在一个页码版面之内要注意，还应在奇偶一体的两个页码版面造型中去考虑。

当然，有时为了特殊目的，在版面设计造型中反而要有意突破对称和均衡，以追求一种不平衡感和动感。这是一种破坏平衡感的特殊的版式设计。

第五，版式设计美学原则要求版面有动静与虚实。

题目与插图的交叉式均衡版面

上面说到有时有意在版式设计上打破对称与均衡，以追求不平衡感和动感，也可说是版面的生动感。生动感的产生，主要有赖于版面造型的多样与变化。如对称、均衡是版面造型的常态，打破对称、均衡就是非常态，是不一般的变化，就产生动感。

版式设计的动感，通常多从下述几方面去获取：

其一，版面分割时，有意扩大不同分割块的大小、高低、宽窄的对比。

其二，题头、尾花等装饰图及花边型号、运用方式、位置的变化。

其三，插图、照片的使用和构图的变化。

动感应有节制，还需要静态感的调节。有了静态感，就可在版面上增添稳定感。有动无静的版面设计，可令人眼花缭乱，易流于凌乱、躁动。有静无动的版面设计固然稳重安定，但又易流于呆板、僵化。静态感的获得，在版式设计中，可采用相似和对称等手段以及调节版面上黑白的对比等。

动感与静感应该如何搭配，各占多大分量，须视不同期刊的性质和内容风格等而不同。

版面设计的虚实与动静虽不同，但有联系。一般说来，动态多与实相连，静态多与虚相连。版面上的虚实是多层次的：排字越多越密就越实，反之就越虚；版面墨色越浓越重就越实，反之就越虚；留白越多就越有虚感，反之就越有实感；网纹图版较之线条图版更有实感，线条图版较之网纹图版则更有虚感；图片、花边等在版面上多就比少更有实感……如此等等。实感重的版面造型予人的感觉是厚实、凝重，稳定可靠；虚感重的版面造型予人的感觉是潇洒俊逸，似有言外不尽之意。

虚实在版面上是畸虚或畸实，也要因不同期刊而不同。一般说来，理论性、学术性期刊大都实多于虚；艺术性、文学性期刊大都虚多于实。但无论何种期刊，版面造型都应是有动有静，动静共济；有虚有实，虚实互补。只是在动静、虚实的分量轻重多寡上，要因不同期刊的不同情况而有异。

1992 年

论　校　对

由于“无错不成书”大有愈演愈烈之势，校对工作已渐引起人们注意。不久前抽查中央直属几家出版社的一些书，合格品比率极低。最近天津评选优秀图书，首先把编校质量作为入门条件。12 家出版社报评的 122 种图书，有 45 种的差错率因超标而被取消参评资格。京津地区是如此，其他地方也大致相似。抓书报刊质量要抓内容，但不能忽视校对质量。这一点，应该成为我们的共识。

一

近代大学者王国维的《人间词话》，有段经常为人引用的话：

古今成大事业、大学问者，必经过三种之境界：“昨夜西风凋碧树，独上高楼，望尽天涯路。”此第一境也；“衣带渐宽终不悔，为伊消得人憔悴。”此第二境也；“众里寻他千百度，回头蓦见(按：当作蓦然回首)，那人正在灯火阑珊处。”此第三境也。

对“成大事业、大学问者”所必经的三境界，王国维没有用叙述的语言作理性的说明，而是借用晏殊词《鹊踏枝》、柳永词《凤栖梧》、辛弃疾词《青玉案》中的词句作形象的描绘。如要简明诠释的话，不妨说第一境说的是在对事物认识的基础上高瞻远瞩，“志当存高远”；第二境说的是循其法度，“锲而不舍”；第三境说的是豁然彻悟，“融会贯通”。

其实，不仅是“古今成大事业、大学问者”必经这样的三境界，就是要认认真真做好做成任何一件事，恐怕也无不要经过这样的三境界。以校对工作来说，如果不是对校对工作有正确认识并立志要做好校对工作，再讲究工作方法，锲而不舍地认真去做，又怎能达到对校对工作融会贯通、得心应手呢？这不也要经过类似王国维所说的三境界么！

校对工作的三境界是有自身具体内涵的，可以称之为悟境、法境、通境。

王国维所说的“成大事业、大学问”的三境界，可以视作是历时性的三境界，即三者是递进式的。校对的三境界不仅具有历时性的递进性质，同时又具有共时性。也就是说，既要先从第一境的悟境进入第二境的法境，再进入第三境的通境，又要在进入第二境的法境时仍不脱离第一境悟境，进入第三境通境时也仍不脱离第一境悟境、第二境法境，并要继续加深认识，循法度锲而不舍地去追求。所以，校对的三境界是永无止境的。只有具体任务之成，而无彻底之成，需要永不懈怠的努力。

二

校对工作的第一境悟境，是指既要对校对工作有正确、充分的理解、认识，又要在此基础上建立做好校对工作的高远之志。

唐诗人杜荀鹤《赠临上人》诗：“不计禅兼律，终须入悟门。”诗中所说的悟门，是佛语。佛教以觉悟为入门的途径，所以叫悟门。我们所说的悟境，也有入门途径的意思，就是说，首先要理解、认识校对工作，有做好校对工作的愿望。“昨夜西风凋碧树”，对校对工作来说，就是要删削旁枝繁叶，抓住主要枝干。“独上高楼，望尽天涯路”，就是站得高，看得远，有认真负责做好校对工作的决心。

首先要端正认识，这是个具有多维性的问题，其中最重要的是：

第一，充分认识校对工作的意义和重要性。

无论图书、杂志还是报纸，都是各种知识、信息的载体、传媒。其作用在于将其负载的内容(信息)传递给受众——读者。信息在传递过程中的质量，决定于传递的保真度。保真度包括完整性和准确性两个方面：完整性要求在传递过程中无损耗，准确性要求在传递过程中无扭曲。有损耗、被扭曲的信息不仅会使所传递的信息失真，甚至会导致严重的错误。校对工作的意义，就在于维护传媒的保真度，维护信息的真理性、纯洁性。

第二，正确认识校对工作的性质和校对的职责。

校对工作的性质是什么？我以为它既是整个出版工作中一个不可或缺的重要环节，又是编辑工作的继续。在一定程度上，还具有延伸作者工作的性质。

第三，充分认识校对工作的艰巨性。

校对是一种复杂劳动。中国古书中的所谓善本，其本意实指经过精校、精刻的可靠版本，也就是具有可靠保真度的版本。欧阳修在《唐田弘正家庙碑》中说："学者多读韩文而患集本讹。惟余家本屡更校正，时人共传，号为善本。"这就是说，善本是经校正无讹误的本子。由此可见，校正无讹的善本，自古以来就是十分难得的。一般的韩集本多是错讹成患，只有欧阳修家的本子由于"屡更校正"才成善本。校对之重要由此可见，校对之艰难亦由此可见。"事非经过不知难。"为什么校对质量标准不是要求100%正确，而允许有一定的误差率呢？这决不意味着100%的校对正确率是不需要的，而是由于100%的正确率是很难做到的，充分认识这一点，决不轻之易之，才能兢兢业业地对待校对工作。

三

法境之法，在佛教教义中的解释之一就是法术，有规律、方法之意。校对第二境所说的法境，既有指得其方法之意，也有指得其门径、态度之意，与佛教所说的法、法门，含义有相近之处。

校对工作的法境，与王国维论"成大事业、大学问"的第二境的叠合点，集中表现在态度上。即同样要有"衣带渐宽终不悔，为伊消得人憔悴"的苦苦追求、咬定不放的精神。校对法境的第一道门户、第一道法门，就是以什么态度去做校对工作的问题。

第一，要有严肃认真的工作态度，一丝不苟的工作作风。

校对工作的重要性与复杂性决定了它是一项需要严肃认真、一丝不苟去做好的工作。仅以字而言，字有形近之错，如鲁迅曾指出的"己"与"已"、"戮"与"戳"、"剌"与"刺"……有的不过一笔半笔之差，如不严肃认真、一丝不苟，怎能校出其错呢！字有音同之错，如"的"误"得"、

“章”误“张”、“事”误“示”……校对时稍一粗心大意，就会漏校；“坚决抵制歪风”是表扬，如果误排成“坚决抵制整风”而未校出，就变成政治性错误了。真是差之毫厘、谬以千里；还有字之前后颠倒、上下倒置……如此等等，真可说是处处陷阱。最简单的字的校对是如此，其他因漏校而造成的词语、意义乃至知识性、政治性的错误，就更不必说了。可见，严肃认真的工作态度、一丝不苟的工作作风，是做校对工作最根本的“不二法门”。

第二，要抓住特点，全方位进行校对工作。

校对工作不同于编辑、出版等工作的特点，就是校对工作既不为、也不应为出版物增添什么、减少什么或改变什么，它不在出版物上留下任何烙印。只有抓住这个特点，才能真正做好校对工作。如果说这是校对工作的战略着眼点，那么，战术着眼点就是要全方位进行校对工作。

所谓全方位进行校对，就是不仅要逐字逐句校字、词、句，还要校其他方面。如字的校对，不仅包括标点符号、字形的正确，还包括异体字、简化字的规范化问题，要全方位地校字。校词、校句同样是如此。另外，还要校图表，如图版内容、位置、形状、尺寸、色彩等等，以及表格的内容、位置、字号、形式等等是否正确。还要校版式，如行款规格、标题层次、字体字号、注文形式、水线花线、书眉页码等是否正确、统一。

校对工作的“对原稿负责”，应包括从内容到形式的各种原稿，如版式设计、装帧设计以及其他附件等。这也是一种全方位的校对。

那么，如果原稿就有错误怎么办呢？我以为，应该按《出版社工作暂行条例》说的：“发现原稿中的错漏和不妥之处，及时提交编辑部门解决。”也就是说，既不能不管，又不应径加修改。

第三，要不断改善具体校对工作方法。

校对的具体工作方法有所谓对校、折校、读校等，这是众所周知的。这些校对方法，本身也在不断改进中，如对校从“摇头校”(左右校)改进为上下校等。讲究具体校对工作方法的改进，一是为了提高校对质量，二是为了提高校对效率，还可减轻劳动的消耗。

改善具体校对方法，即不仅要求苦干，更要求巧干。巧干的方法之一，是要善于抓住要害，抓住重点，如易误字、词等。现举几例：

(一)字形相近的字：

要——耍　　力——刀　　戍——戌　　士——土

(二)字音相同、相近的字：

材——才　　航——行　　苛——柯　　江——姜

(三)形似音近的字：

桨——浆　　娇——骄　　纶——沦　　叩——扣

(四)同素异构词，特别是义近的、易于误排漏校的词：

前面——面前　　接连——连接

更有一些字素一颠倒，意思全然不同了。如：

故事——事故　　千秋——秋千

此外，还有些字颠倒误置不易被察觉的，也应重点注意。如非、日、口、王、田、曰、目、申、工、回、中、串、十……

此外，还要重点注意：

(一)篇题、章节题、作者姓名等重要处，往往因字少而字号大，反易疏忽漏校。

(二)数字、年代以及人名、地名等。

(三)外文单词应逐个字母校对，否则，越熟的单词越易漏校。

在电脑照排软片上，还容易出现一些新问题，如怪字、漏行、字图重叠、版心尺寸不规范等等，也是校对软片时要注意的。

态度端正了，特点抓住了，全方位地进行具体校对工作，就会感到得心应手了。

四

校对工作的第三境——通境，可说是悟境、法境的再深化。进入通境后，就工作来说，是融会贯通了；就人来说，也近乎通才、通人了。这是一种很高的境界。

“众里寻他千百度，蓦然回首，那人正在灯火阑珊处”，王国维说的也正是这样一种融会贯通，豁然有成的境界。但有成不等于底成，无论是“大事业、大学问”还是校对工作，都不会一入通境就万事大吉、无可再进。“通”本身就是无止境的，一成止境就不通而是塞了。这也可说是

“通”的辩证法吧。

校对工作上的融会贯通也好，校对者之成为通才、通人也好，都在于“灯火阑珊处”见到“那人”后，不是与“那人”一同在那里成为凝滞不前的石人，而是与“那人”一同前进，通而不止。

进入通境的问题，就其根本来说，也是个学识通达，并且在学识上不断提高的问题。

首先是掌握文字，进入文字运用的自如状态，不断提高自己的文字水平。

校对是一种文字工作。文字既是校对的工作对象，也是校对工作的武器。于工作对象知之不稔，或者对武器性能了解不透，那是难以做好工作，难以使用好武器的。文字水平越高，校对质量才会越高、效率才会越高。

在电脑撰稿尚未普遍、绝大多数文稿、书稿还是手写的情况下，手稿一般都是行书。编辑看稿、校对校稿(还有排稿)，都先要有认识各种行书的本事。识行书本事的大小，主要也是来自文字水平的高低。此外，原稿上有的字，孤立地看，也许谁也认不准是什么字，只有靠串上下文意作为辅助才能确定，这就更要靠文字水平乃至学识修养，也就是校对工作中所说的“活校”、“理校”。不过，这一方面说明文字修养的重要，另一方面，校对还是应以字校即逐字校对为主要方式，而“活校”、“理校”只可作为必要时的辅助方法。即使校对的文字水平高，“活校”、“理校”时也仍然要谦虚谨慎、反复推敲，而“毋意，毋必，毋固，毋我”(《论语·子罕》)。

其次，要不断提高自己的学识水平。

如果学识浅薄，孤陋寡闻，校对就极易出现失误。我曾经举过出版物中的“《维摩诰经》”、“金真道”为例，“诰”为“诘”之误，“金”为“全”之误。学识水平差的校对是难以校出的，而对佛经、道教有些了解的人就会知道，佛经中只有《维摩诘经》而没有什么《维摩诰经》，道教派别中只有“全真道”而没有什么“金真道”。这类可算是“活校”、“理校”的地方，往往是非靠学识莫办了。

人名、年代等之错，更是如此。例如一本书中出现的：

袁世凯称帝，蔡锷护国军兴。陈宧始则在川负隅顽抗……终亦被迫

不得不宣布独立。

其中“陈宧”实为“陈宧”之误。两个字的差别，往往原稿上也难以辨明，何况“宧”又是个稀见字。但是，如果校对有较丰富的近代史知识，不用查原稿就可以校出错误。

另一本书中，有这样的文字：

1753 年，明神宗朱翊钧继位，改元万历。

学识修养高、有历史知识的人，一看就知“1753 年”一定错了，明神宗怎么会在 18 世纪继位呢！1753 实为 1573 之误，这也是不靠学识就易于漏校的。

这类例子还可举出很多，都是由于历史、地理、科学等诸方面知识稍有不足即可漏校的事例。所以，校对要真进入通境，非不断努力提高自已的学识修养不可。

当然，校对的政治水平、思想修养等也要不断提高。这实际已是个校对人员应有的修养问题了，需要另外专题研讨。

通境是个通之无止之境。需要我们的校对人员学习再学习，提高再提高，追求再追求。不仅在通境中通之无已，同时还要在悟境中悟之更深，在法境中不倦地探索。“衣带渐宽终不悔，为伊消得人憔悴”，应该贯串于全部校对工作中，也是一辈子都要持之不懈的。

1995 年

第二编

期刊纵横

我思故我在。

——笛卡儿

中国期刊：发展与趋势

——在“第六届国际出版学研讨会”上的讲演

中国期刊的发展，在新时期以来，大有一日千里之势，就像民间故事中英雄的成长，日新月异。

30 年代，曾被称作是中国期刊的高潮，1935 年还曾将 1936 年定为“杂志年”。然而，据统计材料，1935 年全国杂志期刊总计也不过1 796种①，即使加上统计中所缺东北三省和西康省的数字，至多也不过2 000种左右。较之新时期以来仅公开发行的期刊即已超过6 000种，正是小巫见大巫，不可同日而语。

新中国于 1949 年成立后，和其他工作一样，期刊也走上有计划稳步发展的道路。重视内容之充实、质量之提高、布局之合理，甚于追求数量之发展。从布局说，大体形成全国性期刊与地方性期刊两个不同层次。各种不同门类的期刊，一般是全国性的一种，各省市也各一种，主要门类基本齐全。例如：青年期刊全国性的有《中国青年》一种，各省市地方性的则有冠以省市名的《××青年》各一种。如此等等。这种有计划的期刊布局，显得比较整齐，避免了重复浪费。但同时，期刊的繁荣发展，也不免受到一定的制约。

新时期以来，特别是改革开放以来，期刊的发展大大增添了活力。最明显的外在表征是期刊数量的迅速发展。

1991 年，不包括台、港、澳地区，中国公开发行的期刊共有6 056

① 据 1936 年《申报年鉴》。原材料将报刊混同统计，此数字是按刊期在三日以上者作为期刊统计而得。

种。① 总印数 20.62 亿册，总印张 54.44 亿印张。比 1990 年种数增长 5.3%，总印数增长 15.17%，总印张增长 13.12%。估计，1992 年较之 1991 年，增长率会更大。以 1991 年与 1978 年出版期刊 780 种比，增长了将近 8 倍。期刊发展之快，由此可见。

徐柏容在国际出版学研讨会上宣读论文

与此同时，期刊的质量也在不断提高。虽然，质量的提高既未超过数量发展的速度，也未必称得上能与数量发展同步。例如，世界主要检索类期刊收录我国论文的数量，所占比例还很小，就从一个侧面反映了这个问题。不过，期刊质量的提高较之数量的发展，本来就要困难得多，复杂得多，也未足多怪。何况，从宏观言，期刊质量的提高也是相当明显的。

首先，期刊门类品种的扩展和更加齐全，提高了期刊的宏观质量。今天中国的期刊，门类品种相当齐全，可说是靡不具备、应有尽有，较之 30 年代到 70 年代，丰富多多。除了近几年来出现较多文娱性期刊外，例如，过去未曾有过的面向老年读者的期刊，如今已有《中国老年》、《老年天地》、《长寿》等不下十几种了；过去未曾有过的编辑出版专业期刊，

---

① 据新闻出版署财务司公布统计资料 XCT9204(二)。

如今已有《中国出版》、《出版发行研究》、《编辑学刊》、《编辑之友》等多种了；也是过去未曾有过的书评期刊，今已有《读书》、《博览群书》、《中国图书评论》、《书林》等多种了。许多新学科一经诞生，也大都很快就有了专业性的期刊出现。还有过去附庸于综合性期刊中的某些门类，如今也已有了专门性的期刊了，如散文之有《散文》、《美文》……这样一些期刊的出版，标志着期刊出版的更趋于成熟，期刊总体质量的提高。

其次，期刊宏观质量的提高，还体现在新型期刊的出现。新时期出现的前所未有的新型期刊，就是文选型期刊。文选型的书籍，至晚早在6世纪初就已经有了，而文选性的期刊，则是迟至20世纪80年代才出现。第一份文选性的新型期刊，是1979年由徐柏容倡办，1980年1月在天津创刊的《小说月报》。这份新型期刊专门"选载全国报刊每月发表的优秀或有争议的中、短篇小说"(《小说月报》1980年第一期封底)以期"帮助读者用较短的时间，每月读到值得阅读的小说"。(《小说月报》1980年第一期《编辑的话》)这种文选性新型期刊，和过去文摘性期刊的最大不同之点，在于不是摘录原作而是选刊全文，并新增插图。由于它"让读者可用有限的时间，花有限的钱，及时读到全国最新的优秀作品"，(《小说月报》1980年第一期封底)极受读者欢迎。很快就继之出现了同类型的《小说选刊》、《中篇小说选刊》、《微型小说选刊》、《散文选刊》、《港台文学选刊》……

新型文选性期刊是在期刊品种繁多的基础上诞生的，也适应了期刊品种繁多情况下读者的需要。这种"杂志的杂志"使期刊总体更丰富多彩，使期刊的宏观质量提高，对期刊微观质量也有促进作用。

非新品种的文摘性期刊，也有了很大的发展，助长了期刊的繁荣。

此外，从期刊宏观质量言，也更好地发挥了期刊的教育功能、信息功能、审美功能、文娱功能等。在形式方面，期刊的纸张、印刷质量，也都较前有了较大的提高。这与微机排版、照相胶印等新技术的采用，自是分不开的。

然而，中国的期刊，不仅微观上还亟待进一步提高质量，宏观上也还存在某些问题。从中国期刊发展的趋势看，今后，期刊数量仍然还会有所发展。一些为物质文明建设与精神文明建设所需要的期刊、新兴学科的专业期刊的创刊，不仅是必然的，而且是必要的。但是，对一些机关单位竞相办刊的风气，却应考虑宏观控制之策。这不仅有利于期刊结构之更合理，也有利于提高期刊宏观质量。

随着社会主义市场经济的发达，期刊之间的竞争必趋加剧。而竞争的根本在于质量。社会主义市场经济发达后，除少数(如学术性期刊)必须补贴的外，一般期刊将逐渐走向经济独立核算，无市场者将不能生存，因而期刊将有生有灭，从长远看，也是不可避免的趋势。问题是应采取一些什么必要的措施，加快其进程。

随着市场经济的发达、期刊竞争态势之加剧，过去中国期刊的分成全国性期刊与地方性期刊两个层次的分野，将趋于模糊化。由于中国地域辽阔，各地差别有的相当大，地区性期刊有其存在与发展的必要。但同时，部分地方出版的期刊在提高质量的情况下，事实上会成为全国性期刊。全国性期刊与地方性期刊将逐渐不因其在首都或在地方出版来划分，而代之以其内容来划分。地方性期刊将为地区性期刊取代。

中国的期刊，一般刊期较长，大多数为月刊、双月刊、季刊。1991年公开发行出版的6 056种期刊中，月刊1 541种，占25.45%；双月刊2 136种，占35.27%；季刊2 061种，占34.03%。三者共5 738种，占期刊总数之94.75%。期刊一般是有较强时间性的，其时间性之强，仅次于报纸。特别在进入信息时代的今天，期刊的信息功能日益重要，也要求期刊传递信息更为及时。期刊刊期过长，对于发挥期刊社会功能是不利的。这必会驱使期刊趋向于缩短刊期。1993年，有些双月刊改出月刊，已见此端倪。就像两年前开始的报纸扩版露其端倪，到1993年形成报纸全面扩版热潮一样，中国期刊缩短刊期的趋势，看来也是势所必然的。不久，我们不仅会看到更多的月刊，也可能看到不少的半月刊、旬刊、周刊……

文选性这种新型期刊，还有发展的趋势。前面说过，自从第一份文选性新型期刊《小说月报》创刊后，文选性期刊大有风起云涌之势。而《小说月报》1980年一创刊后，就发行到近200万份，也证明了文选性新型期刊的生命活力。随着改革开放的加快，1993年初，又有百花文艺出版社出版的《散文海外版》、人民文学出版社的《中华文学选刊》等出现。文选性期刊已露出其将继续发展的苗头。也可说是期刊品种日益繁多而读者的时间财力有限情况下的必然之趋势。从长远看，为防重复浪费，应有适当对策。

与文选性新型期刊堪称姊妹行之文摘型期刊，在中国，始创于 1937 年抗日战争前之《月报》与《文摘》。新中国成立后则有《新华月报》差堪近之。文摘型期刊的发展，也是在新时期。除《新华文摘》外，继之出现有《读者文摘》、《青年文摘》、《海外文摘》、《法制文摘》等，已不下数十种。看趋势可能还会有所发展。现在一些文摘报纸，除形式外，内容与文摘性期刊差别不大，也暗中在缩短报刊的距离。期刊缩短刊期后，这种情况可能会更明显化。但文摘性报刊重复摘录情况较严重，辗转相抄，重可读性以至猎奇性，已引起读者不满，需进一步提高。

通俗期刊还可能增多。虽然近些年来，生活类、娱乐性、通俗文艺等期刊已有一定增长，我们在前面虽未曾言及，却是不争的事实。读者的文化有层次的不同，文化程度不高的总是多于文化程度高的，再加上人们的阅读兴趣也是多样性的，因此，通俗期刊的出版，对他们来说是需要的，可以丰富人民大众的文化生活，有其积极意义。不过，此类期刊中，有的存在质量不高的问题，如生活类的脱离我国国情、脱离人民现有生活水平，宣传未必恰当的生活方式，娱乐性期刊津津乐道于“星族”之生活琐事、男女关系等，通俗文艺的多写社会负面题材、犯罪题材、暴露式作品等等——这些不良倾向虽只存在于个别或者部分期刊中，却是这类期刊发展中的亟应注意加以克服、超越的。

以上是就中国期刊总体宏观趋势的几点蠡测。具体就各期刊微观言之，则至少有下述几点趋势是比较明显的：

一是各期刊将趋向于追求特色的创造。期刊品种多了，没有自己特色的必将淹没于期刊汪洋大海之中，难以出人头地。在日益剧烈的市场竞争中也难以有立足之地。这就迫使各期刊不仅要努力提高质量，更要努力创造自己的特色使之不同于凡俗。仅仅以封面女郎、奇闻怪事以至低级庸俗来争取读者，现在已收效渐微，今后也难收成效。以质量、特色相竞争，会越来越受到重视。这将引导中国期刊的竞争，走向良性的、积极的道路。

二是在提高期刊内容质量、创造特色的同时，期刊的印制形式方面，也会日趋精美，中国现在的许多期刊，应该说，印制还是比较粗糙的，形式还是不够精美的，大有提高的余地。近年来，期刊封面采用铜版纸或贴膜，内文采用胶版纸的渐有所见，照排胶印已在相当规模上取代了铅字排印，这些情况，已经透露了期刊印制等形式趋于精美化的春意。虽然，现在还只是“竹外桃花三两枝”，但是，“万紫千红总是春”的趋势已是跃然欲出了。

三是许多期刊将趋向于图文并茂。中国的期刊，直到今天，在图片的使用方面还比较落后于国外。期刊上的图片，具有实感、实证、读者认同感的作用，以及美化版面、调节阅读节奏等作用，因而为现代期刊所普遍重视。中国期刊图片偏少，随着印刷技术的现代化和期刊用纸的优质化，图文并茂将是期刊发展的又一必然趋势。现在已初露苗头。

中国期刊的未来，将是一片阳光灿烂。

1993 年

期刊：百年潮涌百年潮

上篇　旧世纪回顾

国家图书奖开评已历三届后的今天，又有了首届国家期刊奖的开评。期刊也评国家奖了，这是不是在某种程度上，具有表明我国的期刊出版趋于成熟的意义？不论别人认同与否，至少我是深有此感。去年冬天，在国家期刊奖及第二届百种重点社科期刊评奖会上，看到近 300 种被全国各地推荐上来参评的期刊杂志，那一派花繁叶重、似锦如霞的绮丽，散发着浓郁的芬芳，那气息让我如同置身成熟之林。

现在我们更习惯称为期刊的这种出版物，过去更经常称之为杂志，虽然严格说来，期刊与杂志未必就是全同的概念，不过，人们已习惯把它们当做可以互代的名称，我们也就不妨“和其光，同其尘”(《老子》)从俗了。期刊杂志近百年潮，就中国而言，也可说就是期刊杂志的生命史、成长史。因为，虽然早在上个百年的 19 世纪，期刊杂志就已出现在中国，但那时的期刊杂志，大都还是与报纸难以区分的“连体婴儿”，未必能称得上是现代意义的期刊杂志。因此，也许只有 1904 年创刊的《东方杂志》，才是真正现代意义期刊杂志的滥觞。如此说来，期刊杂志，不就是与 20 世纪一起诞生的宁馨儿吗！

经过 20 世纪百年潮洗礼的期刊杂志，如今成熟了，强壮了，成为可和图书、报纸鼎足而立的出版物主体之一了。我从国家期刊奖评奖会上近 300 种期刊闻到代表全国近 8 000 种期刊散发出来的成熟芳香，是由来非易的，是百年潮激荡出来的历史的气息。

1949年中华人民共和国的宣告成立，将20世纪的中国历史，几乎恰好拦腰划分成两个阶段：前半个世纪的旧中国和后半个世纪的新中国。在这前后两个阶段，期刊都经历过发展又衰落、衰落又发展，但总的趋势则不仅是发展，而且还是大发展。道路从来总会有曲折迂回，而历史潮流却总要奔腾向前。就前半个世纪而言，如果30年代前期是期刊杂志繁荣的高潮，在抗日战争时期的艰苦环境下，相对而言就可说是期刊杂志的低潮。30年代前期出版的期刊杂志不仅在1935年已达到近2 000种（据1936年《申报年鉴》材料计算），而且出现“杂志年”这样的称号。后半个世纪既有开国初期期刊杂志的复兴，又有在“文化大革命”摧残下期刊杂志凋零的低潮。而十一届三中全会后到世纪末这一阶段，期刊杂志出版迎来的无疑又是高潮。不仅期刊杂志出版种数达到8 000种上下的高峰，多种期刊杂志的期发行量也以百万、数百万计，不仅是后半世纪的高潮，也是整个20世纪百年潮的高潮：从30年代2 000种左右的高潮到达翻了四倍的8 000种上下的更高潮。这不仅清楚地表明了20世纪期刊杂志大发展的总趋势，而且，就是从20世纪后半个世纪而言，期刊杂志出版种数从1950年的295种到1998年的7 999种（据1999年《中国出版年鉴》），平均年增长率为7.1%，超过了报纸的3.0%、图书的5.1%，成为出版物中增长率的领军，也表明了期刊杂志发展势头的强劲，已用不着我们还从其他方面如总印数、种印数等再去加以统计比较了，出版种数的发展，便足已反映期刊发展的规模与力度了。

期刊杂志的发展，宏观地考察，总是与时代、社会的发展联系在一起的，是随时代、社会的发展而发展的。百年来中国期刊杂志大发展的总趋势和百年潮中的潮涨潮落曲折迂回，都证明了这点。微观地考察，则每种期刊杂志各不相同，成功者有其成功的经验，失败者有其失败的教训，从各种成功经验及失败教训中，可以总结出办刊之道来。掌握了正确的办刊之道，对期刊杂志的宏观发展，也会有促进作用。

从期刊杂志这个百年潮中，我们能学习到怎样的办刊之道呢？我以为：

第一，要立足时代潮头，坚持正确导向。

期刊杂志不但是与时代同呼吸、共命运的，而且往往是时代的尖兵，掌握时代的脉搏、引导时代向正确方向前进。所以，期刊杂志就应永远立足于时代的潮头，做时代的先锋。中国最早的期刊杂志虽多为西方传教士为宗教目的而办的，但很快就为国人自己用之作为宣传新思想、宣传革新乃至革命的武器了。当期刊杂志还未脱离“连体婴儿”时期的《新民丛报》、《浙江潮》、《民报》、《中国女报》等，就已是如此；进入20世纪成型后的期刊杂志如《新青年》、《每周评论》等亦复如此，并在五四运动中起了领导群伦的作用。30年代的《生活》周刊，鼓吹抗日救国，响亮地高唱伟大抗日战争的前奏曲，它就是这样站在时代的潮头，坚持正确的导向，从而受到人民群众的广泛欢迎，创造了当时期刊杂志发行量的最高峰。全国解放前夕的《文萃》、《观察》等杂志的能一纸风行于当时，同样也是如此。

第二，要重视创意、创新。

成功的期刊杂志，往往是富于创意的创新型杂志。1921年以后的《小说月报》，一改往昔“鸳鸯蝴蝶派”的旧面貌，改革创新，提倡新文学，高举民主主义、现实主义的旗帜，所展露的新颜很快就使其成为当时的文坛巨擘。30年代上海出版的《太白》、《人间世》等小品文杂志等受到读者欢迎，因而破例创刊号不但再版而且三版、四版，也与它们各有其新意、创新大有关系。抗日战争前夕，期刊杂志品种达2 000种左右的高峰，读者目不暇给，富于创意的《月报》、《文摘》因之应运而生，受到读书界的交口称赞，自然也是意料中事。同样，20世纪七八十年代之交时，出版的文学期刊也多得让读者读也读不过来时，笔者创意出版的新的《小说月报》，虽然刊名是旧名还魂，性质却是前所未有、纯属创新的文选刊物。它不仅为期刊杂志创造了文选性期刊这样一个新品种，并很快繁衍出各种各样的选刊，成为期刊杂志的一个新家族，而且新的《小说月报》本身也因是应运而生的创意、创新而成为洛阳纸贵、争相竞购的一种期刊杂志。所有这些事例，既表明成功的创意、创新总是建立在历史的、社会的积淀基础之上的，又表明创意、创新是期刊杂志一个永恒的主题。

第三，要办出自己的个性、特色、风格。

成功的期刊杂志，又都是各有其自己个性、特色、风格的。有个性才能有特色，个性、特色的持续化与不断深化，就形成期刊杂志的风格。个性、特色、风格是期刊杂志品牌的基础，就像质量是期刊杂志品牌的支柱一样，都是创期刊杂志品牌所不能或缺的。期刊杂志的百年潮昭示了个性、特色、风格对期刊杂志是何等重要。《新青年》充满青春朝气的个性，烘托出它除旧布新的战斗风格；30 年代的《文学》和《现代》，同属综合性大型文学月刊，一个是倡导现实主义，一个标举横光利一式的新感觉派风格；《太白》、《人间世》同属小品文半月刊，一个是绵里藏针、外钝内利的风格，一个是悠闲自适、智者观天的风格；二者虽或有河海与细流之别，而各有其丰采，适应读者不同阅读需要而能有以自立，以它自己的“这一个”个性、特色、风格来满足读者，来开拓市场。80 年代前后相继创刊的《散文》、《随笔》，也各有其不能互相替代的个性、特色、风格，各以其自己的个性、特色、风格让读者品尝不同的口味，互补共济地来满足读者多样化的阅读要求。

第四，一切为了读者，还要做好作者工作。

办刊离不开读者，也离不了作者。没有读者，期刊杂志就无以生存，更谈不上发展；没有作者，期刊杂志就会是“无源之水，无本之木”，办刊者“巧妇难为无米之炊”。邹韬奋在 30 年代办《生活》周刊，除了抓打头的“小言论”栏目外，重点抓的不是其他栏目而是刊尾的“信箱”——与读者互动的栏目，这被他称之为“抓一头一尾”。《生活》周刊的重视读者工作，开门让读者参与，以至只要是读者的事，哪怕是个人琐事，无不热心相助，堪称是这方面的楷模。其他许多成功的期刊杂志，如 30 年代的《中学生》、《科学画报》以至英文的《密勒氏评论报》等，也都很注意从适应读者需要入手来吸引读者、引导读者。在作者工作方面，30 年代许多成功期刊杂志都聘请有特约撰稿人或一批基本作者，作为质量稳定的保证和贯彻办刊宗旨、创造自己个性、特色、风格的基础。同时又注意推出新人，做到既礼揽旧雨，又广交新知，固本又繁叶。笔者在期刊杂志编辑学著作中所提出的编者、作者、读者三位一体论，也汲取了百年来期刊杂志这方面的成功经验，从而加以理论的总结。

下篇　新世纪展望

20 世纪的夕阳在我们回顾的眷恋目光中徐徐隐逝，21 世纪的朝阳在我们前瞻的嘹亮欢呼中冉冉升起。中国的期刊杂志也步入一个新的时代。

徐柏容讲学途中在香港

新的世纪将是怎样一个时代呢？在这个新世纪的新时代里，期刊杂志又会是如何呢？

我们不是预言家，也无需预言家的预言。不过，至少有一点是可以肯定的，那就是：期刊杂志还要发展，期刊杂志也还会发展。

这只不过是一种乐观者的信心或者愿望吗？不，不只是愿望或信心，而是期刊杂志面对的未来虽然充满挑战却也充满了机遇所决定的。就是挑战本身，也既会带来危机，又可能带来转机。化挑战为机遇，变危机为转机，关键就在于如何加以应对。

在新世纪的新时代里，期刊杂志的挑战既来自外部，也来自内部。

外部的挑战，值得重视的可能是国外的期刊杂志跃跃欲试地想要进来。我们早已习惯物质生产方面的外资介入、外国品牌的进入了，但对期刊杂志的生产来说，除了有与物质生产相同的经济层面的挑战外，还有精神文化层面的意义，因而一直未像物质生产方面那样对外资开放。然而，这道红线能长远固守吗？

事实上，有的已经以例如合作之类形式试伸入一条腿来了。已涉足的是娱乐、时装、科技期刊杂志如《世界时装之苑——ELLE》、《计算机世界》、《科技新时代》、《Newton 科学世界》等，就是与法国《ELLE》、与美国《大众科学》……的中外合作中文版。这样经国家有关部门批准的中外合作中文版目前只少数几种，不过，国外许多实力雄厚的出版集团，也都想以合资乃至独资，进入包括期刊杂志市场的中国出版市场。在新世纪的百年潮中，趋势会是门缝越开越大或是相反？会不会还可能从时装、娱乐、科技浸至其他类别的期刊杂志？例如，据了解，《美国国家地理》、《读者文摘》等，都已在作试探性接触或中国市场调查。中国加入 WTO 后，这种压力还可能会增大，虽然据说在 WTO 已有的 134 个成员中，承诺开放出版业的还只有 27 个。

中国的期刊杂志出版，似乎还难说是已经形成产业，无论是经济实力还是经营机制，都还落后于国外一些出版集团。外资的进入，仅从经济层面来说，也不能不是须加以重视的挑战，何况，还会有价值观、意识形态方面的挑战呢。

不过，就是这一挑战，也同样存在有机遇，如果运用得当的话，外资的进入所引发的竞争，也可能成为激发我们期刊杂志活力的助剂，会使我们期刊杂志的出版，在新世纪新的百年潮中更加壮大、获得更大的发展。因为这种挑战所给中国期刊杂志带来的压力，也可激发其应变、革新的能力，变压力为动力。同时，还可扩展我们办刊的眼界，增强我们办刊的经济实力，从而有可能使机遇大于挑战。

也许更值得重视的，还是内部的挑战。应对内部的挑战，主要实际就是如何完善自身、提高自己的问题。

从国内期刊与期刊之间来说，目前同类期刊存在着类型化的问题，这一倾向有待于克服。不仅是一些文化生活、妇女家庭期刊大同小异、有类型化倾向，其他如文艺期刊、娱乐时装杂志，工、青、少、老杂志以至社科、科技期刊，也都或多或少、不同程度地有此倾向。有人称之为期刊的“克隆现象”，成为期刊杂志的一个内伤。一些时尚杂志，起初还能给人一点面目一新之感，但浸浔也为此风所染了。在新世纪的新时代里，期刊杂志想要自立自强，就必须克服这种彼此“克隆现象”，向前一个百年潮中那些成功的优秀期刊杂志学习，创立自己的个性、特色、风格，不断创意、创新。这不仅是在国内出版市场上竞争所需要的，也是中国期刊走向世界、在国际竞争中争取立于不败之地所需要的。

国内期刊与期刊之间，还应该注意“可持续发展”问题。这里指的不是对人类生存环境的可持续发展，而是指期刊杂志生存环境的“可持续发展”化问题。这就是说，期刊杂志的开发与发展，要注意从期刊杂志的生态平衡方面去考虑，而不应无序地一哄而上、一哄而下。这个问题，除了涉及宏观调控外，也涉及期刊杂志自身如何定位的问题。从这方面看，“克隆现象”也是应该加以克服的。

期刊与期刊之间的竞争，也是难以避免的挑战。未来的这种挑战，应该会是全方位的，亦即从形式到内容，从外在到内在的竞争。期刊杂志一方面应该重视其开本、封面、版式等诸外在面目的革新，另一方面更重要的还应重视内容的充实与革新。从内容、内在这方面来说，如何不断使期刊杂志的内在文化蕴含越来越厚重，当是首先要追求的。文化蕴含越厚实，期刊杂志也就会越来越厚重。所谓文化蕴含，其具体内容对于不同性质的期刊杂志，是不尽相同的。学术期刊有学术期刊文化蕴含的具体内容，通俗杂志有通俗杂志文化蕴含的具体内容，不是在优劣方面的追求差别，而是因主要读者对象不同而制宜有异的区别。而文化追求则是都必须首先致力的。

这又涉及人才的挑战问题。期刊杂志文化蕴含的追求，首先有关编刊人的文化蕴含的追求。没有高素质、高文化蕴含的编刊人，也就难以有高文化蕴含的期刊杂志。

期刊的一个根本挑战——质量的挑战，在新世纪的新时代里会仍然不变。质量的挑战也必然离不开人才的挑战。网罗人才即使不说是期刊杂志应对挑战永恒之道，至少仍然贯穿在新世纪期刊杂志百年潮中。

新世纪的期刊杂志，除了纸质的印刷品外，因科学技术的发展而出现的光盘期刊、网络杂志之类，将会以更快的速度发展，但未必能取代纸质期刊杂志。至少在可预见的未来，不是谁取代谁而会是共生互存。而广告，将会在期刊杂志界中担任更重要的角色，但也会因期刊杂志性质、类别的不同而广告的重要性有所不同。

期刊还要面对其他媒体的竞争。报纸扩版后，杂志化的趋势有可能增大。然而，一些介乎报纸与杂志中间形式的报纸“杂志版”，依我看来，只不过是早期期刊杂志与报纸还是“连体婴儿”时期的翻版，是一种“返祖现象”，难免还要“不归杨，即归墨”——或为报纸、或为杂志，未必有前途，不一定会构成什么挑战。

可能出现的另一挑战也许是电视的杂志化，但它也可能和网络杂志那样，只不过是期刊杂志的又一新的形式。

其他传媒的挑战，既可说是期刊杂志来自内部的挑战，也可说是期刊杂志来自外部的挑战，就看内部、外部的分界是在于以期刊杂志这一出版物品种分内外，还是以国内国外分内外。所有的挑战，不论来自何方，期刊杂志在新世纪的新时代里，都必须谨慎而认真地应对。所有的挑战中的最大挑战，还在于自我的挑战，战胜自我的挑战，也就是要不断地自我完善、自我提高。

中国现有期刊杂志共计 8 000 种左右，年总印数达 26 亿册，但按人均年占有量计算，还不到一人两本，只是一些发达国家年人均占有量的 1/4 不到。随着国民经济的发展，人民的文化水平也会随之而不断提高，对期刊杂志的阅读需求也将会越来越大，期刊杂志的市场前景，应是不断扩大的。这预示着，期刊杂志发展的前景是广阔的。

看新世纪期刊杂志这朝阳，将何等灿烂辉煌！

2000 年

期刊的社会效益第一与质量第一

一

期刊应以社会效益为第一，既是体现期刊社会主义方向的一个方面，更是期刊作为一种社会文化现象所决定的。

从前一方面言，期刊如果不坚持社会效益第一，就往往是经济效益第一，不顾其有无社会效益，甚至不顾其会产生负社会效益。这就必然偏离社会主义方向，甚至与社会主义方向背道而驰。从后一方面言，期刊作为一种社会文化现象，它既是一定社会政治、经济的反映，又反作用于一定社会政治、经济。它有从历史与实践中，经过革新、选择与结合而促使社会文化繁荣发展的责任。所以，期刊本身的性质也要求期刊以社会效益为第一。社会效益第一并不排除可以有一些无害的期刊。期刊的社会效益可以有大小的不同，我们追求大的社会效益，但不排斥社会效益小的期刊。

期刊最终以商品形式进入市场而流通，与将期刊当作商业现象是不同的。作为商品进入市场的不是期刊的思想、文化的灵魂，而只是期刊作为这种思想、文化载体的躯壳。与期刊市场价格相适应的，期刊价格所体现的，主要是期刊物质构成部分(纸张、印刷……形式)的价值，而不是期刊精神构成部分(思想、文化……内容)的价值。所以，只看现象不察本质地因此把期刊等同于一般商品，就会误将作为文化现象的期刊有意无意等同于商业现象，变文化现象为非文化现象或反文化现象。

作为文化现象的期刊与作为商业现象的期刊，在资本主义社会里两者是并存的。在资本主义社会，担负起传播文化、积累文化责任的只是作为文化现象的那些期刊，作为商业现象的期刊，就是赢利性期刊。前者实际也是以社会效益为第一的，后者则是以经济效益为第一的。因此，在资本主义社会里，是社会效益第一还是经济效益第一，就不是什么问题了。中国在 20 世纪 50 年代时，并未提出过社会效益第一的问题，说明这也不是什么问题。只不过虽同样不成其为问题，却与资本主义社会完全不同，而是期刊都只考虑如何扩大其社会效益，怎么能获得更大的社会效益，根本无所谓社会效益是第一或不是第一的问题。

社会效益第一的命题，是随着商品经济大潮而出现的。而期刊、书籍之类出版物，因其要以商品形式在市场流通交换，遂不免在商品经济大潮中成为鱼龙混杂，陆地沼泽难辨。社会效益第一的命题在此时此际提出，正是出于这种情况的需要，以提醒人们不要陷入沼泽。

社会效益第一的“第一”，是相对于经济效益而言的。一般的说法大意是：力求社会效益与经济效益的统一，在社会效益与经济效益发生矛盾时，要以社会效益为第一。

在《中共中央、国务院关于加强出版工作的决定》中，是这样说的：

社会主义的出版工作，首先要注意出版物影响精神世界和指导实践活动的社会效果，同时要注意出版物作为商品出售而产生的经济效果。

这里说的“社会效果”、“经济效果”同“社会效益”、“经济效益”意思是相同的。《决定》中这段话，有下列两点值得注意：

其一，社会效果，或者说社会效益，指的是“出版物影响精神世界和指导实践活动”方面的效益；经济效果，或者说经济效益，指的是“出版物作为商品出售”的收益。这里只是说“出版物作为商品出售”，而没有说出版物就是商品，正如本文所说：“期刊最终以商品形式借市场而流通，与将期刊当作商业现象是不同的。”

其二，对社会效果(社会效益)与经济效果(经济效益)的关系，这里用的是“首先”要“注意”、“同时要注意”，也就是分了主次关系，与“社会效益(社会效果)第一”精神是一致的。

综合起来认识，是不是可以说，出版物(包括期刊)的本质是“影响精神世界和指导实践活动的”，只是在其“出售”时才“作为商品”。因此，首先要注意社会效果，同时要注意经济效果。

在上引一段话之后，《中共中央、国务院关于加强出版工作的决定》中，又特别提出了下面这样一段话：

出版部门要加强经济核算，提高经营管理水平，在各个环节上克服浪费，有效地利用人力、物力和财力，注意经济效果，但决不能单纯追求利润。否则，就不能克服和防止精神产品商品化的现象，就不能保证我们的出版工作的社会主义性质和方向。

这才是期刊以至各种出版物在社会效益与经济效益问题上唯一的正确态度。也就是要以社会效益第一，经济效益当然也应该注意，但不应当将“精神产品商品化”去“单纯追求利润”，而应从“加强经济核算，提高经营管理水平，在各个环节上克服浪费，有效地利用人力、物力和财力”等方面，想方设法注意经济效益。

虽然，社会效益和经济效益往往会产生矛盾，但并不是社会效益和经济效益只有矛盾而无统一。所以，作为期刊的一个原则，还是应该尽最大努力以争取社会效益与经济效益的统一，即取得“双效”。事实上，许多优秀期刊，确实已经取得了社会效益与经济效益的双丰收，成为“双效”期刊。这是所有期刊的努力方向。

二

质量第一和社会效益第一是一致的。坚持质量第一，才能坚持社会效益第一；坚持社会效益第一，必然就要坚持质量第一。反之，如果单纯追求利润而不顾社会效益，必然也就会只顾“票房价值”而不顾质量。

期刊要坚持质量第一原则，正因为期刊是一种社会文化现象，是要传播文化并积累文化成果的。一些质量很低的庸俗期刊，就既无传播价值，也无积累价值，其本身也不是一种文化现象而只是一种商业现象。

期刊是人民的精神食粮，它为人民服务的途径，主要就是供给人民以营养丰富的精神食粮。物质食粮可以使人身体健康，精神食粮可以使人心灵健康。霉坏的物质食粮可以危害身体健康，霉坏的精神食粮同样也可以危害心灵健康。所以，作为精神食粮的期刊，必须是富于营养的。这种精神食粮的营养，就是期刊的质量。只有坚持质量第一，才能提供有益人民心灵健康的精神食粮。

期刊为社会主义服务，也要求期刊要坚持质量第一原则。质量越高的期刊，才可能为社会主义服务得更好。社会主义社会是人类社会发展迄今为止的最高峰。社会主义社会文化现象之一的期刊，同样也应攀登到质量的最高峰。没有高质量，期刊就不能很好地为社会主义服务。

期刊质量第一原则，首先是要求期刊内容充实，切合人民群众的需要，切合社会主义建设的需要。包括要有高度的思想性，高度的科学性，高度的艺术性等。同时也要求期刊整体的高质量，包括形式上如开本、设计、印刷、装订……的高质量，即充实的内容与精美的形式相结合。

现在的期刊，在整体的高质量方面虽然有很大提高，但还存在一些尚待改进的问题。首先是有些期刊内容有待进一步加以充实，无论是思想性、科学性、艺术性等各方面，都还有不尽如人意甚至这样那样的错误。人们所说“无错不成书”，虽然说的是书，实际是包括期刊在内而言的。期刊的错误也许还多于书籍。有的纵非错误，但辗转抄录编摘，重复浪费，也是质量不高的一种表现。

“无错不成书”，往往是针对书刊中的错字、错词而言。较之内容的错误来说，字句的错误相对说来是小疵。但是，小疵过多，也就会积小疵为大病。现在我们的期刊上，把“不尽如人意”错成“不尽人意”，把“明日黄花”错成“昨日黄花”，这样一类错词，已是相当普遍的现象了。至于错字，那就更是错得无奇不有。虽不是多重大的问题，但与“质量第一”总是背道而驰的。还有的期刊封面，不顾期刊内容，一味大贴封面女郎，甚至半裸照片等等，也都是不符合期刊整体高质量要求的。

坚持质量第一，是期刊方针任务中必须强调的一个方面。

1993 年

为读者编期刊与读者参与期刊

一

1991 年，我国出版的各类期刊达 6 056 种。这么多的期刊，可以肯定地说都是为读者而编的。因为，如果不为读者编期刊，期刊没有读者，也就没有存在的必要，没有容身之地了。既然如此，对于期刊编辑来说，读者就是服务的对象，编者要为读者服务。这就是期刊编辑和读者的根本关系。所以，《中共中央、国务院关于加强出版工作的决定》中说：

社会主义的出版工作，是为最广大的人民群众服务的，具有广泛的群众性和计划性。它要给城乡广大读者提供多方面的、适应各种文化程度的、丰富多彩的图书。出版部门要广泛调查和倾听读者的意见和要求，根据社会需要，统筹兼顾，适当安排……

这段话说的是整个出版工作，自然也包括期刊在内。它为期刊“是为最广大的人民群众服务的”作了定性的表述，同时又提出了如何服务的途径。

编者与读者的这种服务关系，其道理是十分浅显的，但却未必人人时时都在身体力行。做起来有时就走样了。不了解读者情况和读者需要，主观主义或者东拼西凑编出来的期刊很难说就是在为读者编期刊、在为读者服务，因为编出来的不是读者所需要的。不仅此也，有的期刊编辑还可能为了照顾关系而发表一些质量不高、不是读者所需要的东西，这也难以说是在为读者服务。至于那些迎合部分读者低级趣味编成的宣扬凶杀、诈骗、淫乱、荒唐……的期刊，只不过是打着满足读者需要的幌子，实际是在为“向钱看”“服务”而已。

类似这样一些形形色色的现象，都是忘记了或者故意忘记了期刊是要为读者服务的，期刊是为读者而编的。也就是说，在编者与读者关系上，背离了社会主义出版工作的原则。

要做好期刊编辑工作，就应该坚持要为读者编期刊，为读者服务。不仅要懂得这个道理，而且要在实践中贯彻。有些主观主义者虽然懂得并愿意为读者编期刊，但却不去了解、分析读者需要，自以为是地向读者进行灌输式的宣传教育，以为这便是遵循了社会主义的出版方向，实际却不为读者群众所接受，没有实际效果。像在20世纪50年代，不是没有过这种先例；在“文革”期间尤为突出。这种极端现象现在虽已不复出现，然而主观主义、“左”的思想并没有得到彻底纠正，不切实际地片面强调期刊的宣传教育作用，依然在某些编辑的思想中作祟。那些不分场合、不看对象的做法，恰恰违背了广大读者的多方面的需要，自然在某种程度上也就偏离了社会主义出版方向。

从读者需要出发要反对这种主观主义，还要反对客观主义。

所谓从读者需要出发的客观主义，就是不加分析、不顾社会主义出版方向、指导方针而盲目地从读者个别的需要出发，或者以读者需要为借口，背离社会主义出版方向、指导方针，片面地追求“票房价值”的编辑实践。这和主观主义向读者盲目灌输一样无效果，而且还会有更大的不良后果。“扫黄”行动中被禁的期刊以及一些近似黄色的期刊，前些年一度挤进市场，于今亦未绝迹，其不良后果，是人所共知的。

我们所说的满足读者需要，是要满足读者的正当需要。我们所说的从读者需要出发，是从读者的正当需要出发。所谓读者的正当需要，就是接受宣传教育的需要，增长文化科学知识的需要以及满足健康文化娱乐生活的需要。像黄色期刊、类似黄色的期刊，虽然在市场上能卖出去甚至“畅销”，但就是畅销也并不等于读者真正需要，因为那些期刊不但不能进行正面宣传教育而且相反，不能提供文化科学知识而且相反，不能满足健康文娱生活需要而且相反。它满足的只是某些人不正常的、庸俗的、低级趣味的需要。对人民群众、对读者不是有益而是有害的。我们所说的满足读者需要不包括满足这种不正常的、庸俗的、低级趣味的需要；我们所说的从读者需要出发也不是从读者这类不正常的、庸俗的、低级趣味的需要出发。

二

明确了要为读者编期刊，认识了为读者编期刊就要从读者需要出发后，下一步的问题便是：怎样知道读者需要的真实情况。

这就要对读者需要进行调查、研究、分析。

调查是最基本的工作。要了解读者的需要，就要到读者当中去进行调查。

读者是因各种不同期刊而各不相同的。各种专门性期刊，各有其专门的读者。期刊发展的读者特定化趋向，更使读者对象越来越固定。这使得期刊了解读者需要更为方便，只要以这部分特定、固定的读者为对象进行调查，对读者需要情况就可以掌握得比较具体了。有些期刊，如综合性期刊，读者面比较广泛，特定性较弱，调查读者需要时，就应特别注意读者的不同层面。读者面特定性差，在满足读者需要方面，会带来某些弱势，这也许是期刊的趋向于更专门化、读者更特定化的原因之一。

当然，就是读者特定化强的期刊，读者也往往有不同层次之分。要对不同层次读者的共同需要以及专门需要分别调查了解，要对不同层次读者需要的广度与深度分别调查了解，如此等等。

调查了解的方法，一般可采用重点调查法或抽样调查法，当然也可用典型调查法，要根据自己情况来确定。如果采用几种不同调查方法交叉进行，也许更为有利。读者需要调查是要经常进行或定期进行的。读者的需要是在不断发展变化的，所以调查了解工作也不可一劳永逸或相隔时间过长。

对调查了解的读者需要情况还要进行研究。调查了解来的东西，往往还只是一些素材，一些感性的东西。对这些东西作进一步的研究，例如情况与情况之间的关系；何为带有根本性的情况、何为枝节性的情况；是必然的还是偶然的？如此等等，这样，就能区分开什么是现象、什么是本质，什么是纲、什么是目……这样，调查了解来的众多纷繁情况，才能理成有条不紊的网络，窥见其全貌，了解读者的真实需要情况。

研究工作是比调查更进一步的工作。如果只调查不研究，或者调查细致而研究粗疏，就往往只能得其皮毛而失其精髓。但这却是人们较常犯的一种虎头蛇尾式的错误，值得警惕。

在研究过程中，必要时还要进行再调查以作印证。再调查往往是带着特定问题进行有限目的的调查。

在调查研究中，要贯穿着分析的精神。调查过程同时要不断分析，研究过程更要同时不断分析。根据调查研究所得，也可再作进一步的分析工作。例如，对某些矛盾的现象分析矛盾的双方孰为假相、孰为真相，或者都只是假相；或者对某些重要现象，分析其前因后果，从而预测其发展趋向。通过这类分析，不仅可以理性地理解读者需要，而且往往会获得某些预见性。对期刊编辑来说，预见性是一种十分可贵的东西。成功的期刊，往往是得益于其编辑具有超群的预见性。而对读者的调查研究材料的深入分析，是预见性的一个弥足珍贵的源泉。

20 世纪 30 年代，邹韬奋编《生活》周刊时，是十分重视读者工作的，堪称是期刊编辑的楷模。今天期刊的编辑部，一般说来，人手比《生活》周刊更充裕了，但读者工作却很少有做得像邹韬奋那样好的，不能不说是一种遗憾。

三

期刊固然是为读者而编的，期刊编辑应该有从读者需要出发、为读者服务的思想。但是，从读者本身来说，他在期刊工作中，却不仅仅是一个被服务者。在某种意义上，读者也反过来为期刊编辑服务。例如读者向期刊提出希望、要求，读者向期刊编者反馈意见、信息……就都是对期刊编辑工作有帮助的，会促进期刊编辑工作。这些都带有为期刊编辑服务的意义。这种双向的服务关系，使期刊编辑与读者的关系更加密切了。

不仅如此，读者同时还参与期刊。

人们生活的空间，是个三维空间。确定空间一点位置，都有三个坐标轴。一本期刊的系统结构、思想内涵、美感张力，也有个三维空间，需要三个坐标轴来确定它的地位，这就是编者、作者、读者这样一个三维结构。

期刊刊载的一篇篇文章，都是作者写出来的。这一篇篇文章，对期刊来说，只是一些原材料、要素。这些原材料并不就是期刊，但没有这些原材料、要素的话，就不可能构成期刊。编者的工作，是将经他筛选择取的文章——原材料、要素，组织结构成一个系统——一本期刊。期刊编辑一般并不像作者那样也写文章编入结构中去，而只是将原材料、要素加以组织结构。他没有增添什么原材料、要素，但没有他的组织结构，也不可能构成期刊，更不可能产生大于各篇文章——各个原材料、要素独立存在的效应总和的“系统效应”。

这里似乎没有读者什么事。编者组织结构好期刊后，期刊就编成了，只待转化成物质形态，通过发行渠道流通传播。三维结构似乎只是二维结构。

然而实际并非如此。

编者把作者的文章组织结构成一期刊物后，完成的还只是作为精神产品的期刊的文本；期刊文本的完成，即使是具有物质形态可供流通后，也只是完成了期刊的出版任务，具备了可供传递传播其思想内容、审美力量的条件，而不等于传递、传播了其思想内容、审美力量。期刊思想内容、审美力量的传递、传播，还有待于读者的阅读才可完成。读者不阅读，期刊就无以发挥其思想、审美的力量，而只是作为一种潜能储存在期刊里，直到有一天读者读它，这种潜能才能实现。否则，潜能永远只是潜能，而永远不能实现的潜能等于什么也没有。

这就可以清楚地看到，读者这一维是不可或缺的。缺了，期刊的存在就等于不存在，作者、编者的劳动等于无效劳动。期刊这座大厦，不是编者、作者的二维结构，决不是只靠编者、作者就可支撑起来的，而必须是编者、作者、读者的三维结构，要赖编者、作者、读者的三维结构才可支撑起来。在这个三维结构中，三者互相依存，联成一体，而编者是三维结构中的中介、结合质。

在期刊的编者、作者、读者三维结构中，三维是平等的，并没有主角配角之分。说编者是三维结构中具有中介、结合质的性质，也只是就其性质与作用而言。作为期刊编辑，是有必要认清自己在这三维结构中的性质与作用的。

人们说编者是沟通作者与读者的桥梁，已经是由来已久了。在编者、作者、读者这三者中，作者在彼岸，读者在此岸，编者确实是一座联结此岸与彼岸的桥梁。编者为读者向作者组稿，又将作者的文章组织在期刊里奉献给读者；编者向作者反映读者需要，又通过期刊的系统结构等方式向读者揭示、强化作者文章的旨意；编者向作者反馈读者对文章的意见，又向读者推荐佳作、评论优劣……凡此种种，无不体现了作为作者与读者间桥梁的性质与作用。

然而，桥梁只是一种形象的比喻，并不一定十分贴切。因为桥梁毕竟只是接触两岸，联结两岸，还难以充分体现出那种近乎三位一体的关系实质。因此，或者不用形象的桥梁而用哲学的中介来表达更为合适一些。中介不仅包含着联系的意义，而且包含着转化的意义，是通过转化而联系的。编者在三维结构中的转化作用，是起一种结合质的作用，即将三者结合成一体，转化成一体。

这就使三维结构的编者这一维潜入了另二维，也渗透入另二维：作者融入了编者、读者的心理、要求，编者融入了作者、读者的意愿、趣味，读者融入了作者、编者的心血、思想，成为近似于所谓三位一体。

期刊编辑要真正起到结合质的作用。

在这方面，邹韬奋也给期刊编辑做出过榜样。例如，20 世纪 30 年代他编《生活》周刊时，读者艾寒松投书论国是和青年问题。邹韬奋读他的来信后，认为这是一位人才，便去信约他面谈。给艾寒松的信投递不到被退回，邹韬奋又在《生活》周刊上公开找他。当见面后知道艾寒松大学刚毕业还无工作，就聘请他来《生活》周刊工作，使艾寒松从读者到作者又到编者。这就是编辑将读者转化为作者、编者的事例。

当然，转化并不一定都要把读者转化成编者、作者或相反；中介作为结合质作用也非只此一种方式。

还可以举另外方式的例子。作家马烽说过，他写作品时，心里总想着读者对象：我是写给谁看的？我写的他们懂不懂？熟不熟悉？哪些熟悉得多，哪些熟悉得少些？……这是作者在写作中向读者转化。如果编者为他这些问题提供可靠的答案，也就是在起中介、结合质的作用，促使三维结构的形成和更为紧密。反过来，如果编者在编辑期刊时，心里总想着读者、作者，也说明他们程度不同地具有三维结构的意识。但编者在三维结构中的中介、结合质作用，不应因此而贬低。

四

三维结构的期刊，相对于作者、编者来说，读者这个侧面是最为深藏不露的。三维之中最外露的是作者。一篇篇文章都署着作者的名字。其次则是编者：过去杂志最多只署主编、副主编名字，即使像时新的每篇文章都署上“责任编辑”姓名，也不像作者之署名于文首，而只是署在文尾(其实，这样把期刊编辑工作随着一篇篇文章分割开来，实际等于是否定或贬低期刊编辑的创造性主要是在组织结构期刊成为一个系统，未必可取)。在期刊三维结构中的外露性方面，编者明显弱于作者。而读者这一维，则似乎连影子也难以找到。

读者这一维，它不存在于物化形态的期刊之中，而存在于物化形态之外。读者是以发现者与接受者的地位来参与期刊创造之完成的。

越深层的东西越难发现，人们往往看不到读者的这种作用。

所谓作为发现者与接受者的地位来参与期刊创造之完成，有必要加以阐释。读者作为发现者，说的是他对期刊思想内容、知识能量与美感力量的发现。期刊的这种思想内容、知识能量与美感力量在期刊中本来就存在，但在未经读者阅读前，它只是一种潜在的东西。只有待读者阅读之后，它才被发现，然后，被读者接受。读者从发现者又成为接受者后，期刊才从而发挥了它的思想、知识与美感力量。也因读者的发现和接受，而实现并完成期刊创造的思想、知识与美感力量。

需要进一步认识的是，读者还不仅仅只是消极的发现者、接受者，即并非百分之百地按照编者、作者主观赋予的来发现、接受，而是积极地参与了读者自己的思想感情、艺术趣味等等在内。同一本期刊的不同读者在阅读后所发现、接受的思想内容、知识能量与美感力量并不是百分之百相同的。不同的读者所发现、接受的思想内容、美感力量都是不同的。对书是这样，对期刊也是这样。

可见，期刊读者对期刊来说，不仅是个消极的发现者、接受者，而且是个积极的发现者、接受者——他以他自己的理解，根据他的生活经验、知识积累产生的理解来发现、接受。实质上也就是读者在对期刊的思想内容、知识能量与美感力量积极参与、投入，最终完成期刊的创造。

所以，对期刊来说，读者还是参与者、投入者、创造者，并且是期刊得以最终完成的创造者。

1992 年

编辑创新：重视主体要素与遵循编辑规律

上

关于创新，现在谈论的很多了。早在20世纪末天津古籍出版社出版的拙著《编辑创意论》，就是一本专门研讨编辑创新的书。书中曾说：

创意也可以说就是创新……有……创意，就必会有创新全过程的相继出现。所以，从本质而言，创意就是为了创新，创意也是创新之本。

这是因为，创新总是来自某种新思想、新观念，再以理论或器物、制度体现出来。因此，创新既有如进化论之理论创新，也有如蒸汽机之器物创新、泰罗制之制度创新。由于编辑工作是一种思想性的工作，最后方以书刊等物质形态作为载体出现，创意对编辑来说就特别重要。我不但将编辑创意与编辑选择、编辑结构、编辑优化都认为是编辑工作的本质，而且以它列居四者之首。也就是说，编辑创意、编辑创新是编辑工作最重要的本质。

编辑创新和一切创新一样，是有其基础而不是靠灵机一动的小聪明可以一蹴而就的。虽然，不能否认绝不会有得之偶然的创新，但即便有，也是可一而不可再的，不能靠这种千载一逢的偶然性来持续创新。世间不少看似偶然的创新，实际并非偶然。20世纪70年代末，我提出编辑创意出版一份前所未有的《小说月报》并开创文选性期刊这一新品种时，有人以为我是偶然性而产生的灵感，也就是文学家所称inspiration的眷爱，实际却远非如此。我们现在习惯于有各种文选性期刊可供阅读，就像晚间以电灯照明一样，被看做理所当然如此，平淡无奇的了。但在电灯刚发明时却曾让人惊异为不可思议的事，轰动不已。文选性期刊的创新，虽比之电灯发明不过小巫见大巫，不可比拟，但在20世纪80年代初，亦曾蜚声海内，一时斐然向风，跟着大量出现各种各样的选刊。就是在这样的小小编辑创新过程中，殚精竭虑的艰辛，也难以为外人道。严复在《〈天演论〉译例言》中说到"往往""一名之立，旬月踟蹰"，"顾其事有甚难者"的情况，又岂是他人所可想象？"一名之立"如此，何况有过于"一名之立"的创期刊新品种这类事呢。"看似寻常最奇崛，成如容易却艰辛"，王安石《题张文昌诗后》中的这一句，正道出了编辑创新和一切创新的创新前后之不同与创新之不易。那"成如容易"的"艰辛"，除了在创新过程中有似胜似"一名之立，旬月踟蹰"外，还有作为创新基础的文化思想与实践经验等诸多方面积累的艰辛呢。以我自己来说，在创新《小说月报》及文选性期刊这一品种，就不仅有赖过去直接间接的各种积累，而且还是运用了科学的创新思维才得来的。仅仅以直接的积累而言，我从读初中时起，就读《古文观止》、《唐诗三百首》以及《昭明文选》之类文选图书，读新文学作家的选集等也不少；同时，还耽读美国的《读者文摘》和我国的《月报》、《文摘》等文摘期刊，对二者都知之较多、爱之颇深。加上我素来认为小说是以细节、细腻描写而生动的，一经删摘、缩写，便将失其原貌，变成无血无肉只剩味同嚼蜡的骨头，即使摘得再好也不过是"食之无味、弃之可惜"的鸡肋而已。这些历史长远的阅读积累和形成的思想认识，再加上近半个世纪的编辑出版工作经验，一经运用创新思维，这才会产生新的编辑创意。而撞击出创新火花的，便是运用了组合思维法，将文选书和文摘期刊二者弃粗取精地组合而创造出新品种文选性期刊的创始者《小说月报》。如果没有那些阅读积累、思想积累、编辑出版工作经验积累，或虽有此积累而未运用科学的创新思维，是撞击不出这创新火花的。如果说那撞击出的火花就是灵感，就是 inspiration，那也只是根深本固、由来有自的科学思维带来的灵感，而绝不是从天而降、偶然获得的灵感。

我所运用的组合思维法，用以创新《小说月报》、文选性期刊新品种，只能算是牛刀小试。科学史家李约瑟博士在其《中国科学技术史》中曾指出，瓦特创造的蒸汽机，是中国东汉创造的水排加宋代创造的自动阀门风箱的组合。这就是说，也是运用组合思维创造发明的。那蒸汽机可比我的创造文选性期刊新品种重要得多，开拓了产业革命的道路。

那么，怎样才能编辑创新呢？编辑创新的要素，主要可归纳为主体要素、体制要素和环境要素。其中最重要的是主体要素。主体要素指的是编辑创新的主体——编辑人员这个要素，因为编辑创新是要编辑人员去创新，编辑人员的素质、素养具有决定性作用。编辑创新主体应具备的素质素养主要有：

第一，健康的心理素质。健康的心态往往表现为稳定平衡。心态健康，就会有更强的责任心以及对各种压力的承受能力。只有这样，才可能在编辑创新中胜不骄、败不馁，勇往直前。当然，人都会有情绪波动以致心态失衡、不稳的时候，心理学家提出的情绪波动三因素论认为，除了身体状态的生理因素外，还有环境事件特别是认知过程都是诱导因素。这就需要善于对情绪加以调控，例如从承认实际而客观看问题以调整认知或矫正行为方式或转移关注点等来调控，都会有效。

第二，渊博的文化学识和多能。也就是说，要多才多艺。我们所说编辑创新要有深厚的种种积累，这应该是其中主要的。牛顿的创新发明，他自己说是由于他是站在巨人的肩上，就是说是在前人成就的基础上，文选性期刊的编辑创新，也是站在前人文选性书籍和文摘性期刊基础上得来的。对前人的成就一无所知，也就难以在前人成就基础上创新。文化学识越渊博，越是多才多艺，就越是站在又高又大的巨人肩上，越有利于创新。这对于编辑创新来说，尤为重要，因为编辑工作本身就是一种文化建设工作，没有渊博的文化学识，不是多才多艺，如何能做好？更不必说如何能编辑创新了。

第三，丰富的编辑经验。一切真知都离不开实践经验。文化学识和技能，是前人的实践经验的积累，除此之外，还要有自己实践的经验，越丰富越好。“非知之艰，行之惟艰”，自身实践经验往往尤为可贵。对编辑创新来说，自然同样也是如此。

编辑出版界曾兴起过“策划编辑”热，似乎认为，设立专职“策划编辑”来想点子、出选题，是编辑创新的“不二法门”。对此，我一直未敢苟同。专职的“策划编辑”不做审稿、组稿、加工等全过程编辑工作，终日专心“策划”，凭借其过去的丰富编辑经验(如果有的话)，也许一时可策划出些东西来，但一段时间后，旧经验用尽或过时了，又缺乏编辑全过程的新经验，恐就不免“江郎才尽”、难以为继。以致连正常的全过程编辑都未必胜任了。其因盖由于此。

第四，善于观察思考。多观察、善于观察，可说是创新的源泉。观察力越强，创新的可能性就越大。并不是目之所见等一切感知都是观察，编辑创新所需要的观察，是为了编辑创新目的的、思维参与的感知过程(观察力则是其所形成的一种稳定的认识能力)。这种观察将其注意力集中于编辑创新这一目的，使所观察到的具有精确、深刻、有序性，才会有利于在思维参与的研究过程中激发出编辑创意灵感。要在为编辑创新而观察中有高度敏感性，敏感才会在平凡习见的事物中易于发现不平凡的、新的东西而创新。人们都习见鸟在天空飞，但只有想发明飞机的莱特兄弟经过观察鸟飞并敏感到其中的契机而研究发明了飞机。

观察既是有目的的思维参与的过程，也就是在观察中还思考、研究。这也是不可或缺的一个环节、一种参与。

第五，要有科学的创新思维。思考、研究，都要有科学的方法。运用创新思维进行思考、研究，才是编辑创新的一条正确途径。它有利于在编辑创新上找出突破点。编辑创新的所谓灵感，其实往往就是运用创新思维在某一点上的突破。科学的创新思维方法有许多种，除前面我们说到的组合思维外，如异向思维、联想思维、换元思维等等，也很重要。

用正常的顺向思维难以解决难以创新的，反其道而出以异向思维，就往往“柳暗花明又一村”迎刃而解创新。救溺水者的正常思维是从水中将溺者救出使其离水，但在孩子堕入大缸、救援者也全是孩子而无法入缸救人时，幼年的司马光却用大石头击破大缸，不是使溺者离水而是使水离溺者而使人得救，就是运用异向思维成功的好例子。一般的词典，都是按词的第一字编排各种词语的，湖南人民出版社却出版了一本反其道而按词的末一字编排各种词语的《新编汉语词典》，也是运用异向思维而创辞典编辑之新。

联想思维是一种由此及彼而创新的思维方法，这也就是类似《易·系辞上》所说的“引而伸之，触类而长之，天下之能事毕矣”。日本的铃木信一博士，从日常食用的面包经过观察、研究而发明创造了多孔混凝土，大大地节约了原材料，降低了成本，就是运用联想思维的收获。

换元思维是通过要素的替换以解决问题的创新思维方法。大家熟悉的三国时代曹冲称象就是典型事例。如何称得大象之重？众人都无善策，当时只有五六岁的小儿曹冲，却道出置大象于船而刻下其重压船下沉水痕，再换上压船下沉至同一水痕的东西如石头，然后称这些石头之类的东西的重量的办法，以换称同等重的其他可称之物如石头，取代不可称的大象以知大象重量，就是换元思维创新的解决办法。

除了以上所说编辑人员自身要具备的主要素质、素养的主体要素外，编辑创新还需要某些体制要素、环境要素，如编辑创新各主体之间的良好关系和良好运行机制，对创新的奖励机制，编辑创新所处环境中的外部保障机制，包括大环境的时代、社会环境等，小环境如所在出版单位环境以及介乎于二者之间的编辑出版政策、编辑出版业界环境等。对此，就不具论了。

下

编辑创新不但要具备上述自身的素质、素养、思维方法等主体要素与某些体制要素、环境要素，还必须利用和遵循编辑规律才可能顺利创新。编辑创新容许破除常规、异想天开，但即使是有此“天开”的“异想”，也必须是遵循编辑规律的，常规可破除，编辑规律则不是人们意志可破除的，但编辑规律不是限制、约束了编辑创新，而是能引导编辑创新于正确方向、正确道路。利用编辑规律就会有助于编辑创新，使编辑创新获得成功。

对于编辑规律，早在20世纪80年代召开于乌鲁木齐的“图书编辑学研讨会”上，我就谈了自己研究的意见。提出后经调整次序的三编辑规律：

其一，求同、求异、求和与求同、异、和互济规律；

其二，质量与效益同步规律；

其三，主体、客体矛盾统一规律。

以第一编辑规律来说，对编辑创新而言，可以说是极为重要的。这一规律表明，编辑工作的全过程及其每个过程，都是在求同、求异、求和与求同、异、和的互济。利用这一规律，可为编辑创新开拓广阔道路。

求同，可以简单地理解为求同一性、统一性。编辑工作是要将书稿、文稿编辑成为一个有序化的系统，一个具有同一性、统一性的书、刊整体。包括诸如形式与内容的统一，形式、内容各自内部诸要素的统一等等以及与宏观编辑工作的方针任务、总体编辑构思、特色风格等等的统一，与时代环境、社会环境的统一。对编辑创新来说，同样也是如此，不求同，就难以创新。一切创新——当然也包括编辑创新，都不是从天而降、凭空而来的。蒸汽机的发明有其求同于中国东汉创造的水排和宋代创造的自动阀门风箱之处为基础，《新编汉语词典》的编辑创新有其求同于《现代汉语词典》等为基础。编辑创新乃至一切创新，其实都可说是“推陈出新”，“推陈”不是颠覆一切，而是 Aufheben，即奥伏赫变或扬弃。因此，“推陈”之中，包含着肯定、发扬“陈”的精华以促进创新，就像《新编汉语词典》是在肯定《现代汉语词典》等编辑陈法精华并加以发扬后的编辑创新一样。这种肯定、发扬，就是求同，是在遵循求同规律而创新。

编辑创新所要的求同，包括前人积累的经验(也就是“站在巨人的肩膀上”)和自身的实践经验。不懂编辑工作或没有编辑经验的人，是不大可能有编辑创新的。俗话说的“熟能生巧”，如果编辑创新也可说是“巧”的话，那么“熟”就是前人和自身的编辑实践丰富经验了。所以编辑创新是离不开“求同”的。

编辑创新要“求异”，应该更易于理解。求异，可以简单地说是求其差异性。编书、编刊，都要求有异于他书、他刊，才可能有其自身独有的特色，自身的价值。编辑工作要有特色、有新意、有独特价值，就不可不“求异”，要编辑创新，就更是如此了。

不能“求异”的书刊，就只能混同于流俗，老子所说“和其光，同其尘”的处世之道，如用之于编辑的书刊，就成为没有什么价值的书刊了。这样的书刊既无新的东西，又没有自己鲜明的特色，这些书刊的编辑工作就无益于文化建设，也无益于世而失去编辑工作的意义，更谈不上编辑创新。

王静安说：“诗人对宇宙人生须入乎其内，又须出乎其外。”(《人间词话》)编辑创新之须求同又须求异，也就像“诗人对宇宙人生”之“须入乎其内，又须出乎其外”一样。静安说：“入乎其内，故能写之；出乎其外，故能观之。入乎其内，故有生气；出乎其外，故有高致。”而我们编辑创新，能入乎其内求同，才能“推陈”，能出乎其外求异，才能“出新”；入乎其内求同，方有所本，出乎其外求异，方有创造。也是入乎其内、出乎其外须二者兼之，求同、求异须相伴同行。倘非如此，只知入乎其内求同而不知出乎其外求异，就最多也只是个编辑匠而不能成编辑家，遑论创新；只知出乎其外求异而不知入乎其内求同，其异要么实非异，要么是无源之水、无本之木，缺乏可行性，并不是真正的编辑创新。

求同、求异虽是矛盾的，但编辑创新的求同与求异，正如黑格尔所说，有其“异中之同和同中之异”，又有矛盾的同一性、统一性。所以，编辑创新不但要既求同、又求异，还要求和并求同、异、和的互补共济。

求和的“和”与“同”有异，不等于“同”。这只要从孔子所说“君子和而不同、小人同而不和”(《论语·子路》)的话就可知其差别之大了。不过，“求和”的和，又不是与求同的同对立的，同也不是黑格尔所说的“抽象的统一”、“排斥一切差别的同一”。求和是既求各种“异”之间的“和”，也求“同中有异”的诸“同”的差别间之“和”，当然，还求“同”与“异”之“和”。整个编辑过程，都只能是循着这种求同、求异、求和并求同、异、和的互济规律发展、提高，编辑创新也只能循此而进行。

编辑创新所呈现的，有如花团锦簇，各异其彩，又枝枝叶叶，相互关情。但它还有未呈现而深植于土中的根茎，那就是高素质、高素养的编辑人员及其遵循、顺应的编辑规律，各种花都是在求同、求异、求和并求同、异、和共济中才成长出来的。《五灯会元·石霜圆禅师法嗣》说：“问：既是一真法界，为甚么却有千差万别？师曰：根深叶茂。”枝繁叶茂、似锦繁花是出自深植的根茎。花、叶、根是统一于花树的，它也是同、异、和的统一体。花、叶、根彼此互补共济，有如同、异、和之互补共济，才会有新叶、新花的创新，有花繁叶茂的一片美景。

在编辑工作整体中，在编辑创新中，求同、异、和的互补共济，都意味着编辑工作、编辑创新的“更上一层楼”，以期使编辑工作、编辑创新尽可能完美。

求同、求异、求和并求同、异、和共济规律中的求同、求异、求和是并存而不可分割的，是从不同角度反映编辑工作的本质。求和是在求同、求异同时追求的，求同、求异也只有同时求和才可获致矛盾的统一，对“同中之异”与“异中之同”来说，同样如此。只有在求同、求异的同时求和，才可能求同、异、和之互补共济，遵循这一编辑规律的编辑创新，才可能是根基深厚而同、异、和共济互补的编辑创新。

宏观地考察编辑创新的全过程，同样也正是求同、求异、求和并求同、异、和共济的过程。如果求同意味着求其统一性、求其有序或说是在结构，那么，求异则意味着求其差异性、破其有序或说解构，而求和则是求其矛盾的统一、求其创新的新有序或重构，这种重构的同、异、和的互补共济的编辑创新，它也反映了肯定、否定、否定之否定这一辩证的编辑创新历程。

质量与效益同步的编辑规律，主体、客体矛盾统一的编辑规律，也同样是编辑创新所必须遵循的。

质量第一与追求效益，既是编辑过程中存在的必然联系，也是一种必然趋势。决定编辑出来的出版物社会效益、经济效益大小的，主要在其质量之优劣；反之，效益的大小，又是检验质量的一个重要标准。在编辑全过程中，在编辑创新中，都贯穿着质量与效益同步规律。

编辑创新是否成功，是否真是有价值的创新，首先是视其社会效益如何，当然也包括经济效益如何，这就要取决于其质量高低。这就必须是符合质量与效益同步规律的。否则，就是失败的创新——实际不是创新而只是徒有创新的幌子。图书市场上一些自命“创新”实是哗众取宠的书刊，一心为了追求经济效益而忽视社会效益，有违质量与效益同步规律的出版物，都不是真正的编辑创新。

主体、客体矛盾统一的编辑规律是说，作为编辑工作主体的编辑人员和作为客体的以书稿、文稿为中心的编辑对象，它们本身以及二者之间，都经常地、普遍地存在着这样那样的矛盾。整个编辑过程，也是诸矛盾的统一过程。

要特别说明的，是这里所说的“客体”，只是举了“以书稿、文稿”的有形物作为代表，但不是说只有书稿、文稿才是编辑工作的客体，还包括“以书稿、文稿为中心”的其他行为。有尚无书稿、文稿的前期宏观编辑工作如方针任务、编辑原则、总体编辑构思的制定、特色风格的塑造，以及微观编辑工作中的选题、组稿、作者以及发稿后的装帧、书评等围绕“书稿、文稿”这个中心的工作，同样也都是客体的内容。而编辑创新的主要部分，则更多是针对书稿、文稿尚未产生前的工作。编辑创新与作为主体的编辑人员之间，同样也存在有各种矛盾，例如主体的心理素质与编辑创新所需要的不相适应、文化学识与编辑创新所要求的存在差距、编辑经验的缺欠、观察思考之不足以及思维方法之滞后等等。这些大大小小的矛盾，就必须在编辑创新过程中使其获得统一，克服或缓解这些主客体之间的矛盾，编辑创新才可望顺利进行。

由于篇幅关系，对编辑第二规律和编辑第三规律与编辑创新的关系，我们就只阐其大旨而不具体评论了。

总之，编辑创新既不是空喊所能做到的，也不是靠灵机一动一蹴可就的，除了必要的体制要素、环境要素外，更重要的是主体要素，即需要编辑人员具备深厚扎实的根基以充实主体要素。同时，还要运用科学的创新思维方法、遵循编辑规律才可望企及，但只要我们不懈努力，孜孜以求，编辑创新却总是大有可为的。

2007 年

论创造期刊风格

一

出版社、书籍、期刊是否存在风格？

风格，一般多是用来指作品的艺术特色，是个美学范畴。作家创作时，由于个人的生活实践、思想立场、学识素养、艺术趣味……的不同，即使运用同一体裁，处理同一题材，在主题立意、组织结构、形象塑造、表现手法以及语言运用……诸方面，不同作家都会有所不同。一个作家的艺术特色，体现他的创作个性，是构成风格的基础。

风格不仅仅用来论作品，有时也用来论作家，以至论人。论作家的风格时，往往指的是作家作品的总体风格。但以风格来论人，就是扩而大之的另一回事了。

风格不仅可以论作品、论作家、论人，还可以论出版社、论书籍、论期刊。以风格论出版社或书籍、期刊，是介乎论作品、作家与论人之间。它与论作品、论作家(其实仍然还是论作家的作品)相较，可说是风格本义的延伸；但与论人相较，又更近风格之本义了。

只是人们还较少专门研究出版社、书籍、期刊的风格，还不大习惯以风格来衡量、认识出版社、书籍、期刊，因而，这方面的专论更是很难见到。但并不是说人们从来不知道出版社、书籍、期刊也有它的风格。

唐代杜牧在《李贺集序》中说：

云烟绵联，不足为其态也；水之迢迢，不足为其情也；春之盎盎，不足为其和也；秋之明洁，不足为其格也；风樯阵马，不足为其勇也；

瓦棺篆鼎，不足为其古也；时花美女，不足为其色也；荒园陊殿，梗莽丘垅，不足为其怨恨悲愁也；鲸呿鳌掷，牛鬼蛇神，不足为其虚荒诞幻也。(《樊川文集》卷 10)

宋代叶适的《书龙川集后》说：

若其他文，海涵泽聚，天霁风止，无狂浪暴流，而回旋起伏，萦映妙巧，极天下之奇险……(《水心先生文集》卷 290)

这固可说是论作品，但也都是在论书籍的风格。邹韬奋所说：

我们当然想保全“生活”(按：指生活书店)；不愿它“全部消灭”，可是我们所要保全的是精神和实际……(《韬奋文集》第 3 卷，三联书店 1955 年版。)

那精神和实际，也就是指生活书店的风格，也就是在谈出版社的风格了。

许广平在《许广平忆鲁迅》中说，鲁迅强调“每种刊物应有其个性，不必雷同”。虽然说的只是个性而未直接提出风格来，但也已庶几近之了。

韬奋主张：“刊物的内容如果只是人云亦云，格式如果只是亦步亦趋，那是刊物的尾巴主义。”认为：“没有个性或特色的刊物，生存已成问题，发展更没有希望了。”(《韬奋文集》第 3 卷，三联书店 1955 年版。)

这就是不仅实际说到了期刊要有风格，而且还指出了是包括内容和格式两个方面。这是很重要的。他把个性或特色提高到不仅是发展刊物所必要的，而且是刊物生存所必要的。他说的个性或特色，就是构成期刊风格的基础。他没有直接采用风格这个词，但已是这个意思了。

由此可见，人们早已察觉并接触到出版社、书籍、期刊都存在着风格的问题。与作品、作家乃至人一样，风格问题对于出版社、书籍、期刊来说，同样是个重要的问题。在建立并完善编辑学的过程中，无论是对出版社、书籍还是期刊，风格论都是一个重要的组成部分，有必要作全面、深入的研究。

这里，我们就期刊风格有关的一些问题，试作研究，抛砖引玉。

期刊的风格指的是什么？

期刊的风格，是期刊从内容到形式、贯穿于其整体的特色与个性的体现。所谓整体，既包括从内容到形式，也不是单指某一期而是包括各期的期刊。由于期刊编辑的生活实践、思想立场、学识素养、艺术趣味等等的不同，不同的编辑在编辑同样性质的期刊时，不仅总体编辑构思会不同，而且在每期的中心确立、篇目选择、组织结构、编排方式、版面处理以及标题、图片、装帧……诸方面，也都会有所不同，所编出来的期刊的特色和个性也就不同。

和作为美学范畴风格一样，期刊的风格主要有两个特征：第一，期刊的风格是期刊特色和个性的体现；第二，期刊的风格是期刊从内容到形式的综合体现。

期刊为什么要有自己的风格？

期刊风格的必要性和重要性，首先在于期刊的特色、个性、风格是期刊生命力所系。没有特色、个性构成的风格，期刊就不会有生命力。韬奋所说的“没有个性或特色的刊物，生存已成问题，发展更没有希望了”，就因为它没有了生命力的缘故。

清人方东树在其《昭昧詹言》中说：

尝论唐、宋以前诗人，虽亦学人，无不各自成家。彼虽多见古人变态风格，然不屑向他人借口为客气假象。近人乃有不是自立，己无所有而假助于人，于是不但偷意偷境，又且偷句。欲求本作者面目，了无所见，直同穿窬之丑也。

“各自成家”，就是有了自己的风格。没有自己的风格，自只有“假助于人”了，便失却自己面目了，成为小偷。这样，又何来生命力呢？写诗为文是这样，编辑期刊也是这样。照其他期刊看猫画虎，模仿、剽窃，没有自己的本来面目，读者又何必读这样的期刊呢！它必然要失去读者，也没有存在的价值。所以，就不但谈不上发展，连生存也成问题了。

期刊是连续出版物，内容又是杂合多文成之而非单一，期刊的风格也就不是一期、一篇作品的风格，而是期刊总体形成的风格。这就有点像作家的风格了。作家的风格也不是一时、一篇作品的风格，而是作家作品总体形成的风格。从这种意义上说，作家的风格是成熟的表现，同样也可移之以言期刊，期刊的风格是期刊成熟的表现。由此也可从另一个方面看到期刊风格的必要性与重要性。

一期期刊要编出一期的风格来，虽不像一篇作品那样或多或少总会有其高下隐显的风格，但相对来说，总是比较容易的事。要使期刊一期接一期体现出自己的总体的风格来，就要艰难得多了。期刊风格是期刊成熟的表现所说的期刊风格，正是这种期刊总体的风格。这才是真正的期刊风格，而不只是昙花一现的别的什么。只有期刊已经成熟了，已经成为成熟的期刊了，才能体现出这种风格。明人王世懋所说“诗必成家，而后可以言格”(《艺圃撷余》)，同样也可移来用之于期刊，期刊也只有自成一家，有自己的个性、特色，才能编出自己的风格来。

所以，期刊的风格，同样是期刊成熟的表现。一种期刊没有自己的风格，就表明这种期刊还不成熟。

期刊的生命力与期刊的成熟是相辅相成的。期刊有生命力，才会茁壮、成熟；而期刊的成熟也正体现了期刊的生命力。期刊风格的重要性、必要性，正是二者的殊途同归。

二

特色、个性是风格的基础。不仅对诗文、作家来说是如此，对期刊来说也是如此。

特色，指的是事物所表现出来的独特形色，也就是它与众不同的表现。个性，指的是事物的特性。特色和个性说的都是事物独特之处，如果要分辨二者有何细微差别的话，那么，特色较之个性，往往多指表现于外部形象的东西；而个性较之特色，则往往是事物内在性质方面的东西。我们说期刊的特色、个性，是概括期刊内在和外在的独特之处而言的。所以，往往就把特色、个性连在一起说了。

期刊的特色，可以从不同的许多方面去形成，去突出。或从其深浅着色，如以深刻为特色或以浅近为特色；或从其隐显着色，如以直露坦率为特色或以隐晦曲折为特色；或从其繁简着色，如以富赡周详为特色或以简明扼要为特色；或从其长短着色，如以鸿文宏论为特色或以短小精悍为特色；或从其雅俗着色，如以阳春白雪为特色或以下里巴人为特色；或从华朴着色，如以华章丽词为特色或以古朴拙直为特色等等，都可形成期刊的特色。

期刊的个性，也是多种多样、各不相同的。例如，可以从风骨风神形成自己的个性，或苍古凝然，或浑劲圆美；可以从气韵性韵形成自己的个性，或生动流利，或高远绵长；可以从意趣境趣形成自己的个性，或性灵清越，或活泼生动；可以从兴味涵泳形成自己的个性，或委婉含蓄，或余味深远；可以从自然人工形成自己的个性，或浑朴不琢，或巧夺天工等等，都可体现期刊不同的个性。自然，也可以从其他方面如以直言不讳或蕴藉有致等等，体现期刊自己的个性。

内容决定形式，外在的东西总是内在性质的流露，内容与形式是统一的。期刊的特色与个性也应是统一的。否则，二者扞格枘凿，就很难形成期刊的风格了。

风格就是特色与个性、外在与内在统一基础之上产生的。

作品、作家的风格，过去有种种不同的划分法。梁代刘勰分为八种，那就是：

一曰典雅，二曰远奥，三曰精约，四曰显附，五曰繁缛，六曰壮丽，七曰新奇，八曰轻靡。

对这八种风格，他解释说：

典雅者，熔式经诰、方轨儒门者也；远奥者，馥采典文、经理玄宗者也；精约者，核字省句、剖析毫厘者也；显附者，辞直义畅、切理厌心者也；繁缛者，博喻酿采、炜烨枝派者也；壮丽者，高论宏裁、卓烁异采者也；新奇者，摈古竞今、危侧趣诡者也；轻靡者，浮文弱植、缥缈附俗者也。(《文心雕龙·体性》)

刘勰的风格划分对后世影响很大。但清代桐城派的姚鼐却只将文采风格分成两大类，即阳刚与阴柔。他说：

鼐闻天地之道，阴阳刚柔而已。文者，天地之精英而阴阳刚柔之发也。……其得于阳与刚之美者，则其文如霆，如电，如长风之出谷，如崇山峻崖，如决大川，如奔骐骥；其光也，如杲日，如火，如金镠铁；其于人也，如冯高视远，如君而朝万众，如鼓万勇士而战之。其得于阴与柔之美者，则其文如升初日，如清风，如云，如霞，如烟，如幽林曲涧，如沦，如漾，如珠玉之辉，如鸿鹄之鸣而入寥廓；其于人也，漻乎其如叹，邈乎其如有思，暖乎其如喜，愀乎其如悲。观其文，讽其音。则为文者之性情形状举以殊焉。(《复鲁絜夫书》)

姚鼐的两分法固然有其道理，但作为风格分类，未免有欠细密。至于过去对诗词风格的分类，说法就更多了。如唐代皎然《诗式》之分为19

体①，唐代司空图《二十四诗品》之分为 24 种②，清代徐釚《词苑丛谈》将词的风格分为豪放、婉约两类等等。

期刊的风格应如何划分？还未见他人论及，只有笔者在《杂志编辑学》一书中提出分为 8 种：典奥、新颖、庄重、活泼、壮丽、轻快、高雅、通俗，可以和过去对作品、作家的风格分类法，一并供读者参考。

期刊风格如果相当于作家作品风格的话，那么，期刊编辑对期刊来说，也就相当于作家对其作品了。作家的作品风格可视之为作家的风格，那么，期刊风格是不是也可视为期刊编辑的风格呢？按说，也未尝不可。但其间毕竟还有不同之处。作家的作品全部直接出诸作家笔下，而期刊的风格除了期刊编辑之外，还有期刊文章的那些作者厕身其间，并不纯然是期刊编辑的创作。何况，期刊编辑往往还不止一人。因此，还是不将期刊风格和期刊编辑的风格二者等同为好。

然而，不把期刊风格和期刊编辑的风格等同视之，也不等于二者完全是两回事。二者实是密切相关的。其关系密切的程度，几乎快接近二者可以等同视之。

虽然期刊所刊载的文章并非编辑所写而是作者所写，但不仅文章的选题、主旨……可能是出诸期刊编辑的，而且选用什么文章、如何组织结构、如何编排……也都是取决于期刊编辑的。所以，文章虽然是作者所写，但文章之编入期刊成为期刊这个系统中的一个个要素，对期刊风格固然是构成的部件之一，但却只是期刊编辑组织结构这个系统的要素之一，期刊编辑组织成期刊这个系统后，还会产生大于各篇文章功能总和的“系统效应”。这个“系统效应”也表现在期刊的风格方面。所以，说期刊风格几乎可以等同视作期刊编辑的风格，未必是夸张的。

有什么样的编辑风格，就有什么样的期刊风格。就期刊风格来说，“风格就是人”的话，也同样是适用的。

清代画家笪重光曾说：

---

① 皎然的 19 体为：高、逸、贞、忠、节、想、气、情、思、德、诚、闲、达、悲、怨、意、力、静、远。

② 司空图的 24 品为：雄伟、冲淡、纤秾、沉着、高古、典雅、洗练、劲健、绮丽、自然、含蓄、豪放、精神、缜密、疏野、清奇、委曲、实境、悲慨、形容、超诣、飘逸、旷达、流动。

绘事之传尚矣。代有名家，格因品殊，考厥生平，率多高士。(《画筌》)

王石谷、恽寿平说，笪重光这话的意思是“人与画合”，并认为“真为定论”。如果说画家的品格与画的风格是一致相合的话，期刊编辑的品格与期刊风格同样是相合的。期刊编辑的思想境界高、艺术趣味高，编出来的期刊的思想境界、艺术趣味、风格决不会低；反之，期刊编辑的思想境界低、艺术趣味低，编出来的期刊的思想境界、艺术趣味、风格也不会高。

明人屠隆说：

夫诗者神来，故诗可以窥神。士之寥廓者语远，端亮者语庄，宽舒者语和，褊急者语峭，浮华者语绮，清枯者语幽，疏朗者语畅，沉着者语深，谲荡者语荒，阴鸷者语险。读其诗，千载而下如见其人。(《王茂大修竹亭稿序》)

期刊同样是如此。期刊编辑风格寥廓的，期刊风格高远；期刊编辑风格端亮的，期刊风格庄重；期刊编辑风格宽舒的，期刊风格平和；期刊编辑风格褊急的，期刊风格偏激；期刊编辑风格浮华的，期刊风格华丽；期刊编辑风格清枯的，期刊风格幽涩；期刊编辑风格疏朗的，期刊风格流畅；期刊编辑风格沉着的，期刊风格深远；期刊编辑风格谲荡的，期刊风格荒诞；期刊编辑风格阴鸷的，期刊风格险刻。读期刊，也如见期刊编辑其人。这是因为：

诗乃人之行略，人高则诗亦高，人俗则诗亦俗。(〔清〕徐增《而庵诗话》)

期刊同样也是这样：期刊编辑高则期刊亦高，期刊编辑俗则期刊亦俗。所以，要提高期刊质量，必先提高期刊编辑质量。

三

有怎样的期刊编辑风格就有怎样的期刊风格，只不过说明二者的关系，说二者的统一性；并不等于说期刊风格就可以不必努力创造，它就会自然诞生。

期刊要有自己的风格，首先要有明确的总体编辑构思。除了别的作用外，期刊总体编辑构思也是期刊编辑部统一思想的体现。现代期刊编辑部，大都不是个人而是一个集体。主编是这个集体的首脑。我们所说有什么样的期刊编辑风格就有什么样的期刊风格，“什么样的期刊编辑”首先指的是期刊主编，却又不仅仅指期刊主编，同时也指编辑部这个集体，包括编辑部各个编辑。要使期刊编辑部这个集体朝一个方向、目标进行编辑工作，就要统一编辑思想。以主编为首，期刊编辑部集思广益制订的期刊总体编辑构思，才真正体现了“什么样的期刊编辑”中的期刊编辑。这个期刊编辑，虽然是以期刊主编为主、为首，但已不仅仅是期刊主编了。

所以，期刊创造风格，首先就要以总体编辑构思统一编辑思想，并按照总体编辑构思进行期刊编辑工作。

其次，要有创造期刊风格的意识。或者说，要有意识创造期刊的风格。

期刊有了好的总体的编辑构思并贯彻执行的话，固然不是没有可能逐渐形成期刊自己风格，但是，这样形成的风格未必就是鲜明的。人的风格也有鲜明不鲜明的，有些人见过多次也难以留下印象，这种人多半就是一般化、风格不鲜明的。期刊如听其自然逐渐形成的话，也可能成为一般化而风格不鲜明。何况，期刊和人还有所不同。人的风格往往是与习惯性有关，人是有自己意识的东西，意识的定势和行为的习惯性之类自然形成风格的因素，期刊却是没有的。因为期刊本身没有意识，不能行为，所以也就不可能有意识的定势、行为的习惯性等等。期刊传播的意识，是作者、编辑赋予期刊的。因而，期刊的风格，同样要期刊编辑(包括作者通过编辑的工作)来赋予。所以，期刊更不能靠自然形成其风格而要期刊编辑有意识地去努力创造。期刊编辑创造期刊风格意识越强，越努力，期刊的风格就会形成得越快、越鲜明。

当然，这里说的创造期刊的风格，并不意味期刊的风格可以任凭编辑主观随意地去创造，而只是在期刊风格的逻辑发展轨道上加以推进。因为，一切创造都只能符合事物本身发展的逻辑，才能创造成功。创造并不意味着主观随意性有容身之地。

期刊在创造风格的道路上，特别要从以下几个方面多作努力。

第一，突出特点，强化个性。

风格的基础是特点、个性。所以，创造期刊风格就要突出期刊的特点，强化期刊的个性。成为与众不同的“这一个”，风格就会鲜明了。刘勰说写文章有“二患”：“理郁者苦贫，辞溺者伤乱。”(《文心雕龙·神思》)编期刊也一样，既怕内容贫乏，也怕杂乱无章。期刊的这“二患”，与特点、个性不突出也是相关的。突出特点、强化个性既可使内容集中，也可以芟除杂草。风格也就出来了。

第二，一以贯之，坚持不懈。

风格是要从多方面，经过长期努力方得以形成的。没有多方面、长时期的积累，或者只有多方面而无长时期，或者只有长时期而无多方面，都是不行的。多方面包括从内容到形式，前已说过了。多方面还要加上长时间，因为期刊是连续性出版物，这点尤为重要。突出特点、强化个性要一以贯之、坚持不懈；创造期刊风格要一以贯之、坚持不懈。20世纪30年代的《太白》，有个小栏目，栏名为“掂斤簸两”。其实它还说不上是个栏目而多是三言两语的补白，在空白处补上一段。《太白》却一以贯之地坚持这个补白栏目，突出特色，形成一针见血的风格，也成为《太白》既有战斗性又富于机智的期刊风格一个构成部分。

第三，君臣将卒，共济互补。

突出特色除正面突出外，还可从反面、侧面使其突出。反面，就是

芟去一切与突出特色、个性相抵触、产生副作用的东西；侧面，就是还要注意在正面突出特色的四周，有辅佐、烘托的东西。俗话说：“红花虽好，还须绿叶扶持。”有了绿叶映衬，红花才更突出，更美。

期刊在突出特色的同时，其他方面也要注意烘托特色。

期刊作为一个系统，包括构成期刊风格的各个部分也成为一个系统。从这个意义上说，也需要正面突出特色、个性的同时，侧面也要加以烘托，形成总体风格。

为此，要配合突出特色、个性，注意其他东西、其他方面与特色、个性的关联性，关联性最好还能强一些。否则，无关的东西只会冲淡以至妨碍特色、个性的趋同性。要注意添加与发扬特色、个性顺向的东西而不要逆向的。这主要是指诸如指导思想、艺术特色等方面，而并不是要求内容的单一化。顺向不等于单一，在顺向中仍然可以百花齐放、百家争鸣。要求注意趋同性，只是为了更好地突出特色、个性，创造期刊自己的风格。

1992年

创特色、风格、品牌的羽翼

鲁迅曾强调："每种刊物应有其个性，不必雷同。"(《许广平忆鲁迅》)韬奋更认为："没有个性或特色的刊物，生存已成问题，发展更没有希望了。"(《韬奋文集》第二卷，三联书店1955年版)刊物是如此，出版社也是如此，都应该办出自己的特色风格来，这一点现在可说已经成为出版界的共识。与办出特色风格相联系的品牌意识，也日益普遍，人们逐渐认识到，没有自己的特色风格，也就很难打出自己的品牌。

然而，认识到了的东西，并不就是已经实现的东西。近日就见到有篇论出版特色的文章说："检讨我国500多家出版社，能够称得上具有出版特色的为数寥寥。"(刘学明《论出版特色》，见《出版科学》1999年第10期)下面指名列举的不过10家，仅2%不到。文章没有言及期刊的情况，如以出版社具有特色所举10家的10倍计，也不过100家，只占8 000多家期刊的1.2%；以100倍计，也不过1 000家，占期刊的12%。这样一个比率，在一定程度上，似乎也可以说明，出版社、期刊要办得有特色、风格，品牌响亮，并不是一件可以一蹴而就的易事。

出版社、期刊怎样才能创自己的特色、风格、品牌呢？最重要的当然是要体现在出版社所出的书籍、期刊社所出的期刊身上，体现在书籍、期刊从内容到形式，特别是编辑艺术上，以质量创特色、风格、品牌。关于这个问题，笔者在所著《杂志编辑学》、《期刊编辑学概论》以及与阙道隆、林穗芳同志合著的《书籍编辑学概论》等书中，都辟有专章论及。并且也都谈到，出版社、期刊的特色、风格，都不是自动形成的，而是需要人——也就是编书、编刊的编辑人员以及出版人员去创造的。所以，出版社、期刊创特色、风格、品牌，首先就要人有创特色、风格、品牌的意识，有了这种意识，才会进而为特色、风格创意，并加以贯彻。这也是创特色、风格、品牌所不可不先应注意的。

本文拟就这个方面，结合自己的经验，试论特色、风格、品牌从三个方面创意、三个方面贯彻以及应具备的三种创意意识。

三个方面创意是理念创意、形象创意与行为创意。这三个方面创意也可说出三个层次创意。

首先是要有理念创意。即不仅有创特色、风格、品牌的意愿，还有怎样创特色、风格、品牌的理念。有了意愿，才会去创意，有了创意的理念，才有努力的目标。

《出版科学》上那篇论出版特色的文章列举的“具有出版特色的10家”中，包括有“百花文艺出版社的散文类图书”。我是从1958年该社成立起就负责领导编辑部工作的，直至80年代中退居二线。在创建百花文艺出版社后不久，我们就明确有了以出版散文创特色、风格、品牌的理念，创意明确以散文为编辑出版重点。然后再积极贯彻这种理念创意，经过多年的努力，才在读书界获得“读散文、找百花”之口碑。

这是以独辟蹊径进行特色、风格、品牌的理念创意。五六十年代，文艺出版方面大家都以出版长篇小说争胜，没有人以散文作为重点出版，所以百花文艺出版社的理念创意经过长期努力，能够“以发展散文，从而独树一帜、别具特色”(刘白羽《我的祝贺》，载《我与百花》，百花文艺出版社1988年4月版)。

然而，这并不是“找冷门”，而且相反是“找热门”。当时以散文为重点的理念创意，并非独着眼于无人以此为出版重点的“冷门”(无人以之为出版重点的还有诗歌、曲艺、文艺理论……许多门类)，而更是着眼于散文自古以来就是中国文学中与诗词同占主导地位的形式，而且，在新文学运动中，“散文小品的成功，几乎在小说戏曲和诗歌之上”(鲁迅《小品文的危机》)。看准了散文不是“冷门”而是“热门”，或者说，可以经过努力而使它从“冷门”成为“热门”——一句话，是着眼于认定散文是有发展前途的。

从这里我们获得的一条经验与规律是：独辟蹊径创特色、风格、品牌的理念创意，并不等同于“人无我有”、“找冷门”，不能单纯地着眼于人之有无。以出版书目创特色的德国绍尔出版社，现在已是世界上最权威的书目图书品牌了，它出版的《不列颠图书馆藏书总目》等，都是世界各国大图书馆的必备书，当初它创意以出版书目为特色的理念时，固然也是处于“人无我有”状态下，但它真正的着眼点还在于，它看到这类书有它的特定读者，这群特定读者是稳定的、可靠的，而且有购买力，因而发行基数也是稳定、可靠的、有保证的。

我在党的十一届三中全会后创意出版的《小说月报》、《散文》月刊，也是如此。这类刊物，在当时也是处于“人无我有”状态，《小说月报》这种文选性刊物，更是首创的前所未有的期刊新品种。我是在已有的文摘性期刊(如《读者文摘》)和已有的选本书籍(如《昭明文选》)基础上，运用组合思维方法获得的创意(这有点近似李约瑟博士说的，瓦特是在中国东汉就有了的水排和宋代就有了的自动阀门风箱基础上创造的蒸汽机)。但更重要的是看到当时文艺期刊如雨后春笋，花团锦簇，而读者时间、精力、购买力都不可能遍读，亟须这样一本“花有限时间、有限金钱，就能遍读全国最新最好小说作品”的期刊，所以一出版就大受欢迎，创立品牌。而出版《散文》月刊，也是看到了散文和散文期刊必大有发展前途，而不仅着眼于“人无我有”。

法国曾创意有关创业的刊物《挑战》成功的洛布里，1993 年又创意出版给失业者读的《重振》月刊，也大获成功。洛布里走的也是同样理念创意的路子。

特色、风格、品牌理念创意还可以从特定读者、特定作者或者编辑出版角度着眼，如 80 年代的上海《青年一代》以中间、后进青年为对象；90 年代西安《女友》以 22～25 岁的城镇青年妇女为对象创特色、风格、品牌；山西以郑渊洁个人创作出刊的《童话大王》；60 年代百花文艺出版社的不标丛书名的“散文丛书”，以内容、版式特别即 690×960 的1/32的别致开本创特色、风格、品牌(读者都亲昵地称它为“小开本散文”)……都是成功的实例。

有了理念创意，还要进而辅之以形象创意，赋予特色、风格、品牌以视觉的实感。理念是意识中的东西，要赖视觉形象造就实感。形象创意的意义，由此可见。当然，形象创意主要是出版物——书籍、期刊本身，要使书籍刊物编辑出版得形象可人，人见人爱。但也还包括其他许许多多细小的地方。例如，30 年代邹韬奋办《生活》周刊、生活书店，不仅刊名、店名始终用的是如今三联书店店标上还用着的“生活”两个手写标准字，而且凡是出现《生活》周刊、生活书店的名字的地方，无论是启事、广告、信纸、信封……任何地方，都不用其他字体而用手写标准字，就像“可口可乐”英文字母构成的手写体和特殊玻璃瓶型一样，成为特有的品牌标志。对《生活》周刊、生活书店来说，也是形成其特色、风格的一个部分。此外，还有像社标、刊标乃至出版社、期刊社的办公楼建筑……都可作为形象创意的对象。

在作为形象创意主要对象的出版物上，同样也不仅要在总体形象上创意，还要在各种细处进行形象创意，以丰富、修饰总体形象创意。例如，上面提到的“小开本散文”，不仅开本小巧玲珑、与众不同，还在细处下了许多工夫：封面用马尼拉衬纸软精装而不用硬精装，封面采用飘口更增添了书的飘逸雅致感，精致独特的目录页设计与版式设计……使书的细部到整体、从内到外形成统一的形象特色、风格，并于无形中形成它的“小开本散文”品牌。读者一看便知它是其中的又一新书，有认同感。

行为创意有两方面的意义。既可以是编辑出版行为的创意，也可以是一般行为的创意。

出版工作者作为社会分工的行为，自然就是编辑出版工作这种行为。在为出版社、期刊特色、风格、品牌作行为创意时，首先就是要在编辑出版工作行为中，使理念创意从意识的东西成为物质的东西——书籍或期刊这些出版物体现出来。例如“小开本散文”的理念创意，就要通过形象创意和行为创意把它变成为一本本“小开本散文”，理念创意才得以实现。

行为创意还包括通过人的一般行为创出版社、期刊的特色、风格、品牌。例如，规范出版社、期刊社人员的行为。这主要是要树立为读者服务(也就是为人民服务)的行为规范，要处处事事为读者着想。萧乾在一篇文章中谈到百花文艺出版社的“社风”，说“同作家们交朋友，相互了解，结成文字友谊”，“这也许是他们的社风”，“对于繁荣出版事业，促进互相了解，这种社风是大有裨益的”(萧乾《百花的社风》，载《我与百花》，百花文艺出版社 1988 年 4 月版)。他从与百花文艺出版社许多编辑的接触中所感受到的这种“社风”，也是要有赖于持之以恒的行为创意到规范行为才能获得的。所谓“社风”，不也就是社的特色、风格的体现，并具有品牌意义么！

一般行为创意还可以是参加社会活动的创意，如社会公益活动、有关学术活动、文体活动等等。邹韬奋的《生活》周刊在 1931 年“九一八”事变后发起支援抗日义勇军募捐，“一·二八”沪战期间开设抗战伤兵医院，就是很好的先例。它虽不是为创《生活》特色、风格、品牌才这样做，但客观上却起了这种作用。

理念、形象、行为的统一，是出版社、期刊特色、风格、品牌创意不可或缺的羽翼。

创出版社特色、风格、品牌，除了应有理念、形象、行为的创意外，坚持三个贯彻、具有三种创意意识，也是不可或缺的羽翼。

三个贯彻是：全面贯彻、长期贯彻与纵深贯彻。

特色、风格、品牌既是事物的整体所展示的，又是展示于每一个细部的。为人的风格，既是人的整体风貌，又体现在一字一言、一举手一投足之中。它是整体与细部的统一。这就决定创特色、风格、品牌，既要从整体着眼，又要从一点一滴着手，全面贯彻。前面说到“小开本散文”不仅在总体形象上创意，同时还在多种细处进行形象创意，就是一个例子。

全面贯彻，当然也意味着在理念、形象、行为上的全面贯彻。

总起来说，全面贯彻意味着从整体到细部、从理念到形象、行为，都要贯彻所要创的特色、风格、品牌。全面贯彻是指贯彻的广延性，贯彻的共时态。

前面所举邹韬奋的《生活》周刊、生活书店，无论何处，凡指刊物、书店时，都使用“生活”手写标准字，就是在使用刊名、店名这点上，从整体到细部、从概念到形象、行为都贯彻体现特色、风格、品牌的例子。其他也就可以举一反三了。遗憾的是，现在许多出版社、期刊也都想创特色、风格、品牌，却不仅不能举一反三，连刊名也不时变字体、字形，更别说像《生活》周刊那样使刊名标准字无所不在了。

长期贯彻是指贯彻的持续性、贯彻的历时态。也就是说，要创特色、风格、品牌，不仅要贯彻于事事处处，更要贯彻于时时刻刻，要持之以恒才行。特色、风格、品牌之理念、形象、行为，要长期地一以贯之，坚持不懈。

这一点是很重要的。因为，所谓特色、风格以至品牌，都是经常、反复呈现直至成熟才能形成的。树木、蔬菜、水果的成熟都有一个成熟过程，在整个过程中，都需要适度的日照、水分、土壤、肥料……的供给。如果它们不是时时连续供给而是时有时无、忽断忽续，树木、蔬菜、水果就难以成长、成熟，就会歉收甚至一无所获。特色、风格、品牌也是如此，人们不是早就说风格是成熟的表现么！成熟是要在持续成长中才能实现的。

有的出版社、期刊有了特色、风格、品牌的理念创意、形象创意、行为创意，但大张旗鼓地努力一阵之后，便难以为继或间作间歇了，这就像是“一鼓作气，再而衰，三而竭”(《左传·庄公十年》)，终也难以形成其特色、风格、品牌。

纵深贯彻是说贯彻的深刻性、贯彻的能动性。因为，特色、风格、品牌不是一种静态的固定模式，而应是生动活泼、充满生机的，在全面贯彻、长期贯彻之中，还要不断有新意、不断深化。按照系统论的说法，这是系统与环境之间交流的动态变化。只有这样，所要创的特色、风格、品牌才能与环境协调，具有适时性。能纵深贯彻才会使要创的特色、风格、品牌内涵日益丰富，“与时消息”(《易·丰》)而永远保持其新鲜活泼。

即使是初步形成了自己的特色、风格、品牌了，也还应该全面贯彻、长期贯彻、纵深贯彻，坚持不懈。否则，仍然可能失去初具雏形甚至已经形成的特色、风格、品牌。不是坚持不懈而稍有放松，也会如“君子之泽，五世而斩”(《孟子·离娄上》)。何况，特色、风格、品牌之建立有如滚球上山之难，而滚球下山只在俄顷呢？

三种创意意识是说创特色、风格、品牌还要有人的意识、超前意识与导向意识。

出版社、期刊的特色、风格、品牌是编辑出版工作者创立的，而不是天生自长成的。人与风格是基本一致的，所以古人有“文如其人”(〔宋〕苏东坡《答张文潜书》)之类的说法，西方有“风格就是人”①之类说法。出

① 通常认为是法国作家布封的话，实则是布封“风格属于作家自己”一语的引申。

版社、期刊要创高风亮节，创这种特色、风格、品牌的人——编辑、出版工作者，就自己也应该有高风亮节。卑鄙猥琐的人怎能为出版社、期刊创高风亮节的特色、风格呢?

在林林总总的众多出版社、期刊中，要创自己独有的特色、风格、品牌，除了要付出艰辛的努力外，还要有点超前意识才好。首先要认清时代、认清现实，“与时消息”。其次要看到未来，看到发展。这样，也就能比别的出版社、期刊看到更多、更远，创出别人没能看到的独有特色、风格和品牌。例如前面说到的百花文艺出版社在五六十年代之交能以出版散文来创自己的特色、风格、品牌，也与有点超前意识有关，不仅看到现实的散文不景气、不受重视，也看到它的根深土厚，会有发展前途。1980 年 1 月创刊《散文》月刊前，许多人都认为会销路不广、大亏血本，实际情况却并非如此。不同的看法也在于有没有超前意识之别。

导向意识是指在创特色、风格、品牌过程中，要重视导向问题。导向除指政治导向外，还包括如思想、伦理、道德以至文化、生活等等的导向。不可以不顾导向问题而孤立地去创特色、风格、品牌。从这点来看，同样也不应以为只要是“人无我有”的就都是好的特色、风格、品牌。还应该有准确的导向意识：应不应该创这样的特色、风格、品牌？它的导向是不是正确的?

这一点很重要。否则，所创特色、风格、品牌就可能走到邪路上去。

2000 年

提高编辑素质——提高编辑工作质量的关键

杜甫《前出塞九首》(其六)有句云：

挽弓当挽强，用箭当用长。

射人先射马，擒贼先擒王。

四句诗说的主要是一个道理：要抓住关键以解决问题。不仅“挽弓”、“用箭”等是如此，其他许多事莫不如此。

对于现在不少出版物质量的不尽如人意，我们采取了不少措施，无疑都起到了一定的作用，收到了一定的效果。然而，是不是已有的措施就可以彻底解决提高编辑工作质量的问题呢？或者说，这些措施是不是抓住了问题的关键呢？

我们不妨从编辑工作的主体与客体关系这个根本问题来试加考察。

所谓主体、客体，本是哲学名词。主体指赋有意识和意志的人，客体指主体认识、活动的对象——外界的事物。应用到编辑工作上来说，主体就是从事编辑工作的人，也就是编辑工作者；客体就是以书稿、文稿为核心的编辑工作对象，包括书稿、文稿产生前和产生后的各种编辑工作如选题、组稿、审稿、修改加工……由于这一系列工作都是围绕书稿、文稿这个核心来进行的，我们也不妨将客体简化为书稿、文稿。

正如哲学上的客体是主体认识、活动的对象一样，编辑工作的客体——书稿、文稿，也正是主体编辑人员认识、活动的对象。而编辑工作，指的也就是主体编辑人员对客体书稿、文稿的认识、活动。提高编辑工作的质量，做好编辑工作，从理论上来说，也就是提高主体对客体认识、活动的质量，做好这种认识、活动过程中的种种工作。

哲学上主体与客体的关系，因人们的世界观不同而不同，但只有辩证唯物主义才能正确地揭示这种关系。那就是，客体是不依赖于主体而存在的。但作为主体的人，却并非只是消极地去观察客观世界，而是通过实践去影响客观世界，改造客观世界，同时也改造自身。编辑工作中的主体与客体的关系，同样也是如此。主体与客体是双向互为作用的——虽然这种互为作用的基础是客体。对于编辑来说，他要做的一切编辑工作都是离不开书稿、文稿这个客体的，都是以它为基础来进行的。编辑同样不仅只是消极地去观察他作用的客体——书稿、文稿，而是通过他们的编辑实践，去影响书稿、文稿，改造书稿、文稿。这些是我们对编辑工作的哲学认识。

编辑在认识书稿、文稿，进行编辑工作过程中，也不仅观察、影响、改造书稿、文稿，同时也在接受书稿、文稿的影响，改造编辑自己。通过对客体书稿、文稿的认识、活动，也在提高思想认识，增长科学知识，提高审美情操……一句话，改造提高自己。“干中学”，“在工作中学习”，学的不仅是一些操作方法，一些技术性的东西，更是整体学识思想、素质的提高。“干中学”，“在工作中学习”之所以是一条终身受用不尽的箴言，就是因为它是建立在这样的哲学基础之上的缘故。我们每个人都应该很好地认识这点，自觉地、有意识地努力在“干中学”，“在工作中学习”。

虽然客体是这种双向互为作用的基础，但是，只有作为主体的人才有主观能动性，才能够发挥巨大的力量。所以，在编辑工作中，人是最重要的。提高编辑工作质量，做好编辑工作，其根本在于做编辑工作的人的素质，在于提高编辑人员的素质。

这样，我们就不难明白．为了提高编辑工作质量，为了做好编辑工作，在管理方法、制度规章诸方面加以强化，固然是必要的、有益的，但仍未必是抓住了解决问题的关键，关键是在于作为主体的编辑人员素质的提高。我们甚至可以说，有什么素质的编辑，就会编出什么质量的书刊来。只有高素质的编辑，才能编出高质量的书刊来。而低素质的编辑，也就只能编出低素质的书刊来。如果市面上劣质书刊或平庸书刊充斥的话，那就反映了低素质或平庸的编辑还比较多；如果哪家出版社出的书刊中劣质书刊或平庸书刊较多的话，同样也反映这家出版社编辑人员素质总体是偏低的。

在这方面，出版领导部门也是有所认识的，并采取了必要的措施。例如，一方面在高等院校开设编辑专业，正规地培养编辑人才；一方面强化在职编辑人员的培训，建立持证上岗制度，如此等等。应该说，这都是很好的。

但是，从出版事业的发展来看，特别是从出版事业在物质文明建设与精神文明建设中作用的日益重要来看，似乎又还是不够的。

这是因为，从总的来看，人的素质的提高是一个持续的过程，并不是大学四年编辑专业的学习所可穷尽的，也不是通过培训拿到上岗证书便完成了的。提高是无止境、无终点的。这也就是古人为什么说"活到老、学到老"的缘故。人的生命有终结的一天，但学习提高没有终结的一天，下一代人接着上一代人还要继续学习提高。这样，社会才能日益进步，编辑出版工作也才能步步登高。而社会的进步，编辑出版工作的提高，又反过来促使编辑人员更要提高自己的素质。所以，编辑专业培养出来的人才要再提高，持有上岗证书的人员也仍然还要再提高。

再从人的素质的具体内容来看，它是人的各个方面素质的综合体，包括的内容是极其丰富的。而无论是高等院校编辑专业修习的内容，还是在职培训学习的内容，都还是十分有限的，主要的大都局限在编辑工作应知应会的一些基础性的东西。严格说来，只不过是为建大厦而打的基础，万丈高楼还有待于在这基础上矗立起来呢。

因此，在提高编辑人员素质方面，不仅要提高政治思想素质、科学学术素养、编辑出版业务素养，还应该重视提高职业意识、心理素质。而后面这些，直到现在，还是常常被人忽视的。

关于提高政治思想素质、科学学术素养、编辑出版业务素养等方面，已有论述，这里不再具体论述，只是提出两个努力方面，一是力行，一是力学。力行就是要笃于实践，也就是"干中学"，"在工作中学习"。力学主要是要多读书。书刊是思想、知识的源泉(虽然是第二手的，次于直接的实践源泉)，编辑对此当是很了然而无须多说的。要多读书、勤读书。当然，读书不是死读，而是要动脑子读，学而且思。否则，就会"学而不思则罔，思而不学则殆"。

对于职业意识和心理素质问题，稍微多说两句。

编辑的职业意识是肇自编辑之成为一种专门职业，即编辑工作的专业化、职业化。在编辑并未成为一种专门职业之前，自然也就谈不上什么编辑职业意识。这也许正是编辑职业至今还常常被人忽视的原因之一。但是，编辑既然已经是一门专门职业了，从事编辑专业工作的编辑人员，就应该具备专业意识，才有利于做好编辑工作。因为，只有对编辑工作的专业化具备了专业意识，才能认识到编辑不是无学而是有学，才会努力去建立、钻研编辑学，也才能建立、强化做好编辑工作所必应具备的一些编辑职业意识，如：

一、中介意识。亦即认识到编辑工作是一种中介性的专业工作，即在作者与读者之间作为中介，将作者的书稿、文稿编辑成内容完整，适合于物化后传播给广大读者的出版物。编辑工作就是要做好这种中介工作。一方面发掘、选择优秀作品加以优化，一方面将它物化传播给读者。编辑有了中介意识，就既不会放松发掘、选择、优化书稿、文稿的工作，又不会越俎代庖去做作者应做的工作。这两种偏向，虽然偏的方向有异，但其不利于做好编辑工作则是一样的。编辑要做好编辑工作，不可不有中介意识，于此可见。

二、服务意识。这主要是指为读者服务的意识，当然也包括为作者服务。它们是编辑作为中介的两端，要有为两端服务的意识，才能做好中介工作。人们常说编辑工作是“为他人作嫁衣裳”。这话从积极方面理解，也可以说是与服务意识相通的，为他人服务。但人们说这话时，往往偏重于从消极方面理解，甚至因而不安心于编辑工作。文艺编辑把它当作当作家的阶梯，科技编辑把它当作去做科技工作的门径。当作家，当科技工作者也没什么不好，只不过如果是由于不愿“为他人作嫁衣裳”而当作家、科技工作者就不好。这样的人也往往当不好作家、科技工作者。因为，作家、科技工作者也还是要“为人民服务”——“为他人作嫁衣裳”。

三、责任意识。要有社会责任感。要将做好中介工作，做好服务工作，当做编辑职业的责任，对社会的一种责任。编辑编的每一本书、每一篇文章，要有益于社会，对社会负责。书中介绍的思想、知识，都应该是积极的、向上的、正确的、准确的。这种社会责任感，是包括对历史负责也对未来负责的意义在内。要无愧于我们灿烂的历史，要有益于子孙后代。编辑出版工作，和整个文化工作一样，是一条无尽的长河，一条越流越浩浩荡荡的长河。我们所拓展的河域，应该是能“光前裕后”的。有这种责任意识，才会使我们更加严肃认真，“如临深渊，如履薄冰”地做好编辑工作。黄书、黑书、灰书的出版，从编辑的思想意识上去认识，正是缺乏责任意识、缺乏编辑职业意识的表现。

上述三种编辑职业意识，是编辑这项专门职业本身的性质所决定的，而不是任何人外加于它的。编辑工作的性质，就是具有中介性、服务性、责任性的，因而是每个从事编辑职业者所必须具备的。缺乏职业意识或者职业意识模糊，就很难做好编辑工作，就很难提高编辑工作质量。

具备良好的编辑职业意识，还只是有了做好编辑工作的必要条件。要真正做好编辑工作，提高编辑工作质量，还必须具有良好的心理素质。我们说过，作为编辑工作主体的人，和哲学上所说主体的人一样，都是指赋有意识和意志的人。正是人有意识和意志，才能去认识、活动于客体，作用于客体。不同的人的认识、活动，作用于客体的质和量都是各不相同的。造成这种差别的因素是多种多样的，而心理素质的优劣，却是这种意识、意志强弱的一种重要体现。心理素质优越，就包蕴着意识、意志的坚强、刚毅，就能对客体的认识、活动发挥力巨、质优的作用。所以，要想提高编辑工作质量，做好编辑工作，还必须具备良好的心理素质。

心理素质可以形之于人的一言一语，一举一措，无所不在。而对于编辑人员来说，对于编辑人员提高编辑工作质量、做好编辑工作来说，重要的是要具备以下几种心理素质：

一、稳定的心理素质。具有稳定的心理素质，才能保持心态的平衡。人们现在常常谈到浮躁之弊，浮躁，就是心态不稳定、心态失衡的表现。编辑工作所作用的客体，是一本本著作稿，一篇篇文章，每本书稿，每篇文章，都是一个系统。系统就应是有序的而不能是无序的。有序，也就是有其相对稳定性，总体是处于平衡状态的。编辑如果心态不稳定，心态失衡，怎么能对稿件这个客体做好有序化的工作呢？稳定的心理素质不仅在具体对一本本书、一篇篇文章的编辑工作中是重要的，在宏观编辑工作整个过程中，如编辑构思、选题策划等工作中，同样是必须具备的，这里就不细说了。

二、缜密的心理素质。粗枝大叶是编辑工作的大敌，编辑工作容不得半点疏漏，也不能有半点粗心大意。“无错不成书”的错，固然有的是由于才疏学浅造成的，也有不少是由于粗枝大叶造成的。现在“不尽人意”之类不通词语到处可见，如果说是才疏学浅造成的话，那么，“己”和“已”不分、“启事”成“启示”之类，恐怕就更多是粗枝大叶造成的吧？1997年1月15日晚中央电视台某栏目的题目打出的是“亡羊补牢，未谓晚矣”。“未谓晚矣”就似通不通。“矣”是表示已然、将然的语助词，与“未谓”不很搭配。原来这个标题是弄错了。这两句应该是：“亡羊补牢，犹未晚也。”出自《左传》，而《战国策》则作：“亡羊而补牢，未为迟也。”显然，“未谓”为“犹未”或“未为”之误，“矣”为“也”之误。如果说这是学识的不及致误固然也可以，但不去查对原出处而只是“以意度之”，不也是一种粗枝大叶吗！何况，就是“以意度之”，“未谓晚矣”本身就似通不通。缜密的心理素质对编辑人员的重要，仅由此就可以看到，用不着多说了。

三、包容的心理素质。王勃说过：“无小而不大，无边而不中。”(《释迦如来成道记》)小大边中，原是相对相成的，如果说缜密的心理素质是从小处着手的话，那么，包容的心理素质则是从大处着眼。所谓“有容乃大”是也。有容才会心胸开阔，心胸开阔才能目光如炬，及远及深。心胸狭窄，目光短浅，是成不了编辑家的，至多只能成为一个编辑匠而已。要能包容天下、宇宙，包容古往今来。兼收并蓄并不等于不加选择，编辑工作就是要选择。但是，要选择就要兼收并蓄，没有兼收并蓄又从何选择？根本就没有供你选择的余地，你也不可能有选择的能力。孔子说：“毋意，毋必，毋固，毋我。”(《论语·子罕》)要做到这点，是要有包容的心理素质的。而对编辑人员来说，又必须是“毋意，毋必，毋固，毋我”，才能做好编辑工作，才能提高编辑工作质量。

四、创造的心理素质。每一本书，每一篇文章，都应该带给读者一些新的东西，否则，这本书，这篇文章就不必要写，不必要编，不必要出版。写一本书、一篇文章，编一本书、一篇文章，都应该是一个新的创造。所以，创新，是编辑出版工作的生命。没有创造性的编辑工作，也就是没有意义的工作。编辑要提高编辑工作质量，做好编辑工作，决不可不具备创造的心理素质。现在不少编辑恰恰缺乏这种不可缺的创造的心理素质，因此，只会踩着别人的脚印走路，只会东施效颦地依样画葫芦。人家出了什么好书刊，什么书刊受到读者欢迎，其他出版社仿效之作就接踵而至，形成“一窝蜂”之势。这样，怎能做好编辑工作，怎能提高编辑工作质量呢！

编辑的职业意识和心理素质，也不是生而有之而是学而得之的。也就是说，是要靠自己的努力去获得并不断提高的。相对于政治思想素质、科学学术素养、编辑出版业务素养来说，它们是互为影响的。要全面提高编辑的素养，有意识地从各方面去努力，这才是抓住了提高编辑工作质量的关键。

人的因素第一，而人的提高，根本又在于自己的努力。

1997 年

正确使用语言文字

语言文字是人类社会交流思想、沟通了解的一种最重要的手段、工具。一个国家如果没有统一的语言文字，社会就会趋于解体。语言文字的混乱，会造成交流的困难，而终必造成社会的混乱。所以，正确使用语言文字，有着重大的意义。

在正确使用语言文字的这件大事中，传播媒体(包括出版物)负有的责任十分重大。这一方面是由于传播要通过语言文字来进行。如果不能正确使用语言文字，就难以正确传播其所要传播的思想、科学和文化，甚至可能悖于原意而形成误导；另一方面还由于它们往往被受众当作正确使用语言文字的楷模来仿效和学习。因此，党中央在关于加强社会主义精神文明建设的决议中要求“新闻媒体和出版物要为全社会正确使用祖国语言文字做出榜样”。

然而，目前新闻媒体和出版物在正确使用祖国语言文字方面，还存在不少不尽如人意之处。要想做到“文从字顺各识职”(〔唐〕韩愈《南阳樊绍述墓志铭》)，还须多加努力。

当前，念白字、写别字，词语、成语误用的问题，几乎随处可见、俯拾即是。例如电视剧《蝴蝶兰》中，男主人公丁西平说贝多芬的曲子如“喁喁私语”，把本应念 yú 的“喁”都念成“偶”(ǒu)了。再如“标志”一词，最近一段时间，不知为什么忽然时兴改用“标识”一词了。“标志”“标识”原本意思相同，改用“标识”并无不可。问题是，无论广播还是电视中，几乎都错念成“标 shí”，而不知仍应念成“标 zhì”。至于错误的词语、成语如把“不以为然”当作不以为意使用，把“差强人意”当很差使用之类，则更无论是在广播电视的口语还是书刊文字中，都几乎是随处可闻可见了。这种词语成语的误用，从根本而言，主要是由于对词语、成语的含意不甚了了，对其所出之源未加深考的缘故。手头有份刚收到的全国性报纸，头版的言论中说到读书要有所选择时说：“这世上的书籍成亿，但‘溺水三千，我只取一瓢’。”其中的“溺”字如果不是排版的错字，就很可能是由于上述缘故而致误的。把“弱水”误成“溺水”，很可能是不知有“弱水”一词，因而也于瓢后少引了一个“饮”字。可以看出，引用者对此语之意虽大致了解却并不很了然，更可能不知此语出自佛家典籍。

新闻传媒和出版物中语言文字的混乱还反映在方言、外来语的使用上。

现代汉语是以普通话为汉民族的共同语言。作为书面表达的文字则是以这种普通话为基础的白话文。由于文言文曾经长期作为汉民族的统一书面语，其中的某些部分特别是其精华部分，作为历史文化的积累沉淀在白话文中，融入了规范的民族共同语言文字，从而更丰富了现代汉语言文字。方言同样也是如此。本来，方言在文字中，除了融入了规范的民族共同语言者以外，如“肥皂”之称“洋碱”、“自行车”之称“脚踏车”之类，已从规范白话文中逐渐消失了。可是近些年来，特别是粤语方言，又渐有抬头之势。如“靓妹”之类，又或见诸新闻媒体和出版物中了。这对于正确使用祖国语言文字来说，应该说是一种负面现象。

但更可忧的是某些不规范、不必要的外来语的羼入。如今，不仅“的士”充斥新闻媒体、出版物，他如“波士”“克立架”之类词语，亦时有所见。“的士”如用广东方言念，还能听出是“TAXI”的译音，而用普通话念，就变得不知所云了。随着国际交往的频繁、社会的发展，各种语言文字间的交流和互相吸收本是自然的、必要的。例如：逻辑、幽默等词，就是 Logic、Humor 译音的外来词。由于中文原有词语中无恰当的现成对译词，这样的外来词就是必要的、合理的。但舍既有且更恰当的“演员表”“出租车”“老板”等不用而用什么“出演”“的士”“波士”等，除了增添语言文字的混乱外，又有什么意义呢？市面上已出现了“士多啤梨”雪糕以及“布冧”罐头等，谁也不知那是些什么东西，有人猜，那不过是 Strawberry、Plum 的音译，为什么偏偏舍草莓、李子而不用呢！这类不规范、不必要的外来语，如不予以清除，也许有一天会出现在新闻媒体、出版物上！

比这类不规范、不必要的外来语更广泛流行并受到某些新闻媒体、出版物青睐的，是一些不规范、不正确的生造词语，其中包括一些近乎行话、黑话的隐语。我手边的报纸，就有两张在标题中使用了“猫儿腻”“猫腻”的词儿，我就不能从字面确切地明晓其意。那份全国销行很广的报纸标题是：“足球比赛又爆丑闻——土耳其与瑞士曾玩‘猫儿腻’”。那是一则美联社日内瓦 4 月 13 日电。不知被译成“猫儿腻”的英文原文是什么？

1997 年

期刊编辑与期刊的宣传发行

一

近些年来，期刊上刊登广告的越来越多了，而报刊上刊登的期刊广告却越来越少了。期刊是不是应该刊登广告宣传自己呢?

期刊是面向社会、面向公众的传播手段。因此，自然也可以并需要向社会、向公众宣传自己。当然，期刊与一般商品不同，首先是一种文化现象，要以社会效益为第一。但是，期刊又必须通过市场交换而走入社会，到达公众手中，而且，须要努力扩大其销售量。所以，期刊广告宣传不是要不要的问题，而是如何进行的问题。对期刊编辑来说，首先要认清期刊广告宣传的内容，其次要讲究期刊宣传的方式。

现在中国期刊广告宣传比较多的是在报刊上登某期要目。这种广告内容，是具体宣传某一期刊物的。除了这种具体宣传某一期的内容外，还有一个很重要的内容，同时要宣传期刊本身，宣传期刊整体。就有如一般商品在宣传具体某种商品之外，还宣传生产商品的厂家、商标等一样。

当然，在宣传具体某期期刊内容时，也会刊出此一期刊刊名，因而也附带会起宣传期刊本身、期刊整体的作用，但这种作用毕竟是有限的。如果思想上明确并重视了期刊本身、期刊整体的宣传，就是在刊登具体某期目录的广告上，稍加润色，也至少可强化宣传期刊本身、期刊整体与宣传具体某期一箭双雕的双效作用。例如，1980 年《小说月报》创刊的一段时间内，每月在报刊上刊登当月一期目录时，除刊名用茅盾题的标准字以作品牌宣传外，还在刊名上加上一句短语：

用有限的时间，花有限的金钱，可及时读到全国最新的优秀小说。

语短意长，一句话再加上“商标”式的标准字刊名，就很好地强化了宣传期刊本身、期刊整体的作用了。具体目录虽占的篇幅多，却仿佛成了它的注释、说明。这句短语不仅表明了《小说月报》在中国首创选刊性期刊这个品种的性质，而且说出了它的特点，既实事求是又对读者有吸引力。

当然，还可以刊登不带具体某期目录、专门宣传某份期刊的广告。这类广告应该注意要言不烦、简而明，实事求是而有吸引力。倘若啰啰嗦嗦做一大篇宣传文章，即使都是实事求是而无虚夸，恐怕反不如三言两语有更多的读者读、更容易记住的效果好。

期刊广告内容当然并非都只能用文字，还可以用图画等内容进行宣传，或者图文结合。如果构思精巧，有时还可以胜过千言万语。美国的《时代》周刊一则宣传期刊本身、期刊整体的广告，就是以图为主的。图上画的是个身着猎装的猎人在猎区中丢下双筒猎枪于地上，津津有味地正捧读着一本《时代》；本是猎射目标的鹿戴着一副眼镜，正在猎人后面偷偷地也读着《时代》呢！这幅图画的“潜台词”，谁都明白，是说《时代》内容太好了，太吸引人了，竟然使猎人放弃打猎而专心阅读它，并且使打猎对象的鹿也忘了生命危险，躲在后面偷看！

期刊广告可登在本刊，也可以在其他报刊、电视、广播等传播媒介刊登。一般说来，应以后者为主。因为，期刊广告所要面对的对象，主要还是尚非本刊读者的公众。

除了在报刊刊登广告之外，期刊广告还可以海报、传单等方式进行宣传。

二

期刊的广告宣传，往往要受财力等的限制。报刊上有人提出，书刊广告应该上电视。这当然是有道理的。殊不知电视广告费之昂贵，往往非一般书刊所能负担。电视上罕见书刊广告，对有些书刊来说，只是出于无奈，“非不为也，是不能也”。

广告既然有时要受财力等的限制，期刊就不一定非用广告形式宣传不可，还可以另觅其他宣传途径。

广告外的期刊宣传方式，最好莫过于评刊文章了。在一定时期如一岁之终或创刊若干周年之际，组织有关人士撰文评论本刊，对扩大期刊影响，很有好处。平时，如出版专号、专辑或发表了重要文章，也可以组织评论文章。评刊的文章不一定都只能捧场，说好话，批评性的也好。只要是实事求是的评刊，不论是赞扬还是批评，都对编刊有益，也都能扩大刊物的影响。评刊文章的作者是名家、专家固然好，影响大；非名家、专家而能有的放矢，也好，也会有影响，也能收宣传期刊之效，同时，也会对期刊编辑学的研究起良好作用。

以各种方法扩大社会影响，更是一种非宣传的宣传方式。例如，向文选、文摘报刊推荐本刊佳作，参加优秀期刊评选，举办各种座谈会，参与各种社会活动等都能起到宣传作用。

现在选刊性、文摘性的报刊品种很多，一般报刊也往往辟有文摘专刊、专栏。其摘选工作一般由编辑部进行。如果期刊能主动选摘本刊的佳作，分别推荐给适合的选刊性、文摘性报刊或报刊专刊、专栏，既支持了他们的工作，因而会受到他们的欢迎，又可扩大本刊和本刊佳作的影响。各种文选、文摘报刊经常大量选摘本刊作品，本身就是本刊质量高的一个明证，也等于是在经常大量地宣传本刊，利人利己，可谓一举两得。有人唯恐文选性、文摘性报刊的选载摘载，将影响本刊的销量，这不能不说是一种目光短浅之见。

现在各种期刊评选活动经常举行，期刊参加这类评选活动也可起宣传期刊之效。在评选中被评选为优秀期刊，当然会大大扩大期刊的社会影响；即使未被评选上优秀期刊，对扩大期刊的社会影响也会是有益的。期刊的社会影响总是要一点一滴的积小成大的。

召开座谈会，可以是评本刊或为本刊出谋划策的座谈会，也可以是年终回顾的座谈会，新年展望的座谈会，或者某一政治、经济、哲学、历史等学术专题的座谈会。它们本身是在扩大期刊的影响，而且，会后还可在报刊上发布消息，发表座谈会发言稿、纪要等，都对宣传期刊有助。

参加各种社会活动和召开各种座谈会一样，虽不仅是为了宣传期刊，却都可以收宣传期刊之效。各种专业期刊可参加文化方面的社会活动，也可参加专业的社会活动。至于一般政治性的社会活动，自然各种期刊都可参加。九一八事变后，邹韬奋的《生活》周刊就曾为东北抗日义勇军募捐，共募得15万多元，比当时“全国总商会”所募得的还要多。“一·二八”事件后，《生活》周刊又曾为抗日军募捐，还办了“生活伤兵医院”。他们这样做，目的当然并不是为了宣传《生活》周刊，但他们参与这些社会活动确实也提高了《生活》周刊的声誉，客观上起了宣传期刊的作用。

然而，无论是广告宣传、广告外的宣传和非宣传的宣传，都必须建立在期刊内在的气度、品位和质量基础之上。而最根本的、最好不过的期刊宣传，也正是在于不断提高期刊的质量，提高期刊的气度和品位，用期刊本身作宣传。

期刊的气度、品位是期刊总体质量的体现，正如一个人的高雅气度、品位是此人思想、学识、审美能力等的总体高水平的体现一样。期刊的气度、品位也从期刊大大小小各个方面的质量上表现出来。大至期刊的思想性、识见和艺术美等等方面，小至标点、字句的准确和正确等等方面。要使期刊的气度、品位、质量高，并不只有高层次学术期刊才可以做到，普及性的通俗期刊同样也可以做到。

“桃李不言，下自成蹊。”期刊本身的气度、品位、质量既是期刊宣传的基础，又是期刊最好的宣传！

三

上面有时将扩大期刊影响与扩大期刊发行量相提并论，这只是由于这两方面是密切相关联的。影响大往往发行量会大，发行量大则影响也往往更大。但这不等于说，扩大期刊影响与扩大期刊发行量就可以视为一事。发行量的扩大，会使期刊的影响扩大；但期刊影响的扩大，并不仅限于发行量的扩大。

由于期刊与一般商品不尽相同，期刊的宣传工作也与一般商品宣传不尽相同。为期刊做宣传工作，不应只从增加经济收益着眼。从根本上说，“我国的出版事业，与资本主义国家的出版事业根本不同，是党领导的社会主义事业的一个组成部分”，“决不能单纯追求利润。否则，就不能克服和防止精神产品商品化的现象，就不能保证我们的出版工作的社会主义性质和方向”(《中共中央、国务院关于加强出版工作的决定》)。

当然，期刊宣传不应只从增加经济收益着眼，并不是说就不能考虑增加经济收益问题，而只是说，不应以之为着眼点。因为，扩大期刊影响与扩大期刊发行量既然是相关联的，则宣传期刊是为了扩大期刊影响目的命题中，就包括了扩大期刊发行量，而扩大期刊发行量也包括增加经济收益在内。

必须明确的是，扩大发行量是在原有发行量基础上而言的，发行量之大小，也只是相对而言的。一种期刊发行量的大小，不仅应根据其发行量的绝对数字看，还应根据期刊的不同性质而不同地看。《故事会》这样群众性的通俗期刊可以发行几百万份，而《读书》这样高层次学术性期刊，在当前情况下，就绝没有可能发行几百万份。《故事会》如果发行 50 万份，可说是发行量还不够大，《读书》如果发行 50 万份，恐怕就可说是发行量很大了。由此可知，期刊编辑应该清醒地认识到，不是每种期刊都可以、都需要盲目地、无休止地去追求扩大发行量。1981 年期刊发行量处于高潮时，我就听陈翰伯同志说过：《读书》的发行量，只想维持在 10 万份上下，不想发行太多。这在当时可算是清醒的认识和合理的目标。读者面广而发行量过小固然是个问题，但读者面窄而发行量过大，同样也是个问题。因为，其中必有一部分是盲目购买或是属于滥买滥发的，实际不去读它或不能读它，这部分期刊虽然发行出去了，却不会起其应该起的作用，对社会来说，实际属于浪费。

即使在西方资本主义社会里，期刊也不是发行量越大就赚钱越多。美国的期刊，有不少都是售价比买那么一叠白纸还便宜，自然更低于成本。它们是靠广告费收入来弥补和赚钱的。而广告费之高低是与期刊发行量成正比的。期刊发行量越大，广告费也就越高，期刊也就可以赚更多的钱。这似乎证明了发行量越大就赚钱越多。但是，美国竟有声名显赫的大期刊，由于发行量过大而亏损大倒闭停刊的！原来，上述发行量越大就赚钱越多那种“发行量效应”是有一定极限的。发行量超过了这极限过大时，广告费也会变成高得惊人了，厂商因之望而却步，便改到发行量较小、广告费较低的期刊去登广告了。美国有家声名显赫的大期刊，就曾因发行量过大、广告费收入剧减亏损而停刊过！

当然，现在中国的期刊售价大都超过成本，是靠销售而不是靠广告生存的，不一定会因发行量过大而亏损停刊。但是，无论从哪个角度观察，应该追求的只能是合理的发行量而不应是盲目地无限扩大，而扩大期刊的影响，则是不受什么限制的。

这也说明，期刊宣传的目的主要不应是为了扩大期刊发行量而更是为了扩大期刊的影响。

四

各个期刊社大都设有专管发行的部门或人员，编辑一般是不管发行的。但是，社会主义市场经济的发展，使得经营意识的重要性日益增大。编辑与经营绝缘、不过问发行的情况，日益显得不能适应当前的需要了。

发行是流通领域的事。期刊生产出来后，如果不通过流通领域发行出去，就既无法实现社会效益，也无法实现经济效益。期刊的生产虽不一定能说是为了发行，但期刊生产出来后必须通过发行流通到社会上是不能不承认的事实。既然如此，则期刊的编辑工作与期刊的发行工作，实是同一事的两个不同环节，彼此联系至为密切。发行工作是应该为编辑工作服务的，但编辑工作也不应不考虑到市场，不能不考虑到发行工作。

这样，期刊发行工作就不是与期刊编辑无关的一件事了。在期刊内部，即使编辑工作与发行工作是分工由不同部分不同人员负责的，编辑不一定都直接参与发行工作却必须有市场意识，要对发行工作有个概略的了解。这样，编出来的期刊才不会与市场、与发行要求相距过远。

不仅如此，期刊发行工作对期刊编辑工作也有积极的促进和支持作用。发行情况好，经济上有了后盾，支持了期刊，还只是一个方面。另一方面，发行情况好，更可激励编辑部的士气，表明期刊得到社会更广泛的承认，表明社会对期刊需要量的增长。而在发行工作中，又是期刊成员与期刊读者接触的良机，可以从读者那里得到反馈，作为改进期刊编辑工作的依据。

由于现代国际交往的不断扩大，国际的文化交流也在不断扩大，日益频繁。期刊的交流是国际文化交流的一个重要方面，因为期刊拥有丰富的信息量和最新的信息。通过期刊进行文化交流，赠阅的方式已不能完全满足这种需要，而更主要的还是要靠发行工作。所以，无论是文化交流的哪一方面，从吸收外国的新文化成果看，或从将我们期刊上的新文化成果传播到外国看，都离不开期刊的发行这样一项工作。

发行工作最终总是面向读者的，不论它中间要经过什么环节，它总是要发行到读者手里才算完成。因此，做好发行工作的基础，还是要了解读者需要，为读者编刊。要进行读者调查，了解读者的阅读情况，阅读心理、购刊心理等，同时还要进行期刊市场调查，包括期刊市场环境调查，期刊出版情况调查，期刊市场规模、特征等调查以及消费结构调查等等。进行市场情况调查，可起间接的读者调查的作用。从读者调查、市场调查获得的情况，不仅对期刊发行工作来说是必需的，就是对期刊的编辑工作来说，也同样是必需的。

1993 年

期刊“主编”是干什么的

▲有个问题向您请教：期刊“主编”是干什么的？

○所谓“主编”，就指人而言，是指主持某书或某刊编辑工作的人；就事而言，是指主持某书、某刊的编辑工作，不言自明。所以连《辞海》和专业的《编辑实用百科全书》，以及诸如日本的《出版事典》等，都没有这个条目。但在徐柏容著的教育部指定大学本科教材《期刊编辑学概论》中，谈到了这个问题：“期刊的主编要对期刊有总体编辑构思于先，再按总体编辑构思审定每篇、每期文稿于一般编辑完成之后，再将散篇的文稿组织结构成一个个系统——一期期期刊。主编不仅带有‘主角’的意味，要负主要的责任，而且在整个编辑结构中，居于中心主导地位。”

▲照此说来，期刊的“主编”就是自始至终主持期刊编辑工作全过程的人，也就是具体、实际、主导执行期刊编辑工作的人了。

○是的，当然是这样。

▲我原本也是这样认为的。可是，近年来我在不少期刊杂志上看到，在标出主编与副主编之外，又出现了一种叫“执行主编”的人。顾名思义，那“执行主编”该是实际做主编工作的人吧？

○我想是的。

▲如果“执行主编”就是实际做主编工作的人，按逻辑推理，那么就是说，前面没挂“执行”二字的主编，就是实际并不“执行”主编任务、实际并不做主编工作的人了，是不是？

○呃，按推理似乎是这样的。

▲那么，这样的“主编”又是干什么的呢？不执行主编任务、不做主

编工作的“主编”，岂不成了摆设了吗？

〇也许是顾问性质？或者是名誉性主编？

▲但是，这些期刊往往还另有顾问名单，有的还另有“名誉主编”！即使没有另外的“名誉主编”，主编能等于名誉主编吗？到底谁才是真正的“主编”呢？

〇您这么一问，一时让我也迷惑了。

▲进一步问，为什么这些期刊要设置这么一个不“执行”的幻影式主编呢？

〇也许因为是名人，希望带来“名人效应”吧？

▲也许有此因素。不过，大多数被“执行主编”架空成不执行的“主编”并不是名人。

〇那么他们为什么又甘心当这样另有“执行主编”的空头“主编”呢？在期刊上堂而皇之地与“执行主编”并列，不等于承认自己是个不“执行”的空头“主编”吗？

▲也许不仅如此。或者即使是空头的“主编”头衔也可有助于本非名人而成为名人？或者是为了让原来在幕后执行主编任务的“英雄”走上前台，又使“主编”仍不失其宝座，因而加上这张“执行主编”的位子而两全其美？

〇可是，即使出于这“良好”的愿望，而“主编”到底是干什么的，不还是“其为惑也终不解矣”？

1998 年

丛刊和丛刊的异化

自从人类发明了造纸术后，一两千年来，出版物都是纸质的。先有写在纸上、印在纸上的书籍，以后又有印在纸上的报纸、期刊。以致一提到出版物，人们就知道指的是书、报、刊。即使在近二三十年来出版物又扩而大之兼容并包了音像制品、电子制品等以后，书、报、刊仍稳居出版物的主要形式，仍具出版物无可替代的代表地位。

出版物——或者更准确些说纸质出版物，真的只有书、报、刊这样三种形式吗？不，人们往往忽略了，在书籍、报纸、期刊三种形式之外，其实还有一种在期刊出现不久后也就出现了的出版物、纸质出版物，那就是丛刊。

丛刊既具有书籍的某些特征，又具有期刊的某些特征，或者说是有书的外形却是和期刊一样的内容结构。因而为既不是书，也不是期刊的另一种形式的出版物。我们这里所说的书是指狭义的书，亦即一个主题、一个结构系统的独立整体；我们所说的期刊，则是由多篇不同主题、不同结构系统的一个个整体(即一篇篇文章)，按一个更大的结构系统组合的半独立整体。所谓之半独立的整体，是说它每一期既是一个整体，又只是这份期刊整体的一期、亦即一部分，因而每期期刊既是独立的又不完全是独立的“半独立的整体”。丛刊则既有书的外形而且往往和书那样于丛刊名之外每本还有每本的“书”名，却又往往不是“一个主题、一个结构系统的独立整体”；既有期刊的连续出版性和与期刊相同的结构系统，却又形与名有异于期刊，也不像期刊之一般定期出版而多为不定期出版。丛刊的特点大致可归纳为：

一、形式多像书，内容和期刊杂志基本相似——不同题材、不同内容、或者不同体裁的不同作者作品编在一起；

二、刊期像书一样不固定出刊期，或虽大致固定却一般不标明刊期；

三、多是每本有每本的书名，成为其主名；有的即使还标有丛刊名称，也和丛书一样不是主名而是次名。

四、一般不像期刊之分卷分期或按年分期。标丛刊次名的最多也只分“第一辑”、“第二辑”等。

试以20世纪30年代茅盾主编的《文艺阵地》为例。《文艺阵地》本是正式定期出版的半月刊，但到1940年出版到4月16日的第4卷第12期后，由于形势的需要，就改为“丛刊”的形式出版了——内容仍和《文艺阵地》一样，但不叫《文艺阵地》这个名字而改称“文阵丛刊”了，而且“文阵丛刊”作为丛刊名也成了次名，出版的两辑都另有主名，第一本叫《水火之间》，第二本叫《论鲁迅》。形式也由16开本的杂志形式改为24开的书籍形式了。1940年的年底，在重庆复刊后才又恢复为16开本的杂志《文艺阵地》。到1943年11月出版第7卷第4期后，又改24开书籍开本以“文阵新辑”丛刊名出版，所出的三辑也是另有作为主名的书名：《去国》、《哈罗尔德的旅行及其他》、《纵横前后方》。而且，“文阵丛刊”和“文阵新辑”也都不是半月刊了。

再如，1947年上海出版的《文萃》，原本是周刊，在中共代表和中共办事处从南京、上海撤离后，也于1947年3月起，改以“文萃丛刊”名义，用书的形式出版。“文萃丛刊”共出了10本，也是每本有每本的书名作为主名，如《人权之歌》、《台湾真相》、《臧大咬子伸冤记》、《论世界矛盾》、《论纸老虎》等，而“文萃丛刊”也只是有如丛书名之作为次名。同时开本也由《文萃》原来的期刊16开形式而改为“文萃丛刊”的书籍25开开本。

除《文艺阵地》、《文萃》等的由出期刊改为出丛刊外，还有的是直接以丛刊形式出版的，开本也和书籍类似。例如就在“文萃丛刊”出版前后，许杰在上海也编过一种文艺丛刊，我只记得它的第一辑主名(也就是书名)是《论小资产阶级文艺》，而作为次名的丛刊名倒忘了。由此也可见作为主名的书名最重要，而丛刊名作为次名也是次要的。

不过，关于上述丛刊于丛刊名之外尚有一书名作为主名的这个特点，在1949年以前虽也有例外，却并不常见，而在1949年以后出版的丛刊，却多是以丛刊名为主名，只按辑编号，而不另加书名。例如：上海新文艺出版社的《文艺理论小译丛》，本来是以散篇形式问世的，但现在保存下来能见到的只是1953年出版的第一辑、第二辑、第三辑的一辑一册合订本了。合订本主名就是《文艺理论学习小译丛》，各书依“第一辑合订本”……以区别，无其他书名；人民文学出版社出版的《文艺理论译丛》则从1957年7月出第一辑开始，即只有丛刊名一个名号，按辑排序，1958年起按年排辑序。也就是说，从创刊起，便只以丛刊名面世。也有的丛刊，是期刊社打着期刊名义另出的丛刊，有点像《文艺阵地》之改出“文阵丛刊”、“文阵新辑”，《文萃》周刊之改出“文萃丛刊”，如由北京《文学评论》编辑于1978年出版的《文学评论丛刊》。所不同的在于“文阵丛刊”、“文萃丛刊”等是原刊停刊出版的丛刊，而《文学评论丛刊》是原刊《文学评论》仍在出版时出的。这样只以丛刊名出版的情况不仅见于文学出版物，也存在于其他类别的出版物。例如，上海于1982年创刊的《出版史料》，它也只有丛刊名而不另加书名。从1982年创刊到1986年出版的前六期，都不分卷(年)期而以第几辑、第几辑排序出版。从第一辑到第三辑都用的书号，第四辑起改用“上海市报刊登记证”号，这份丛刊只是在1987年起才按年分期编号，1987年第四期起才有“国内统一刊号”，成为期刊。

1949年以前的丛刊一般都有于丛刊名之外另加书名作为主名的特点，而1949年后的丛刊这个特点类多消失的原因何在？据我分析，原因固然未必皆一，但有一个主要原因便是造成所以不出期刊而出丛刊的客观条件有异。1949年以前，《文艺阵地》无论第一次的在上海改为出“文阵丛刊”或第二次在重庆的改为出“文阵新辑”，或《文萃》之改出“文萃丛刊”，都是为了避免、应付环境的压力，因为用《文艺阵地》、《文萃》的刊名出版易被连续查扣，而以一本一书名面世则若被查禁也只是一本，不会波及别本。许杰编的《论小资产阶级文艺》丛刊一本以一本的书名面世，同样也是为此。是用以生存的一种战术。而1949年以后的丛刊就不同了，没有要用这种战术来应对查扣的压力，也就用不着打一枪换一个阵地的战术了。早期的《文艺理论学习小译丛》、《文艺理论译丛》等出丛刊是谨慎，避免期刊的到刊期必须出来的压力，《文学评论丛刊》则是由于期刊有刊用价值的稿件过多，为了疏导存稿而增出丛刊。后来的《出版史料》等，则仍可能是如《文艺理论学习小译丛》等之慎重以及人力、物力等的考虑、尚未申请到期刊刊号等多种原因而出了几年丛刊才改期刊。

世纪之交的近十来年，由于期刊刊号的发放控制较严，以避免期刊出版过滥，有些地方，就出现以书号和书的形式出版内容、结构系统都一如期刊的出版物，有些传媒便欣然地欢呼，说是所谓“杂志性图书”的“一种新的出版物形式”出现了。一时竟大有众口喧腾之势。其实，无论是“杂志性图书”也好，“图书形杂志”也好，不就是我们所说早已有之的“丛刊”吗！以为它是“一种新的出版物形式”，其实是以旧为新了。

“丛刊”这种出版物似乎又一时重新流行起来。据有关方面的不完全统计，2006年到2007年之间，以书号出版的丛刊已有五六百种之多，而且主要都是学术性的。这表明学术研究的繁荣鼎盛吗？只要看看它们的内容，便会感到未必如此。其中的大多数，质量不仅难餍人意，有的更难免贻低下之讥，这就不能不令人怀疑，丛刊特别是“学术”性丛刊之再度流行，是不是商业操作所致——不过，这种商业操作，不是以炒作扩大发行量来赚钱的商业操作，而是收取作者高额发表版面费的商业操作。而作者所以肯掏钱支持这种商业操作，又是现实需要迫使其不得不支持：评职称要发表若干篇论文，晋升要发表若干篇论文，以至学位的获得，科研成果考核……无一不如此。原有的学术期刊包括增刊，不仅版面有限，而且如果大量刊登这类“论文”的话，难免有损刊物名声，甚至危及其生存，旁门左道，于焉乃兴，在以丛刊形式出版上打如意算盘。古语云：“水积而鱼聚，木茂而鸟集”(《淮南子·说山训》)，上述现实需要的情况如果不变的话，丛刊特别是“学术”丛刊的流行，恐怕也难有变化。

这是不是可以说是丛刊的异化、可悲的异化？

2007年

重 振 雄 风
——鸟瞰天津社办期刊

“书”，广义地说，是应包括期刊的。期刊，有期刊社办的，也有出版社办的。我们这里所谓的社办期刊，就指的是由出版社编辑出版的期刊。在天津，共有17种。如将直属天津市新闻出版管理局的《历史教学》与《历史学习》两种包括在内一并计算，则共有19种。

这19种期刊，除《历史教学》创刊很早，几乎与中华人民共和国同龄之外，其他18种，都是在20世纪80年代以后创办的。其中同于1980年创刊的《小说月报》、《散文》、《八小时以外》、《科学与生活》、《长寿》等5种，创刊后均曾洛阳纸贵，风行一时，在全国乃至海外有过相当大的影响，有好几种都曾发行量超过百万份而追近200万份，有过它辉煌的历史。现在，这些期刊除一两种相对说来发行数比较平稳之外，其他几种都在大起之后出现大落。其原因，主要是由于客观形势的变化，例如刊物多了，读者兴趣广了，电视争取去了广大受众……但是，是不是还有主观方面的，即使只是次要的原因呢？为了使天津社办期刊重振雄风，这个问题也未尝不可以研究。

对这十几种天津社办期刊近一年多来各期浏览一下，我们就不难发现，这些期刊大多都有较高的质量。应该说，基本上是一片净土。像《散文》、《散文·海外版》、《历史教学》等，都保持了文学的纯洁性，学术与教学的纯洁性。这一点，可说是最喜人的。从这里再深入下去，我们又会发现，不少社办期刊，都各有其一定的个性、特色。例如，《长寿》月刊的个性、特色，就与其内容的稳定性是分不开的。它在稳定中也有变，例如1994年将过去比较分散琐碎的栏目归纳为几个大栏目，加强了板块性，就使大栏目更能起到期刊作为一个系统工程的结构胶合质作用。他如《散文》、《小说月报》，个性、特色也较鲜明。《八小时以外》1994 年 4 期，较之 1993 年、1992 年，个性特色也更为凸出，《小说家》举办的“中篇小说擂台赛”以及它以前的“同题小说”等，也都凸出了这刊物富于朝气的个性。《国画家》、《中国油画》等，也以其较鲜明的特色使其发行量在期刊发行低潮中，稳步缓慢地上升。《散文·海外版》创刊不过一年多，已取得不少读者的爱宠，也说明了清纯文学仍然是有读者的。如果它能使自己有别于《散文》的文学特色更加鲜明、突出，应该是会很有前途的。

正如谈到《长寿》栏目时说过的，期刊栏目的设置，应是期刊系统结构的胶合剂。栏目作为一种中介，散篇的文章通过它而结合成一个系统，从而使期刊发挥“系统效应”——即大于各篇文章功能之和的功能。编辑工作所以能称之为创造性工作、创造性劳动最根本的关键，就在于此。特别对期刊编辑工作来说是如此。天津社办期刊中，不少的栏目设置是比较合理的，恰当的。不过，也有的期刊，栏目设置似乎还可以再作推敲。例如，有的栏目过于琐碎，甚至几乎一篇文章一个栏目，这就使得栏目的设置失去其意义，难以发挥其期刊结构中介质的作用了。因为它虽有栏目实等于没有栏目，每篇文章依然是散存的一篇篇文章。也有的栏目似乎设置的角度值得斟酌。例如，帮助学生作文的期刊，是像一般期刊那样分栏目好还是按体裁分栏目好？如按体裁如议论文、叙事文、写景文等分，是不是更便于帮助学生掌握不同文体的作文法？教学性期刊，如何处理教学内容与教学方法两者的关系，如何在栏目的设置上使二者相结合而又有轻有重，以突出期刊的个性和学术分量，也是值得加以研究的。

天津社办期刊的装帧，如以高标准要求，就还不够理想。如有的期刊封面多为“大美人”像，与刊物的性质关系不密切；有的封面显得较为杂乱琐碎；有的封面美感力量较弱……版式的设计，似乎多偏于严谨而不够泼辣。版式与内容结合的紧密度，也还有待加强。图文并茂做得也还不够。

天津社办期刊的宣传工作也还较差，这就不能不影响到发行量。这里面可能有个经济问题。但并不是没有钱就不能做宣传工作。例如，评刊文章就不必花钱，效果比花钱的广告还更大。关键是要重视，要有人去做，要有人想一切办法去做。

愿天津的社办期刊重振雄风！

1994 年

现代的普罗米修斯

期刊杂志出版的繁荣，固然是一种世界现象，但我国改革开放以来的这些年，期刊杂志的发展，不仅超越了报纸，超越了书籍，也超越了世界其他国家期刊杂志的发展。应该说，这是一种十分可喜的现象。不过，这里所说的发展、超越，主要是就其数量而言。而任何事物的发展，不仅表现在数量上，更表现在质量上。质量的发展才是事物质的决定性发展的体现。

从这个方面来说，华北五省市这次联合举办的首届华北十佳期刊、优秀期刊评选，是具有深远意义的。这不仅由于它在中国期刊杂志史上是创举，更在于这种评选是期刊杂志互相沟通、彼此交流的一个好渠道，是促使期刊杂志提高质量的动力。华北五省市作了第一次尝试，自然便会有第二次、第三次……接踵而来。不仅华北，其他地区性的乃至全国性的期刊杂志评选，也是可以预见的趋势。此举将会促使我国期刊杂志，从浅层的数量繁荣发展转向深层的质量繁荣发展，这将更有利于我国的社会主义物质文明建设与精神文明建设。这种前景，又给这次首届华北十佳期刊、优秀期刊评选增添了一份特殊的潜隐意义。

开展这次期刊杂志评选工作，华北五省市新闻出版局做了长期、大量、细致的工作。他们就其本省市公开发行的正式期刊杂志，经过反复认真的层层评选，提出名单推荐到华北期刊评奖委员会来，这是我们五个评委进行评选的基础。

首届华北期刊评选评出了十佳期刊 10 种，优秀期刊 15 种。这些期刊杂志，都是具有相当高质量的。虽然，“知者乐水，仁者乐山”(《论语·雍也》)，认识的差异总是存在的。而且，就是抛开见仁见智这点不去说它，由于名额及评选方法的限制等原因，也未必就一定没有遗珠之憾。任何一次评奖，大概都不可能不给任何人留下任何遗憾。人们常说：电影是遗憾的艺术，我看，评奖也是遗憾的艺术——如果评奖也可以称之为一种艺术的话。至于这次华北五省市期刊评选，由于是破天荒的创举，留下的遗憾会不会更多一些？那就只有留待大家评说了。10 种十佳期刊、15 种优秀期刊是好的，是优秀的。但恐怕不能说好的、优秀的期刊杂志在华北只此 10 家、只此 15 家。更不能说其他的就不优秀。

天津评上华北十佳期刊的《散文》和天津《支部生活》，自是当之无愧的。以《散文》月刊来说，它是新中国首先创刊的一本散文刊物，十几年来，任凭世间风云变幻、文坛云谲波诡，它一直洁身自好，以纯正的笔墨，抒写高雅的情怀、人生的百味，使读者于艺术享受之中，对情操之趋尚、品位之提高、趣味之陶冶、知识之增益，受到潜移默化，因而获得广大读者的欢迎。它取稿不唯名、不唯亲，唯以质量衡之，也受到广大散文作者，特别是青年作者的称道。在纯文学期刊期发数普遍滑坡的时候，《散文》却一直能保持期发十多万份的记录，成为纯文学期刊发行的“不倒翁”，这绝不是偶然的，而首先是由于他们坚持了从创刊开始一以贯之的办刊宗旨。

《支部生活》

再以《支部生活》来说，它是全国同类期刊杂志中创刊最早的。1991 年的建党 70 周年纪念日，也正是它创刊 40 周年纪念日。以人而言，40 岁是进入了不惑之年。然而，作为期刊杂志的《支部生活》，从它 40 年前创刊起，就早已不惑了。不仅不惑，而且是“以其昭昭，使人昭昭”(《孟子·尽心下》)，一直是教育广大党员、教育广大人民群众的好先生。为了成为党员、群众的好先生，它广泛联系作者、联系党内外读者，向群众学习，先做人民群众的学生，辛辛苦苦地饮啜群众花朵的智慧，勤勤恳恳地酿成营养丰富而又甘美的蜜汁，哺育人民群众。40 年来，它一直沿着这条道路，稳定而坚实地迈着大步前进，办出了自己的特色，既有思想性又有可读性。它成为雅俗共赏、群众喜爱的期刊，也非出自偶然。我在华北期刊评委会上曾说：《散文》和《支部生活》，不仅坚持了正确的办刊方向，提高了思想性，而且随着客观情况和读者需求的推移，加强了选题的针对性、内容的知识性与文章的适时性等。在编排工作上也注意了总体编辑构思的完整性与内容结构的系统性。可以看出，它们在努力使每一片绿叶都成为树的整体的一部分，而又尽可能使每片绿叶上都有树的生命的气息在颤动。当然，要真正完全做到这点，还要继续不断努力。

我曾经在所著《杂志编辑学》一书中，把期刊杂志称作现代的普罗米修斯。这也许只能算是个跛脚的比喻。但如果还不是荒唐到不值一顾的话，那么，像《支部生活》这样的党刊，就不仅是传递一般思想知识火种的普罗米修斯，而且是传播马克思列宁主义圣火的普罗米修斯。像《散文》这样的纯文学期刊，就不仅是传递一般思想知识火种的普罗米修斯，而且是传递崇高的真、善、美火种的普罗米修斯。或者换一种朴实些的说法，如果说期刊杂志是人民的教科书，那么，《散文》这样的文学杂志，就是生活的教科书、美的教科书；《支部生活》这样的党刊就应该是党的知识教科书。无论说是传播马克思列宁主义圣火的普罗米修斯还是党的知识教科书，或者传递崇高的真、善、美圣火的普罗米修斯还是生活的教科书、美的教科书，其“任重而道远”(《论语 · 泰伯》)，都可想而知。《散文》、《支部生活》被评选为华北十佳期刊之一，是值得祝贺的。但在它们的前面，还是“路漫漫其修远兮”(屈原《离骚》)。华北十佳期刊的荣誉，只不过是《散文》和《支部生活》迈向新台阶的第一级而已。我相信，只要“不诱于誉，不恐于诽，率道而行，端然正己”(《荀子 · 非十二子》)，今后的《散文》和《支部生活》，必会以更矫健有力的步伐，不断迈向更高的台阶。

1991 年

共创期刊的辉煌

——兼贺天津获奖期刊

首届全国社科优秀期刊颁奖大会，1996 年在北京开过。这次参评的社科学术理论期刊、时事政治期刊、综合文化生活期刊、教学辅导期刊等四大类，共评出优秀奖 21 种，提名奖 48 种。天津的《八小时以外》荣获优秀综合文化生活期刊奖，《天津社会科学》荣获优秀社科学术理论期刊奖提名奖。为天津出版界增了光，为天津增了光。

所以这样说，并不是一般的套话，而是有事实根据的。在 21 种优秀期刊中，中央和解放军的共 12 种，各省市的共 9 种，分属 9 个省市。《八小时以外》无论是在三大直辖市中，还是在华北地区，都是唯一的获优秀奖的。这不是为天津出版界、为天津增光的事吗！《天津社会科学》获得提名奖，同样是如此。要知道，我国现有的社科期刊，一共有3 800 多种，而参评的四类期刊就有 1 933 种，推荐上来参评的就有 216 种，21 种优秀期刊，是地地道道的百里挑一，十里挑一。

这次评奖的办法，也与过去不同，主要不是印象评估，而是以国家新闻出版署发布的《社会科学期刊质量管理标准》(试行)、《社会科学期刊质量标准及质量评估办法》(试行)为依据，分类按政治标准、业务标准、编辑标准、出版标准四个方面，既定性又定量地逐项评估，量化给分。所以，标准是一致的，操作是统一的，基本上不至于因人而异或因刊而异。这就使得评估的公平性大大加强。由于《标准》和《办法》都只是试行性的，虽然还不能说是没有可待改进的地方，但总起来看，还是比较科学的、公正的。

评奖的过程，从我作为此次评奖的评委之一的亲身感受，也是十分严肃认真的。无论是要评上优秀奖或提名奖，不“过五关，斩六将”也得“过三关，斩四将”。这三关的第一关是：省、市、中央部委初评，在其所辖范围内评选四个类别的期刊各一种向评选委员会推荐。第二关是，评选委员会对推荐上来的期刊进行评定。第三关是，由评委会的主任、评委无记名投票最后决定。“斩四将”除三关外另一“将”是，评委会办公室还要将各地推荐的候选期刊是否符合所评四类性质进行审核，只有符合的才送交评选委员进行评选。

评委会的顾问是徐光春(原中宣部副部长)、主任是于友先(原新闻出版署署长)、副主任是梁衡、高明光、张伯海等。评委除了我之外，都是在北京的各方面的专家。

评委的评定工作，前后进行了约两个月。开评委会时参与的主管部门同志，据我观察，也未曾发表评估意见，大概是为了尊重评委，不使之受影响的缘故吧。评委们除了分头检阅或抽查每一种期刊外，还按四类分组集体讨论评分，排定名次。从这里，也就不难窥见评选之认真，也就不难看出获得提名奖、特别是获得优秀奖之如何得来非易了。

评选优秀社科期刊之举，意义是深远的。它不仅是一次社科期刊的

大检阅，更是推动社科期刊，从以数量规模发展为主要特征，到以优质高效为主要特征的阶段性转移的有力措施，它必将把社科期刊的繁荣发展引向正确的轨道，以促进我国的社会主义物质文明建设与精神文明建设。而被评选出获奖的期刊，应该说，就是这支大军的尖兵。这尖兵，在天津，排头的就是《八小时以外》，紧随其后的就是《天津社会科学》。

《八小时以外》

几年前我在首届华北十佳期刊、优秀期刊评选后曾撰文说：

任何一次评奖，大概都不可能不给任何人留下任何遗憾。人们常说，电影是遗憾的艺术。我看，评奖也是遗憾的艺术——如果评奖也可称之为一种艺术

的话。

但这次首届优秀社科期刊评奖，由于有了比较公正而易操作的评选办法，即使未必就是不会给任何人留下任何遗憾的话，留下的遗憾相信已减少到很小的程度。评上的21种优秀期刊自然是优秀的，评上提名奖的48种自然也是比较优良的。然而，恐怕未必能担保就没有遗珠之憾，这涉及一个根本问题，就是社科期刊的质量，是否都宜于进行量化的比较？量化的标准是否只反映其浅层的质量水平而难以衡量到其深层的质量水平如思想性、学术性、创造性等等？以及量化的评分标准是否科学合理等等。因此，恐怕不能说除此之外就决无优秀或比较优良的社科期刊。何况，七类社科期刊之中，这次参评的还是其中的四类呢。

然而，无论如何，优秀社科期刊的标准通过这次评奖树立起来了，旗帜高举起来了。在全国是如此，在天津也是如此。

当然，无论对获得优秀奖的《八小时以外》来说，或是对获得提名奖的《天津社会科学》来说，我相信它们都不会停留在现在已获得的成就与荣誉的梯级上。它们当会以“人一能之，己百之；人十能之，己千之”(《中庸》)的精神，而不断地向更高的梯级攀登。天津的所有期刊，也同样会这样不断地向比现在更高的梯级攀登，以共创天津期刊的辉煌。

1996年

第三编

期刊风范

众多目光掠过草原，
却少有看到草原花朵的。

——爱默生

枢始得其环中

——读《中国期刊面面观》

正如罗琳先生在《中国期刊面面观·主编的话》中说的："1993 年，我国的期刊发展到 7 562 种，成为期刊大国。"但是，研究期刊的书还不多，期刊理论著作就更少了。两两对照、就像 20 世纪 30 年代好莱坞的笑星劳莱与哈台，一胖一瘦，极不相称。这是表明我们的重实践吗？重实践当然是对的，但重实践未必就可成为轻理论的理由。何况，也许未必真正是重实践而可能只是体现了一种急功近利的浮躁。

行是知之本，实践是认识的源泉。但要行而有成、实践能不断得到提高，就要在行、在实践的基础上，总结、升华出科学的理论，形成科学的理论体系，行之成、实践的提高，才会有导引迷津的指针。编辑、出版期刊与期刊研究、期刊理论的关系，同样也是如此。中国之真正有期刊，始于 1833 年在广州出版的《东西洋考每月统记传》(*Eastern Western Monthly Magazine*)——1815 年出版的中文期刊《察世俗每月统计传》(*Chinese Monthly Magazine*)因是在马六甲而不是在中国出版的，只能说是第一份中文期刊，而不能说是中国第一份期刊(见拙著《杂志编辑学》，中国书籍出版社，1991 年版)。从那时到现在，已经有 162 年的历史了。就是中国期刊在新时期以来大发展至今，也有十几年了。我们的期刊界，如果还是办刊的巨人、期刊理论的侏儒，还是"以其昏昏"地只管编下去、出下去，而缺乏理论的指导"使人昭昭"(《孟子·尽心下》)，期刊的质量又怎能有飞跃式的提高？期刊又怎能实现"从数量规模增长为主要特征向质量效益为主要特征的阶段性转移"呢？庄子说："枢始得其环中。"(《庄子·齐物论》)要想中窍，编好期刊，还得掌握理论，以理论为枢纽。在这种期刊如林、理论沉寂的情况下，能够看到罗琳先生主编的《中国期刊面面观》由中国书籍出版社出版了，就像暗林之中，星火闪现；"逃虚实者，闻人足音"(《庄子·徐无鬼》)，使人感到兴奋鼓舞、"跫然而喜"，就是理所必然的了。

《中国期刊面面观》中的近50篇文章，大都是裒辑自《中国出版》(包括其前身《出版工作》)月刊。各篇文章，在期刊上发表后，固然已经各自起过它们作为期刊研究、期刊理论的指导性作用，罗琳先生将它们裒辑成书，却决不仅是起了汇编的作用，也决不仅具有再发表的价值。我们知道，作为公众传播手段之一的期刊，既是信息库、知识库，又是思想库、文化库。它本身就具有梳理、传播、积累文化的作用。但是，任何事物的作用都会有其局限性，期刊亦不例外。期刊又称杂志(虽然严格说来，二者并非同义语)，它的特征之一是杂。较之书籍来说，既有比书籍丰富多彩之长，又往往有不如书籍集中专一之短。在梳理、传播、积累文化作用方面，二者也各有其长其短。罗琳同志将散见《中国出版》的期刊研究、期刊理论文章编成一书，就不仅大大方便了读者，方便了期刊工作者，也不仅对梳理、传播、积累文化会有新的贡献，而且对开展期刊研究，期刊理论研究，会有提倡与引导的作用。这是《中国期刊面面观》的又一重要社会价值。

抑有进者：《中国期刊面面观》并不是简单地将《中国出版》上的文章汇集在一起，而是经过重新编选，也就是将这些散见于期刊上的文章，重新按新的编辑构思加以集中，结构成一个全新的系统。在《中国期刊面面观》这个新的系统中，各篇文章所能产生的功能，已经不限于文章孤立发表于刊物上时的功能了；作为一个完整系统的《中国期刊面面观》的功能，也不仅仅是其中所收各篇文章功能的总和了。这是因为，各篇文章经过编辑组织成一个新的、有序化的系统后，这个系统就会产生系统论创始人贝塔朗菲所说的大于各个组成要素功能总和的、非加和性的系统效应。如果没有将这些文章按新的编辑构思编成《中国期刊面面观》这本书，也就不会有这种大于各篇文章功能之和的系统效应的产生。因而，《中国期刊面面观》的价值，还在于它创造了作为系统效应的新价值。

《中国期刊面面观》所体现的编辑构思，也说明了这点。

本书将所编辑的近50篇文章，分为宏观篇、类观篇、微观篇三部分，宏观篇可说是作战略性的研究，包括一些从全局着眼，从大处着眼的论题。将这部分置诸书首是适当的，因为不作宏观把握，不先从全局、大处着眼，也就难以微观准确、合宜。任何一种期刊或者期刊工作中的任何一个具体问题，都是在一定的大环境中的问题，是整体中的个别。从宏观入手，是期刊研究的正确途径。类观篇也还是带有战略性的研究，或者可说是介乎战略性与战术性之间的研究，是对不同类别如社会科学期刊、科学技术期刊……的总体研究。因此，是不是也许不如称之为中观篇或亚宏观篇更好些？因为“类观”之称毕竟较为生涩，虽然它有标明了“类”的好处。各种期刊工作虽有其共性，但不同类期刊在其共性之下又各有其特性。按期刊类别作概括的研究，既可比之宏观研究更实际、具体，又不像微观个例研究那样基本只是个性研究而概括性弱。不同类别期刊的研究，作为一种中介性的研究，具有宏观、微观所不及的特殊作用。因而也是不应忽视的。微观篇是个例研究，即对具体期刊的具体研究。也可说是一种战术性研究，这是一种比前二篇更为细致的研究，是在对期刊总体、对不同类别期刊综合研究前提下的个体研究，因而就可能具有“解剖麻雀”的意义。只要不是将微观研究孤立视之而是在宏观、中观研究的前提下的微观研究，对于期刊编辑工作来说，便可能有更为现实、更为直接的意义。

宏观篇、类观篇、微观篇虽然是三者各自成篇的，但却又是联成一体的，宏观套类观，类观套微观，可说是一环套一环，结构成一个严密的、有序的系统。使我们看到《中国期刊面面观》编辑构思的严谨，并可以预期这种严谨的编辑构思会带来的系统效应。全书三辑之中，从篇目看，微观篇最多，宏观篇次之，类观篇最少。但从所占篇幅看，则是宏观篇、类观篇大体相当，微观篇反而少一些。所以，三辑的分量，又基本上保持了均衡性。

我在拙著《书籍编辑学》(黑龙江教育出版社 1991 年版)中，对汇编书稿提出的结构四原则是：集中原则，有序原则，互补原则，均衡原则。从上面的评述，可以看出，《中国期刊面面观》的编成，既体现了集中原则、有序原则，也体现了均衡原则。那么，互补原则体现得如何呢？从大处看，宏观篇、类观篇、微观篇三篇，正是互补的。各篇内的各篇文章之间，基本上也是具有一定互补性的，各从不同的方面，互补而形成

“面面观”。不过，正如主编罗琳先生在《主编的话》中所说：“不求大全，而求其特殊价值”，或者还要受已有文章的局限，在这方面也许不是没有更上一层楼的余地。然而，即便如此，那也只能说是属于求全之责了。

总之，《中国期刊面面观》是一本编得很好的、有价值的书。值得期刊工作者一读，也值得期刊的读者一读。更希望有更多的期刊研究、期刊理论的书问世。因为只有这样，中国的期刊才可能登上质量效益的新的繁荣高峰。

（罗琳编《中国期刊面面观》由中国书籍出版社于 1994 年 9 月出版。）

1994 年

文艺期刊如何走出沼泽

——《文艺期刊论》序

公开发行的文艺期刊，全国有553种。其中的大多数，特别是非通俗文艺期刊，大都处在不景气的艰难境况之中。使人不禁惊诧地发出疑问：文艺期刊怎么啦？读者不读文艺期刊了吗？为什么？

对这种疑问，可以作出不同的回答。除了从社会文化环境、读者欣赏水平等方面去找原因之外，不少文艺期刊编辑或许还会认为好作品本就不多，因而发“巧媳妇难为无米炊”之叹。这种看法即使不说是错误的，也是不全面的。因为，至少忘记了一点，就是期刊的质量不仅取决于所刊载作品的质量，也取决于期刊编辑工作的质量，甚至可以说，后者较前者更具有决定性意义。

这是因为，期刊作为一个系统，所刊载的一篇篇文章，只是系统构成的一个个要素，而设计要素、选择要素以至如何将这些要素组合成有序化的系统，则是系统的结构工作。系统论告诉我们，对于系统来说，系统的结构工作的质量，是较之要素质量更有决定性意义的关键。

不能说每个文艺期刊编辑都对这点有充分的认识。因此，不少文艺期刊在想方设法冲出困境中，或致力于加强作者工作，或致力于开拓发行领域，乃至以高酬拉拢作者，以恶趣趋时媚俗……而独独忘了致力于探讨提高编刊工作之道。当然，作者工作应加强，发行工作应抓好，但期刊的编辑工作更应努力提高。

提高文艺期刊编辑工作之道也许有千条万条，但溯流求源离不开的一条是要研究期刊编辑学，要研究文艺期刊编辑学。离开了这条，即使不说是一事难成，也不过是舍本逐末，至多或可治标而难以治本。

这是因为，文艺期刊编辑工作以及其他书刊编辑工作，既不是如皮相者流所说的不过是“剪刀加糨糊”，也不是如未窥堂奥者所认为的只是匠人工艺而已，而是一门学问，一门科学。文艺期刊编辑工作、编辑工作，有其自身发生、发展、提高的客观规律。文艺期刊编辑工作、编辑工作规律的客观存在，并不排斥编辑人员的自觉、积极活动的作用。文艺期刊编辑不认识这种客观规律时，就不可能在编刊工作中真正掌握主动性，而往往有很大的被动性、盲目性。因而也就很难从根本上找到提高质量、编好刊物之道。

要认识、掌握编辑工作、文艺期刊编辑工作规律，就要研究编辑学理论、文艺期刊编辑学理论，就要研究编辑学、文艺期刊编辑学。

文艺期刊编辑工作当然是一项要脚踏实地去干的工作，操作性强。但是，没有理论指导的实践只能是盲目的实践。没有理论指导的文艺期刊冲出困境的实践也同样只能是盲目的实践，并不一定就真能冲出困境。文艺期刊编辑中力图冲出文艺期刊困境的人不少，遗憾的是真正认识到并抓住了冲出困境的这个根本之道的人未必很多。

这也许是现在不少文艺期刊还难以走出沼泽地的一个重要原因吧？

《佛山文艺》从 1987 年以杂志的形式出刊以来，至今还只 7 年。7 年来，它不仅是从每期 3.5 印张扩充到 7 个印张的月刊，而且从 1994 年起改成了半月刊，期刊发行数已稳定在 50 万册上下，并荣获“广东省优秀期刊”称号，因此受到文艺期刊界的瞩目。他们是怎样取得这种成果的？我和大家一样，对这个问题都很感兴趣。

刘宁先生是《佛山文艺》的主编——不是挂名的主编而是实实在在工作的主编。当我听说他这本书将要在花城出版社出版时，就感到对上面的问题找到答案了——至少是很重要的一个答案。

刘宁先生这本书中的文章，就是涉及文艺期刊编辑工作理论的，他试图探索文艺期刊编辑工作中某些带规律性的东西。虽然，书中的观点也不一定都能获致人们一致的认同，例如，在市场经济条件下的今天，文艺的社会作用，是不是应该变为“审美愉悦作用——认识作用——教育作用这样一个与以往恰恰相反的排列”作为其重要性的次序？文艺期刊是不是只“必须接受价值规律和市场机制的调节”？如何理解文艺期刊的“为人民服务”，是否只有“尊崇读者就是上帝”、“着重于文学的娱乐作用”的作者、期刊才是"服务型"的？如此等等，都还可以加以讨论。但我以为，重要的不在于人们是否全都认同本书的观点，甚至也不在于本书的论点是否全都正确——理论探讨应该"百家争鸣"，也允许有失误；重要的是，本书勇于对文艺期刊编辑工作进行理论的探讨，而且是在大多数文艺期刊编辑只顾忙忙碌碌于日常工作，还没有认识并致力于理论建设的时候。这种精神是值得赞佩的，这种认识是正确的，这种尝试是可贵的。

本书还有一个特点，就是密切结合了文艺期刊编辑实际来进行理论探讨。理论都是在实践基础上产生的，理论是实践经验的概括、升华。本书各篇，作者大都是从他主编《佛山文艺》的实践经验出发，试图加以理论的说明，以指导、提高今后的编辑工作。无疑，这是正确的，离开了实践的理论，只能是空洞的理论。

据我所知，《佛山文艺》不止有刘宁先生一人致力于文艺期刊编辑工作理论的探索，而且还有好几位。编辑理论研究，在他们那里已蔚然成风。从这点也可看出，《佛山文艺》所获得的成果，并非出自偶然。我为这种情况的出现，感到十分高兴。这也是我所以愿应刘宁先生之嘱为本书作序之故。

（刘宁著《文艺期刊论》由花城出版社于 1994 年出版。）

1994 年

《生活》周刊及《生活》系列期刊

一

从期刊杂志在中国出现起，就往往被作为宣传进步思想的武器。梁启超的《时务报》、《新民丛报》等是这样，辛亥革命前的《民报》、《醒狮》等也是这样。当马克思主义传入后，《湘江评论》、《共产党》、《向导》、《中国青年》等同样是这样。虽然它们在当局的摧残下，出版时间大多不长，但其影响却是广泛深远的。其他许多进步刊物，也无不如此。中国文化界到20世纪30年代时，进步力量之所以能成为主导力量，进步期刊杂志也起了不小的作用。

30年代，正值第二次国内革命战争时期。此时：

是一方面反革命的“围剿”，又一方面革命深入的时期。这时有两种反革命的“围剿”：军事“围剿”和文化“围剿”。也有两种革命深入：农村革命深入和文化革命深入。（毛泽东《新民主主义论》）

在“文化革命的深入”方面，包括了苏区的革命出版工作和国民党统治区的进步出版工作。从后一方面看，除出版了许多左翼社会科学书籍与左翼文艺作品外，也出版了不少左翼杂志、进步期刊。

30年代，又是日本帝国主义侵略中国日益猖狂的时期，民族矛盾空前尖锐的时期。此时：

中日民族矛盾的发展，在政治比重上，降低了国内阶级间的矛盾和政治集团间的矛盾的地位，使它们变为次要和服从的东西。但是国内阶级间的矛盾和政治集团间的矛盾本身依然存在着，并没有减少或消灭。

（毛泽东《中国共产党在抗日时期的任务》）

在“九一八”和“一·二八”之后，进步期刊杂志、进步出版界和整个进步文化界一起，组成抗日民族统一战线，鼓吹抗日，反对国民党的军事“围剿”、文化“围剿”，也就成为国民党统治区进步期刊杂志的中心任务。

在30年代的众多期刊杂志中，进步期刊杂志是拥有最广大读者的。仅以生活书店而言，由它发行的期刊杂志在1934年就有称为“四大杂志”的，即：《文学》、《译文》、《世界知识》、《太白》。（其实，还有生活被迫停刊后的《新生》。原由生活书店发行的《生活》周刊被禁后，作为保护措施，公开只说是由新生周刊社发行。）到1936年，生活书店出版的期刊杂志，已从“四大杂志”扩大为“八大杂志”了。这“八大杂志”就是《大众生活》、《文学》、《译文》、《世界知识》、《太白》、《妇女生活》、《光明》、《生活教育》。

《生活》及生活系列期刊

“八大杂志”中的《大众生活》，是原来的《新生》周刊被查封后的再度新生。《生活》周刊被禁后，它就在屡出屡禁的情况下屡禁屡出，只是变换一个刊名或者主编人的名字，而办刊大宗旨则如一。这样就形成了我们所称之为《生活》系列刊物。通过《生活》周刊和《生活》系列刊物的斗争经历，我们可以看出中国进步期刊杂志的优良传统是怎样地发扬光大，也可以看出当时进步期刊杂志在民族矛盾、阶级矛盾都相当激烈的环境下，是如何前仆后继、坚持斗争的。这对于我们认识中国进步期刊杂志的优良传统具有解剖麻雀的典型意义。

二

所谓《生活》系列刊物，我们说过，是指《生活》及《生活》被禁后屡禁屡出、名称虽异而实质相似的一系列刊物，计包括《生活》、《新生》、《大众生活》、《永生》、《生活星期刊》、《国民》等周刊。除了最后一个《国民》周刊外，这些《生活》系列杂志，都有“生活”二字或“生”字，向读者暗示它们与《生活》周刊的血肉相连。也许正由于最后一个《国民》周刊的刊名中“生活”二字都未出现，所以人们说到《生活》系列刊物时，往往遗漏了它。

这里所说的《生活》系列刊物，主要是指抗日战争爆发以前出版的。抗日战争爆发后，邹韬奋出狱后创办的《抗战》，在香港复刊的《大众生活》以至抗战后期徐伯昕在上海办的《民主》等，虽然也与《生活》有千丝万缕的联系，但由于社会情况、出版环境(包括地点)等都有较大的变化了，我们只在必要时涉及，不作具体讨论。

《生活》周刊创刊于 1925 年 10 月 11 日，是中华职业教育社主办的。原由王志莘担任主笔，徐伯昕兼管发行工作。当时邹韬奋是中华职业教育社的编辑股主任，也为《生活》周刊撰稿(韬奋《事业管理与职业修养》，三联书店 1950 年版)。一年后，王志莘转入银行工作(后来任新华银行经理，在经济上给予《生活》不少支持)，邹韬奋才接编《生活》周刊，时在 1926 年 10 月。

《生活》周刊本来不过是以“专门宣传职业教育及职业指导的消息和简要的言论”(韬奋《事业管理与职业修养》，三联书店 1950 年版)为宗旨的范围相当狭窄的职业教育刊物，因此，发行量也只有一二千份，而且大都是赠阅给中华职教社社员的。在社会上的影响并不大。邹韬奋接办后，将原来单张四开小报一张扩充为一张半，随之又改为 16 开本时，发行量已增长到 8 万多份，以后发行量竟达到 15.5 万份，成为当时国内销量最广、影响最大的刊物，其中的奥秘何在呢？

《生活》之从没没无闻到成为影响最大的刊物，原因当然是多方面的，包括经营方法等等在内。然而最最关键的，恐怕莫过于它的编辑方法。

而在编辑方法上，我以为以下几点又是关键的关键：

第一，办刊宗旨、编辑方针贴近群众，贴近社会，贴近时代。

邹韬奋接办《生活》后，首先就改变了办刊宗旨，将原先的“专门宣传职业教育及职业指导的消息和简要的言论”，改变为“暗示人生修养，唤起服务精神，力谋社会改造”。这就使《生活》突破了“职业教育”、“指导职业”的藩篱而面向社会、面向群众了，为《生活》周刊扩大影响奠定了基础。1928 年，《生活》出到第 4 卷第 1 期，又一次提出办刊方针是“以读者的利益为中心，以社会的改进为鹄的”(《〈生活〉周刊究竟是谁的》，载《生活》周刊第 4 卷第 1 期)，比宗旨提的三句话，更集中也更切实了。“以读者的利益为中心”，就突出了刊物的贴近群众；“以社会的改进为鹄的”就突出了刊物的贴近社会。

邹韬奋办《生活》周刊的宗旨变了，编辑方针自然也就随之而变化，以便能更好地体现办刊宗旨。他接编后，立即进行改版，如他自己说的：

变换内容，注重短小精悍的评论和“有趣味、有价值”的材料，并在信箱一栏讨论读者所提出的种种问题。对于编排方式的新颖和照片插图的动目，也很注意。(《韬奋文集》第 3 卷，三联书店 1955 年版)

为了使刊物内容多姿多彩，开阔读者眼界，他辟了“国外生活”、“国外通讯”等栏目，聘请了李公朴、徐玉文等撰写美国、日本特约通讯，以后又聘请戈公振为驻苏的特约撰述，并先后刊登过英、法、德、比、意等国通讯。

为了在贴近群众、贴近社会的同时，更贴近时代，1929 年 10 月，《生活》周刊从第 5 卷起，编辑方针又有较重要的变化，成为时事、社会、政治性的刊物，如韬奋事后说的：

也许由于我的个性的倾向和一般读者的要求，《生活》周刊渐渐转变为主持正义的舆论机关，对于黑暗势力不免要迎头痛击。(韬奋《经历》，生活书店 1937 年版)

“九一八”事变后，进入了民族存亡的最后关头，《生活》周刊编辑方针又改变为以宣传抗日、宣传救亡为中心，更为明显地加强了其时事性质，而成为时事评论性为主的刊物，并在 1932 年 1 月的刊物上宣布说，《生活》周刊

最近已成为新闻评述性质的周报。故有所论述，多以当前事实为对

象。(《我们最近的思想和态度》，载《生活》周刊第7卷第1期)

《生活》周刊能够随读者关心的热点、社会关心的热点、时代关心的热点而不断推衍其办刊宗旨、编辑方针，使刊物更贴近群众，贴近社会，贴近时代，就是《生活》周刊获得社会、群众拥护的最根本的原因。

第二，说人民心里的话，做人民的喉舌。

《生活》周刊是以人民大众为读者对象的，但它不是只知迎合读者、媚俗以取宠于读者而去贴近群众，相反，是由于《生活》周刊的内容贴近群众，因此才成为读者所欢迎的刊物。

它贴近群众的内容，主要表现在说人民心里的话，做人民的喉舌。

从邹韬奋接编《生活》后的第2卷47期起，开辟一个专栏："小言论"，这个栏目在封面刊头下第一篇的位置，每期都是由邹韬奋执笔撰写。(这栏目的刊头三个字，原是郑孝胥写的。郑孝胥沦为汉奸后，从1932年4月30日出版的第7卷第17期起改用韬奋自己写的三个字。)"小言论"只是寥寥数百字的短论，但所说的问题，却都是社会上群众当前最关心的问题。邹韬奋写"小言论"是十分认真的。他生病不能执笔的时候，仍然卧床口述，而不肯由他人代庖。对写"小言论"，他自己说：

虽仅数百字，却是我每周最费心血的一篇，每次要尽我心力就一般读者所认为最该说几句话的事情，发表我的意见。(《韬奋文集》第3卷，三联书店1955年版)

"小言论"往往是读者拿到《生活》周刊首先要读的。不仅是由于它"就一般读者所认为最该说几句话的事情"说了"几句话"，更是因为那"几句话"说到他们心坎上去了，说了他们想说的话。

"小言论"一直写到他出国之前，后来汇集编成了书，第一集收132篇，第二集收139篇，第三集收56篇，读者仍然不少，也就是由于这个缘故。

对于人民群众所痛恨的事，《生活》也敢于仗义执言，言人之所不敢言，做人民的喉舌。例如：1930年12月13日的《生活》周刊第6卷第1期上，邹韬奋发表了一篇《民穷财尽中的阔人做寿》，指斥当时的安徽省主席陈调元花十多万元为其母做寿，文中说：

一掷巨万阔阔的青天白日下的高级官吏，不知他的钱是哪里来的，本人不以为耻，社会不加制裁，且有党政军界要人各团体等，趋跄恐后

的凑热闹！

对此，他义愤填膺地斥之为“丧心病狂”。当时，陈调元不仅是省主席，而且还是个军阀，人民群众对这种事都看不惯，只是慑于威势，敢怒不敢言。《生活》周刊却不顾安危，作人民喉舌，大声疾呼，人民群众怎不为之拍手称快，怎不视《生活》为代表他们的刊物呢！

对于《生活》周刊来说，每遇类似的事，它都是同样的态度。例如：1931 年 8 月 15 日的《生活》周刊第 6 卷第 34 期上，发表了读者来信揭发国民党政府交通部长王伯群贪污交通经费为自己建洋房、娶姨太太的丑闻。同时还发表了记者的调查，调查不仅提出了照片证据，并且揭发王伯群派人送来十万元给《生活》周刊，企图行贿使其丑行免于揭发。《生活》周刊这种“贫贱不能移，威武不能屈”的精神，人民又怎能不敬之仰之，把《生活》视作自己的刊物呢！

第三，以民族大义为重，鼓吹抗日，宣传进步思想，与当时人民群众抗日救国、追求进步的热情是一致的，做到了与人民同呼吸、共命运。

“九一八”、“一·二八”事件后，全国人民群众，抗日热情高涨，对于蒋介石的“不抵抗政策”和“攘外必先安内”深为不满。《生活》周刊和广大人民群众站在一起，号召一致对外，号召抗日救国。早在 1928 年，《生活》周刊就曾登过“时刻勿忘暴日强占济南的奇耻”、“团结努力，誓雪国耻”的口号。1931 年“九一八”事件前夕的 7 月间，发生了吉林日警枪击我国农民的“万宝山事件”和旅朝华侨遭日本统治者屠杀事件，《生活》周刊就发表了《国人应奋起一致对外》、《全民族的生死关头》等文章，认定这是“日本积极侵略中国的一部分表现”，要求全国团结，“众志成城，可寒贼胆，民族惨祸，必可获免”。“九一八”事变日寇占领黑龙江后，《生活》周刊又联合其他两报发起募捐，支援黑龙江马占山的抗战部队。“一·二八”事件爆发后，从 29 日起，《生活》周刊每天就发一两次“紧急号外”，及时向人民群众报道前线战况，并及时于 1 月 30 日起出版《生活》周刊“紧急临时增刊”3 期，发表《痛告全国同胞书》、《沪案与整个国难问题》、《上海血战抗日记》等文章，激励抗战士气。

《生活》周刊还大力支援抗日爱国行动，而且积极参与抗日爱国行动。“九一八”事变后，学生爱国运动高涨，国民党政府加以压制，要学生“安心求学”，《生活》周刊就发表文章说：

军人不能保卫国土，反而奉送国土；官吏不能整顿国政，反而腐化国政，使青年不能得到可以“安心求学”的环境，这是谁的责任？(《生活》周刊第6卷第50期)

文章的结论就如标题所提出的：《谁都没有责备请愿学生的资格》。

《生活》周刊与其他两报联合发起为东北义勇军募捐运动，受到人民群众热烈响应，本来是办刊的《生活》周刊，全部十几个人，都热情地投入了登记物品、账目的繁重工作，连夜加班，视此为自己抗日救国的实际行动。“一·二八”事件沪战期间，《生活》周刊以读者捐款开办了伤兵医院，收容抗战受伤官兵。这些行动，都使读者感到，《生活》周刊不是光空喊口号，光号召抗日救国，而是自己也身体力行，也和广大人民群众一起共同战斗。这样，人民群众对《生活》周刊的认同，把《生活》周刊当做自己的伙伴，这就一点也不奇怪，而是十分自然的事了。《生活》周刊曾经说过：

干救国事业必须有一个刻苦牺牲以赤心忠胆为大多数民众拼命奋斗与实事求是的集团……(《生活》周刊第7卷第4期)

它自己的言行一致，怎么倡导就怎么做，使得人民群众信赖《生活》周刊就是“刻苦牺牲以赤心忠胆为大多数民众拼命奋斗”的。

早在邹韬奋刚接编《生活》周刊后不久，就发表了为长工叫苦的文章(《说不完的苦啊》，载《生活》周刊第3卷第4期)，发表了诸如《革他们的命》(《生活》周刊第2卷第16期)、《群众的革命》(《生活》周刊第2卷第22期)……号召革命的文章。并把矛头指向国民党反动派说，国民党的一党专政“养成一个只知作威作福，和民众争利，甚至剥削民众以自肥的集团”(《一党专政与一党专刊》，载《生活》周刊第6卷第47期)。

人民群众抗日救国的热情激发起来之后，需要进而获得理论的指导和巩固，以使这种抗日热情不但持久不衰，而且能不断深化。这是抗日救国的要求，是时代、社会的要求，更是人民群众的迫切要求。《生活》周刊从1933年开始，就更进一步有计划地发表宣传科学的社会主义、辩证唯物主义与历史唯物主义的文章，如《物质和精神是什么》、《生产力与生产关系》、《什么是辩证法》、《阶级是什么》、《论真理》、《论国家》……把宣传进步思想的工作更加趋于深化了。

以上所说，就是《生活》周刊在编辑方法上关键的关键几点。其实，后两点也就是第一点的办刊宗旨、编辑方针变化的具体表现，即将改变了的办刊宗旨付诸编刊工作实践，从而在刊物内容予以体现。所以，也可以概括起来说，《生活》周刊所以能成为当时影响最大的一份期刊杂志，最关键的在于它的办刊宗旨、编辑方针贴近群众，贴近社会，贴近时代，说人民心里的话，做人民的喉舌，以及它坚持抗日救国，坚持进步，与人民同呼吸、共命运的鲜明态度。

《生活》周刊的成功，正如我们前面说过的，包括经营方法等等在内，原因是多方面的。但所有其他方面的原因，相对于上述关键的关键来说，都是派生的。像《生活》周刊对读者工作的重视与深入，一向是为人们所津津乐道的，其经验也确值得我们好好学习。《生活》周刊为读者办书报代办部，在《生活》周刊上辟“信箱”等专栏与读者交流，以至早已传为美谈的不仅代读者购书，还代读者购新婚用品等等，这种为读者服务的热情，不是争取顾客这个“上帝”的手段，而是把这种服务本身当作目的。也就是贴近读者，把刊物当作就是为读者服务的手段而必然导致的。如果只学习它为读者服务的具体做法而忘了这个根本态度、根本精神，那就是“买椟还珠”，只能得其皮毛而失其精华。

三

《生活》周刊的办刊宗旨、编辑方针，特别是具体表现在刊物上的言论，自然必会使国民党政府为之侧目，而从各方面施加压力，但《生活》周刊始终不肯屈服。到了1932年，在停止《生活》周刊邮发的同时，外间纷纷谣传《生活》周刊已被查封，邹韬奋受到通缉甚至已被杀害，这时，邹韬奋预先写好将来被查封时刊出的《与读者诸君告别》的文章。到1933年底《生活》周刊终被查封时，邹韬奋虽在海外，《生活》周刊仍发表了《与读者诸君告别》一文和《最后的几句话》。(《生活》周刊第8卷第50期)

仅仅两个月之后，1934年2月10日，《新生》周刊就创刊面世了。它由杜重远、艾寒松主持。他们二人，原本早已参加《生活》周刊的撰述、编辑工作。所以，《新生》实际就是《生活》周刊的新生。这是当时一般读者也都知道的。而邹韬奋仍继续从海外为它写原来为《生活》周刊写的《萍踪寄语》及其他通讯。

《新生》周刊继续宣传抗日救国，宣传进步思想，这自然又遭到国民党以及日本方面的注意，1935 年 5 月，《新生》周刊发表了一篇署名易水所写的《闲话皇帝》(《新生》周刊第 2 卷第 15 期)，泛谈到现在的皇帝已无实际权力。在谈到日本天皇时说：

日本的天皇，是一个生物学家，对于做皇帝，因为世袭的关系他不得不做，一切的事虽也奉天皇之名义而行，其实早就作不得主，接见外宾的时候用得着天皇，阅兵的时候用得着天皇，举行什么大典时用得着天皇，此外天皇便被人民所忘记了；日本的军部、资产阶级，是日本的真正统治者。……然而目下的日本，却是舍不得丢弃“天皇”这一个古董。自然，对于现阶段的日本的统治，是有很大的帮助的，这就是企图用天皇来缓和一切内部各阶层的冲突，和掩饰一部分的罪恶。

这期《新生》出版后的次日，上海出版的日本人办的报纸就说这是“侮辱天皇”，浪人在街头到处捣乱。才过了两天，日本驻沪领事馆又以“妨害邦交、侮辱天皇”为词，向国民党政府和上海市政府提出抗议，要求查封《新生》周刊，没收刊物，起诉《新生》编者和此文作者……可以看出，日本方面这样小题大做，一方面是为了压国民党政府而逞其淫威；一方面更是为了压中国人民的抗日救国怒潮，杀鸡给猴看。日本方面自然也会知道《新生》就是《生活》的新生，对《生活》、《新生》的一贯宣传抗日救国，早已积怒于心，所以才借《闲话皇帝》一文发难，以图遂其一箭双雕的目的。从对付《新生》和压制抗日救国怒潮来说，国民党是与日本志同道合的；再加上恐日投降思想，所以表示接受日本的无理要求，首先查封了《新生》周刊，提起公诉。国民党当局还以保证只要出庭，决不判刑或判而不执行等条件诱骗主编杜重远出庭听审。《闲话皇帝》一文的作者易水，实即该刊编辑艾寒松。但《新生》周刊秘而不宣，遂因作者住址不明，迭传无着，无可奈何。杜重远被骗出庭后被判刑一年两个月。不准上诉。后虽经其夫人侯御之出名上诉高等法院和向最高法院抗告，都遭驳回。这就是轰动一时的“《新生》事件”。

《新生》周刊虽然被查封了，主编杜重远虽然被投入监狱了，但他们杀鸡给猴看、压制人民群众抗日救国热情的阴谋却未得逞。法庭开庭审判时，旁听席上座无虚席。迨宣判后，顿时庭内群情激昂，纷纷提出抗议，并呼喊口号，散发传单。以后又有“《新生》事件后援会”之组织，沈钧儒先生还到南京向国民党政府提出抗议。全国各地，人民抗日热情反更高涨。也仅仅在四个月后，刚回国不久的邹韬奋又创办了《大众生活》周刊，响应中国共产党的“八一”宣言，提出“团结抗日，民主自由”的口号，并以“力求民族解放的实现，封建残余的铲除，个人主义的克服”(《我们的灯塔》，载《大众生活》创刊号)为目标，继续宣传抗日救国，民主进步。1935 年，“一二·九”学生抗日救亡运动兴起，《大众生活》连续多期以大量篇幅加以反映，有图片，也有报导。发表多篇文章支持学生运动，并发表《学生救亡运动与民族解放阵线》(《大众生活》第 1 卷第 8 期)的专论，号召组织“全国救亡的联合阵线”。国民党企图诱扣邹韬奋，封闭《大众生活》，《大众生活》被迫于 1936 年 2 月停刊，邹韬奋化名去了香港。

3 月初，《大众生活》的后身《永生》创刊，由金仲华出面主编，继续战斗。《永生》只出了 17 期，于 6 月间又被封闭。

邹韬奋到香港后，于 6 月间创办《生活日报》，又出版《生活日报星期增刊》，它实际也是《生活》这根接力棒传下来的。8 月间，改名为《生活星期刊》，移上海出版，以“促进民族解放，推广大众文化”的宗旨，接替了被封闭的《永生》。“七君子”事件发生后，邹韬奋被捕入狱，改由金仲华任主编与发行人，但在申请更改登记时，竟又被迫停刊。1937 年 7 月全国抗战兴起后，“七君子”被释出狱。8 月间，生活书店又创办了《国民》周刊；韬奋创办了《抗战》三日刊。上海沦陷后，《国民》也就停刊了。《生活》系列刊物，在新的抗日战争期间，投入了新的战斗。

1991 年

邹韬奋怎样编《生活》周刊

韬奋早年编过的刊物有《教育与职业》月刊、中华职业教育社的英文年刊等，后来又主编过《大众生活》、《生活星期刊》等；同时，还编过《时事新报》副刊《人生》，又编过许多书，主持过“生活书店”、《生活日报》等，可以说是纵横书、报、刊的编辑工作，驰骋编、出、发的出版多面手，于编辑出版工作，贡献良多。然而，他在编辑出版工作中最突出的贡献，终归非《生活》周刊莫属，以至将近一个世纪以来，人们谈到邹韬奋，自然就会想到《生活》周刊；谈到《生活》周刊，自然就会想到邹韬奋。韬奋与《生活》周刊，成为密不可分的二位一体。

《生活》周刊创刊于 1925 年 10 月 11 日，终刊于 1933 年 12 月 16 日，总共只出版了八卷，历时八年多一点，而影响之大，却远非其出版卷数、出版年头所能计量。

这是为何呢？

十多年前，我写过一篇《〈生活〉周刊及〈生活〉系列期刊》，在这篇文章中曾说：

《生活》之从没没无闻到成为影响最大的刊物，原因当然是多方面的，包括经营方法等等在内。然而最最关键的，恐怕莫过于它的编辑方法。

接着就其编辑方法，提出了“关键的关键”三点：

第一，办刊宗旨、编辑方针贴近群众，贴近社会，贴近时代。

第二，说人民心里的话，做人民的喉舌。

第三，以民族大义为重，鼓吹抗日，宣传进步思想，与当时人民群众抗日救国、追求进步的热情是一致的，做到了与人民同呼吸、共命运。

文章就《生活》周刊具体内容论证了上述三点。这三点，当然只是从其大处着眼、大而化之以言。为了发扬我国期刊编辑出版优良传统，继承韬奋先生期刊编辑成功经验，特就《生活》周刊的具体编辑出版工作，进一步试作探讨。

韬奋与《生活》周刊，成为密不可分的二位一体

如果我原来提出的上述三点“关键的关键”可以视作韬奋编《生活》周刊的基本精神，或者说其无所不在的灵魂，那么，他又如何在具体的《生活》编辑工作中贯彻这些基本精神，体现这灵魂呢?

宏观地说，他是抓住了坚持正确编辑出版方向、编辑方针与时俱进这个纲，在具体编辑工作中贯彻基本精神、体现灵魂的。

其核心可浓缩称之为“通变无方，与时俱进”。

《生活》周刊在出版的八年中，由韬奋主编的实只后七年。创刊第一年是由王志莘主编。它本来只是中华职业教育社的一份刊物，据韬奋说，其编辑方针原是“专门宣传职业教育及职业指导的消息和简要的言论”(韬奋《事业管理与职业修养》，三联书店 1950 年版)。胡愈之在《我的回忆》中也说：“《生活》周刊原先只是一个指导职业教育的刊物……谈谈生活和职业修养问题。”和韬奋说的一致。当时，《生活》周刊只印二千八百份，主要是分赠给中华职业教育社的社员和一些教育部门，所以，实际近似

上海辣斐德路(现名复兴路)生活周刊社

于今天内部刊物性质，在社会上影响有限。

一年后韬奋接编《生活》，将编辑方针定为："暗示人生修养，唤起服务精神，力谋社会改造。"(韬奋《我们的立场》，《生活》周刊 6 卷 1 期)可以看出，中华职业教育社创办这份刊物的初衷，还不得不在这种编辑方针中留下烙印；但同时也可以看出这个编刊方针中，已透露出《生活》周刊不甘于"内部刊物"性质。要走向广阔社会的雄心了。而同时提出的"变换内容，注重短小精悍的评论"和"有趣味、有价值"的材料等等，则明显的是要从读者需要出发，"力谋社会改造"的具体体现了。

济南发生"五三"惨案后，1929 年，邹韬奋除了在 1 月 27 日的《生活》周刊刊登标语"惨痛同胞勿忘"的口号外，为了丰富内容，从 3 卷 31 期起，将原本是一小张的《生活》周刊，扩充篇幅为一张半。并在 4 卷 1 期上进一步明确："这份刊物以读者的利益为中心，以社会的改进为鹄的"，使之"成为社会上人人的一个好朋友"。也就此摆脱了"宣传职业教育及职业指导"的束缚，与时俱进地大步走向社会了。这时，《生活》周刊的期发数已从原来的两千多份以将近二十倍的速度猛增至约四万份了。

邹韬奋抓住了《生活》周刊这种大好形势，以及这"五三"惨案激起的悲愤人心，《生活》周刊的编辑方针又进一步与时俱进地调整为如他在 6 卷 2 期上说的："依最近的趋势，材料内容尤以时事为中心……为中国造成一种言论公正评述精当的周刊。"(韬奋《我们的立场》)

《生话》周刊编辑方针的这种与时俱进，对邹韬奋来说，可以认为完全是有意而为之的。他在上面的话后接着论述："希望我们的思想是与社会进步时代进步而俱进"，"在振兴中国民族改进中国社会的许多努力中，希望能贡献我们一个小单位或一个细流的责任"。他能这样做，固然有其客观条件，即如韬奋自己所说，已在“经济与管理方面均完全自立，幸得创办者之绝对信任，记者乃得以公正独立之精神、独来独往之态度，不受任何个人任何团体的牵掣”，但如何“独来独往”，总还是取决于刊物编者的自觉意识。

到了1931年“九一八”事变后，韬奋深感国难之痛，《生活》周刊的编辑方针因之进一步作了与时俱进的调整。正如他自己说的：“本刊最近已成为新闻评述性质的周报”，要“就民众的立场，对政府，对社会，都以其客观的、无所偏私的态度，作诚恳的批评或建议；论事论人，一以正义为依归；正义所在，全力奔赴，生死不渝”(《生活》周刊7卷1期)。《生活》周刊已与时俱进地按“一般读者的要求”，“渐渐转变为主持正义的舆论机关”(韬奋《经历》，生活书店1937年版)了。

从上述的简要论析中，不难发现，韬奋接编《生活》后，是如何一步步地坚持正确的出版方向，不断与时俱进地调整编辑方针，将一份本来只印两千多份的职教内部性质的刊物，办成一份与人民群众同呼吸的“主持正义的舆论机关”。

我曾经把期刊比作江河，每条江河有它自己的河道、堤岸，就像每份期刊有它自己的方针、总体编辑构思，形成它们的稳定性；没有稳定河道的江河成不了江河，而只是洪水，没有自己稳定性的期刊也成不了期刊而只是杂凑。但任何一条江河的河道都不是其直如矢而是曲曲弯弯的，即所谓“黄河九曲十八弯”，没有这种曲折的只能是死水。任何一份期刊的方针、总体编辑构想，也不是固定僵死而是要与时俱进的，否则也只会死气沉沉。期刊编辑方针、总体编辑构思的通变无方、与时俱进是在坚持正确方向、具有稳定性前提下的革新、变化，是稳定性与变革性的统一，是同与异达致和的统一。编刊要能如此“通变”，方能不失其性而历久弥新，这也就是刘勰在《文心雕龙·通变》中说的：“设文之体有常，变文之数无方”，“诗赋书记，名理相因，此有常之体也；文辞气力，通变则久，此无方之数也。名理有常，体必资于故实；通变无方，数必酌于新声；故能骋无穷之路，饮不竭之源。”邹韬奋编辑《生活》周刊七年的实践，正是这理论的生动、具体写照。《生活》周刊不仅当时获得人民群众的喜爱和认同，也在中国期刊史上写下光辉的一页，仅从其与时俱进这一点看，也就可以知道决非偶然。

坚持正确的编辑出版方针，不断“通变无方”、与时俱进地调整编辑方针，就像是船长掌握好了舵轮，渔翁抓住了渔网的纲，也就为在具体编刊工作中贯彻那些基本精神、体现其灵魂开辟了道路。韬奋并没有停留在这里，而是继续深入，将其贯彻体现到多方面的具体编辑出版工作中去。我们不妨从微观上再跟踪追析。

首先，质量第一，崇尚创造。

理念上或实践中，韬奋都坚持办刊质量第一的原则。他说：内容“力求精警”，“贵精不贵多，要使读者看一篇得一篇的益处”，因此，他为《生活》周刊“选择文稿，不管是老前辈来的，或是幼后辈来的；不管是名人来的，或者‘无名英雄’来的；只须是好的我都要竭诚欢迎，不好的我也不顾一切地不用”(韬奋《经历》，生活书店 1937 年版)。

这种只看文章不看人的选稿态度，是坚持质量第一办刊原则所必不可不有的。否则，如果唯名人、前辈是崇，甚或唯亲朋、长官为上，刊物又怎能真正坚持质量第一？

办《生活》周刊这样的期刊，要求什么样的质量？邹韬奋曾说：“我接办以后，变换内容，注重短小精悍的评论和‘有趣味有价值’的材料。”他所说的“有趣味有价值”，“是当时《生活》周刊最注重的一个标语”，也就是说，是和“短小精悍的评论”同样为《生活》周刊所重视的。“有趣味”只是追求趣味性甚至追求消遣乐趣吗？不是的。在邹韬奋看来，“空论是最没有趣味的，‘雅俗共赏’的是有趣味的事实”。所以，他所追求的“有趣味”的，主要指的是要“雅俗共赏”的事实，不要空论。而且，“仅有‘有趣味’的事实还不够，同时还须‘有价值’，而所谓‘有价值’，是必须使人看了在进德修业上得到多少的灵感(inspiration)”(《韬奋文集》第 3 卷，三联书店 1955 年版)。也就是既说实事，说实话，而且于读者修养、事业有益，这应是《生活》周刊追求的“有趣味有价值”、《生活》周刊所追求的质量，也是《生活》周刊受人民群众欢迎的原因之一。

编刊所追求的质量第一，不仅须体现在所选用的文章上，同时也要体现在刊物的整个编辑工作中，后者的重要性比前者有过之而无不及，正如贝塔朗菲系统论所认为的，对系统而言，结构的重要性比之要素有过之而无不及一样。对期刊这个系统来说，如果文章是其要素，那么，编排便是其结构。韬奋编《生活》时，虽然系统论尚未出现，他却知道编刊工作的重要，认为要坚持质量第一，就要编辑工作创新，要把刊物编得有自己的个性、特色，把编辑创新摆到最重要的地位。他在《经历》中说：

最重要的是要有创造的精神。尾巴主义是成功的仇敌。刊物的内容如果只是“人云亦云”，格式如果只是“亦步亦趋”，那是刊物的尾巴主义，这种尾巴主义的刊物便无所谓个性或特色；没有个性或特色的刊物，生存已成问题，发展更没有希望了。要造成刊物的个性或特色，非有创造的精神不可。

接着他便现身说法，以他编《生活》周刊的实践来印证这个道理。可惜的是，20 世纪二三十年代，韬奋指出的这些，我们 21 世纪的期刊编者，却并非人人皆知并身体力行，以致今天有些期刊，仍在“人云亦云”、“亦步亦趋”，也不能坚持质量第一。

其次，抓住重点，开辟栏目。

对韬奋所说他接办《生活》后“注重‘短小精悍的评论’和‘有趣味有价值’的材料”，前面只说到“有趣味有价值”的材料，还未来得及说“短小精悍的评论”，他的“注重短小精悍的评论”是：“不但内容要有精彩，而且要用最生动最经济的笔法写出来。要使两三千字短文所包含的精义，敌得过别人两三万字的作品。”(韬奋《经历》，生活书店 1937 年版)这种“短小精悍的评论”的具有代表性之作，便是《生活》周刊每期打头的“小言论”栏目文章了。

“小言论”栏目也确实给像我这个当年的中学生读者留下深刻印象。我还记得：《生活》周刊改 16 开本后，仍然没有专页封面，只有占版面约 1/3 的刊头，下面便是“小言论”。这个栏题也只有简朴的三个字，原本是郑孝胥写的，近似魏碑字，郑成为汉奸后，换上的是韬奋的行书。这栏目是从韬奋接编《生活》周刊后将近一年，即 1927 年 9 月 25 日出版的第 2 卷第 47 期起开辟的。由韬奋执笔，每篇不过几百字，洵属“短小”；是否还“精悍”呢，一读便知道了。韬奋曾在《经历》中说：

每期的“小言论”虽仅仅数百字，却是我每周最费心血的一篇，每次必尽我心力就一般读者所认为最该说几句话的事情，发表我的意见。这一栏也最受读者的注意，后来有许多读者来信说，他们每遇着社会上发生一个轰动的事情或问题，就期待着看这一栏的文字。

从韬奋的上述夫子自道中，可以看到他是如何下大力抓“小言论”以“注重短小精悍的评论”，读者又是如何回报他这种辛勤努力的。但对于韬奋来说，这还不够，他对抓“短小精悍”的“小言论”这个栏目，真可说是到了鞠躬尽瘁的地步，不仅每期从未缺位，而且每篇都必躬亲，“最费心血”、“尽我心力”。甚至抱病卧床时也仍如此。

在抓重点栏目、重要方面上，除大力抓打头的“小言论”外，还同时大力抓刊尾的“信箱”栏目。这个栏目的开辟，还早于“小言论”，即从韬奋接编的第 2 卷第 1 期起就有了，以后又扩充了篇幅，改出 16 开本后的 1930 年，就收到读者来信二三万封；来信最多的 1932 年，竟然有时一天能收到上千份读者来信。

“信箱”能刊登的，只是读者来信中的小部分，“信箱”的内容是“讨论读者所提出的种种问题”(韬奋《经历》，生活书店 1937 年版)，所以，既登有读者来信，又登有编者的解答。韬奋在《经历》中说：

信箱里的解答文字，也是我所聚精会神的一种工作。我不敢说我所解答的一定怎么好，但是我却尽了我的心力，有时并代为请教我认为可以请教的朋友们。

可见，“信箱”也是韬奋用心所在的重点栏目、重要方向。韬奋的用力没有白费，当年我这个年轻读者拿到一期《生活》，就往往是先翻阅一头一尾的“小言论”、“信箱”，再看中间的。

第三，神形俱备，首尾兼顾。

也就是不仅内容精益求精，形式也力求美上加美，不仅重视打头文章，也重视尾腹。

刊物是内容与形式的统一体。一份好刊物总是不仅内容精，形式也美的。韬奋深知这点，所以，对质量第一的原则，不仅用于刊物内容编辑上，同时也用于刊物形式设计上。从一开始接编《生活》周刊，便在“变换内容”的同时，“对于编制方式的新颖和相片插图的动目，也很注意”(韬奋《经历》，生活书店 1937 年版)。接编三年后，《生活》周刊从小开张报纸改为 16 开本，从报纸形式改为期刊形式，是《生活》周刊形式的一次大变化，更与它的从原来登“职业教育及职业指导的消息”变为时事、社会、政治评论性的内容相适应。此后，除多次扩大刊物篇幅外，还从 1932 年下半年起，每隔一期增加一次影写版的画页，不仅丰富了内容，也美化了刊物形式。

在编排上，仅从对他抓的两个重点栏目、重要方面的版面处理，也可看到韬奋在刊物形式上的匠心独运。直到今天，还有许多刊物只注重打头文章，而往往像鸵鸟那样地顾头不顾尾，读者越读到后面，越觉得没劲了。韬奋却是将两个重点栏目、重要方面，一则置之刊首，一则置之刊尾，不但首尾兼顾，也注意中间充实，真做到“篇篇可读”。于是，一本《生活》周刊，就被他编得像一篇“凤头、猪肚、豹尾”（〔元〕陶宗仪《辍耕曲录·作今乐府法》）的好文章，“首尾匀停，腰肥腹满”（〔宋〕姜夔《白石诗说》）。至今仍值得刊物编辑好好学习。

第四，人本主义，唯才是举。

这主要表现在：重视读者、重视作者、重视人才。没有读者，刊物就虽生犹死；没有作者，刊物就无米为炊；没有人才，刊物就后继无人。读者、作者、人才，可说是期刊赖以生存和发展的水分、阳光、土壤。韬奋编《生活》周刊重视读者、重视作者、重视人才，可见他具有人本主义思想，也掌握并运用了期刊的生存与发展规律。

他的重视读者，从《生活》周刊设置“信箱”栏目并作为重点栏目、重要方面，就已经可以看得很清楚了。但这在他所做读者工作中，还只是浮在水面的冰山一角。正如他在《事业管理与职业修养》一书中所说，其余未在“信箱”刊登的大部分读者来信，“都直接答复”，“竭尽我们所知，分别提出意见”（《对人对境和对己的态度》）。而“答复的热情不逊于写情书，一点不肯马虎，鞠躬尽瘁，死而后已”（韬奋《生活史话》）。前面说过，1930 年《生活》周刊全年读者来信共二三万封，后来最多时更一天有上千封。光是看读者来信，就要多少时间、精力，何况还作回复！韬奋的重视读者工作，并不止于对待读者来信，还进而尽力为读者服务，读者“不但大大小小的事要和我们商量，在海外的侨胞和在内地的同胞，还时常寄钱来托我们买东西，买鞋子，买衣料，都在‘义不容辞’之列……买得不十分对还要包换”（韬奋《生活史话》）。重视读者到这地步，真令人叹为观止了。

接编《生活》周刊之初，“一则因为文化界的帮忙的朋友很少很少，二则因为稿费几等于零，职教社同人也各忙于各人原有的职务，往往由我一个人唱独脚戏”（韬奋《经历》，生活书店 1937 年版），这是迫不得已。

他一个一个地逐一发现、团结作者，毕云程、徐玉文、戈公振、李公朴……以至发展到连英、法、德、意、日、美……以及南洋等地，都有《生活》周刊的特约作者，共同来培育《生活》这园地。

接办《生活》周刊时，连韬奋只有“两个半人”，三人中有一人是半天兼职。以后随事业发展，韬奋也只用人才。韬奋在《生活史话》中说：“我们一开始就奠定了人才主义的用人政策。我自从全权主持生活周刊社之后，始终坚决地不介绍自己的亲戚，也可以说不用私人的任何关系而作为用人的标准。”一面是不任用私人，一面又求贤若渴，他罗致后来成为得力助手艾寒松的事，堪称期刊史上佳话。韬奋在《生活史话》中略述此事说：

他在复旦大学刚毕业的时候，以读者的姿态写一封长信给我：讨论当时所感到的关于青年和国事的问题。我看了觉得这是一个不可多得的人才，赶紧复一封信寄到复旦大学去请他面谈，可是被邮局退回，说并无此人。他在那封信里怪作剧，署的不是真名却是何某某(后两字我记不起来了)，我当时以为真名，遇着复旦大学来的朋友就探问何某某，都说不知道。我虽则常常想起他，但以为他已不在人间，我后来把他那封信略加删改之后，并略加附语，登在《生活》周刊上。据他后来告诉我说，他有一天在马路上和几位朋友正在大兜圈子，偶在报摊上看到，知道我要看他，便飞跑地来看我。

请看，这不是很有点“三顾茅庐”的味道吗？他无论在重视读者、重视作者还是重视人才方面，都为《生活》周刊的成功，起了夯实基础作用。

第五，重视市场，取之有道。

韬奋不仅在《生活》周刊编辑工作上、延揽人才上如此上心，他也很重视市场，重视发行工作、广告工作，却又能坚持刊物品位第一而不是经济利益第一。用今天的话来说，也就是社会效益第一而不是经济效益第一，不因经济效益而稍损刊物的社会效益。

《生活》周刊八年中，不断丰富内容、不断增加篇幅，从出小张一张到一张半，到改成16开一印张，又陆续增加到1又1/4印张、1又1/2印张、1又3/4印张，出增刊时更增加到2又1/2印张，定价却不增加。刊物靠什么维持呢？靠的就是扩大市场份额、增加广告收入。在韬奋和徐伯昕的努力下，期发量从最初接办时的2 800份逐步增加到二万、八万、十二万以至“后来竟增至十五万份以上，为中国杂志界开一新纪元”（韬奋《生活史话》）。

扩大市场、扩大发行量，负责这方面工作的徐伯昕功不可没，但从根本上来说，还不能不归功于刊物质量的不断提高。正如韬奋在《经历》中所说：

发行的技术和计划也是刊物一个重要部分，我们不得不承认这方面也应加以相当的注意。但是根本还是在刊物的内容。

这番道理，今天仍值得一些只知在推销上下工夫不知从根本上下工夫来扩大市场的期刊杂志编辑回环吟诵。

广告是随刊物的市场份额消长的。但市场份额的扩大，只为广告的增长提供可能，将可能化为现实，还要人的努力。《生活》周刊白手起家，完全靠以刊养刊。因此，“只有自己设法的一条路走”，那就是“一面推广销路，一面设法大拉广告”。他们这样做，“全是为着事业”，“把所有赚来的钱，统统用到事业上面去”（韬奋《生活史话》）。也就是说，“推广销路”、“拉广告”，不是为赚钱而赚钱，是为了发展《生活》周刊，为了扩大社会效益。所以，韬奋在百忙中，也曾亲自出马拉过“洋广告”。但他决不牺牲“刊格”、无原则地刊登广告。除了规定哪些广告不刊登之外，如1930年《生活》周刊第5卷第47期上，刊登过他写的一篇《请问〈申报〉》，对该报最早刊登荷兰渣华公司“侮辱中国人”，激起国人义愤的新闻时，又在首页刊登渣华公司广告，提出质问，愤怒地斥责登此广告是不顾“中国民众”、不顾“舆论”的“死要钱不要脸的勾当”。从这篇义正辞严的“短小精悍”小文章，便充分可以看出他虽重视市场、重视广告，却又是如何坚持原则、“取之有道”。他如此责人，如何对己呢？半年多后，在1931年7月25日的《生活》周刊第6卷第31期上，他刊出了一则《本刊重要声明》，对《生活》周刊“最近所载上海女子中学招生广告，事后始悉该校正在进行呈请教育局准予组织校董会，尚未立案”，因而承认自己“疏忽”，表示“至深歉疚”。并“自愿牺牲广告费”，将广告停刊。这种失误比起上述《申报》的错误来，不说微不足道，至少也是小巫见大巫，但他同样严肃对待，不仅“牺牲广告费”，还公开道歉，可见其一贯的坚持原则，责己尤甚于责人。

以上所举，只是其荦荦大端者，略作评析。韬奋编《生活》周刊可总结以供我们学习的不但还有很多，就是已举的上述诸方面，也仍有可深入阐幽发微之处多多。从前一点来说，例如我在上世纪70年代末倡办《散文》月刊、《小说月报》时，反复强调要利用刊物上发表的文章出版丛书，就是向韬奋学习提出来的。韬奋编的《生活》周刊上的文章，就陆续编成《小言论》、《信箱汇集》、《萍踪寄语》诸集，不下数十种之多。这种刊书相长的做法，就也是可学习的好经验之一。从后者来说，如在具体编辑工作中认真负责到了一丝不苟，在读者工作、作者工作中的种种创造精神，也都大有可说的。甚至小到像他编《生活》周刊七年来，早期每期都是在星期日出版，后来改在星期六出版，不但从来没有脱期过，而且往往连在外埠也可于出版当晚买到(这是我当年在南昌的亲身体验)。这不也都可从细小处见精神吗！限于篇幅，像这样一些方面，就只好俟诸他日再说了。

2003年

姚名达与女子书店、《女子月刊》

一

20 世纪 30 年代初，承五四运动后兴起不久的妇女解放运动势头，上海出现了女子书店这样一家独树一帜的书店，并发行《女子月刊》，为妇女解放奔走呐喊。当时，老牌的《妇女杂志》(商务印书馆编辑发行)已于 1931 年停刊，而沈兹九主编的《妇女生活》(生活书店发行)尚未创刊，《女子月刊》和女子书店的出现，曾引起妇女界和热心支持妇女运动的人士的关心。

1940 年的姚名达先生

女子书店和《女子月刊》的创办人，是上海暨南大学教授姚名达和他的夫人黄心勉。

姚名达，字达人，生于 1905 年，又名显微——这是他后来主张废姓而改的名字。原来我听说取这名是出自《左传》“春秋之称，微而显”和《荀子》“夫易，彰往而察来，而微显阐出”；后来又有人说是取自《礼记·中庸》“莫见乎隐，莫显乎微，故君子慎其独也”之义而改号的。他是江西兴国人。中学毕业后入上海南洋公学国学专修科，1925 年考入清华大学国学研究院，师从梁任公治史学史。后入商务印书馆任编辑、特约撰述，曾参与《万有文库》等编辑工作，著有《目录学》、《中国目录学史》以及被梁任公誉为“自有年谱以来唯一最佳之书”(《女子月刊》1 卷 1 期封内)的《邹念鲁年谱》等。他还为梁任公关于中国历史研究法讲演笔记补充而成《中国历史研究法补编》一书、为胡适所作《章实斋年谱》补充大量续出史料而补订成《补订章实斋年谱》等。1932 年起，在上海暨南大学等校任教，1940 年任国立中正大学文法学院教授。

姚名达既是学者、教授，但又不只是埋首书斋，而且关心时事热爱祖国以至关切妇女运动。这不仅集中证之于他成为为抗战而捐躯的第一位教授这件事，而且在此前他平时的行止中也是彰明较著的。

试举数例为证：

1932 年一·二八，日军炸毁了我国文化重镇——也是姚名达工作的上海商务印书馆，他就在其著作《目录学》的《自序》中义愤填膺地高呼：

他们要毁灭我们的文化，我们应该怎样发扬我们的文化给他们瞧瞧！使他们知道我们是打不倒、灭不掉的！

1935 年 11 月，他又与上海文化界名人联名，公开发表《上海文化界救国运动宣言》，爱国之忱、救国之心，拳拳可鉴。他不仅振臂高呼、发表宣言，有心如此，抑且积极付诸行动。

1937 年日寇于七七在卢沟桥发动侵华战争后不到一个月，上海《大公报》8 月 5 日刊出一则加花边的头条新闻：

增加抗战实力

以金银献给政府

助全国妇女将饰物捐出

内容略云：该报昨收到某君与某女士寄请其转献政府的订婚金戒指，以备抗战之用。新闻中引用他们的信：“要求政府立即下全国总动员令，拼整个民族的力量给日本帝国主义者以致命的打击。”

写这封要求“不必宣布我们的姓名”捐献订婚金戒指的这对订婚夫妇，就是姚名达教授和其续弦未婚妻巴怡南女士。

至于姚名达关切妇女运动的事例，则最鲜明的例子莫过于后面我们要介绍的创办女子书店与《女子月刊》了。

抗战军兴后，上海陷于敌寇之手，姚先生返回江西，1940 年应聘任国立中正大学教授，1942 年 6 月，浙赣战区敌军南犯，爱国心切的姚先生投身抗战报国之心更切，便利用暑假期间，发起组织国立中正大学战地服务团并任团长，开赴前线。就在 7 月 7 日这个民族抗战的纪念日晚上，他们在赣江畔的新淦(现名新干)县石口村遭遇日寇，经过英勇战斗，姚名达教授和另一团员不幸浴血牺牲。姚名达时年方 37 岁。

1933 年 3 月 25 日，当时的国民政府发布褒扬令说：

……见危授命，深堪嘉许。应予明令褒扬，以旌忠烈，而昭矜式。

1987 年 10 月 1 日，中华人民共和国民政部也发证褒扬，批准为“革命烈士”。

就是这样一位轰轰烈烈的革命烈士，与其结发夫人黄心勉，于 20 世纪 30 年代之初，投身于妇女解放运动，在上海创办了我国第一家女子书店以及《女子月刊》。

二

其实，姚名达和夫人黄心勉要从事的妇女工作，并不只是开办女子书店、编辑《女子月刊》，而是有一整套为妇女服务的计划。除了书店和月刊之外，还有女子图书馆、女子义务函授学校、女子奖学金等项，并分头进行，拟好缘起、章程等开始工作。只不过由于他们雄心过大而力量有限，其他几项工作都不如女子书店与《女子月刊》之成绩显著而已。

他们之所以发宏愿要为妇女做种种工作，最初萌芽于 1929 年，当时姚名达还在商务印书馆任编辑。他感到女性没有自己的历史，缺乏对自身的认识；没有为她们而设的专用图书馆，提供她们需要的知识；因而立志研究妇女史，要撰写一部《妇女中国史》，创办一所女子图书馆。为此，他不断积累有关妇女的史料，购置了几千册的妇女图书，并进行《妇女中国史》的写作。不料，1932 年日本帝国主义在上海发动侵略战争，在炸毁商务印书馆的同时，也炸毁了姚名达夫妇的家。为女子图书馆和《妇女中国史》积累的图书、史料以及写就的部分书稿，都被日寇付之一炬了，整个摧垮了他为妇女拟做的工作计划。经此重创之余，他心忧的不是家业毁失，而是如何帮助妇女解放的事业，从而产生了要办《女子月刊》、推动妇女觉醒的念头。他把这计划与各地友人函商，虽然获得广泛的支持，但也不止一人建议，办刊物先要有书店为发行依托才好，于是又有办女子书店的决定。所以，办书店的动机源于办月刊，而办月刊之动机则又源于启发妇女民智，推动妇女解放运动。

女子书店是靠姚名达、黄心勉夫妇掏出他们的稿费和积蓄启动的，所以经济力量很薄弱，但他们有许多朋友甘愿放弃稿酬供给他们书稿加以支持。就这样，从最初租用圆明园路的一个写字间筹办到1932年九一八迁移至霞飞路铭德里8号成立。一年多后，迁霞飞路523号，再后又迁至萨坡赛路219号。

女子书店首批朋友支援的书稿中，有中国公学教授章衣萍的《看月楼词》、浙江大学教授储皖峰、汪静之的《诗经情诗今译》、北京师范大学教授冯沅君的《沅君卅前选集》、大夏大学教授王国秀的《英国中世妇女生活史》以及金仲华的《妇女谈薮》、萧百新的《英国女优的日记》、陈叔时的《女性社会史考》、王茗青的《法国女作家》等一批女性所写或写女性的著作，成为女子书店出版的首批书。

他们的宗旨——按今天我们的说法，也就是出版方针是：发表女子的作品，供给女子读物；规划一方面要出版《女子月刊》，一方面重点出版《女子文库》。

《女子文库》计划每两年出版一集，每集一百册，每一集内分十种丛书，每种丛书各有书十种，以统一的版式出版。这十种丛书是：妇女问题丛书、妇女历史丛书、女子文学丛书、女子艺术丛书、女子生活丛书、女子职业丛书、女子常识丛书、女子实用丛书、现代女作家丛书、儿童教育丛书。到1932年底书店创办的十个月中，已出版二十多种书。《女子文库》到第三年出版的数量就锐减了，而刚入第四年黄心勉逝世，姚名达心绪不宁，《女子文库》出版一度陷于停顿近半年，渐趋不振。

女子书店也打算出版男子作品、男子读物，如《弥罗丛书》、《大学丛书》等。《弥罗丛书》首批包括国立暨南大学教授华林的《艺术与生活》、国立中央大学教授徐仲年的《歌德小传》等；《大学丛书》包括国立暨南大学教授李石岑的《哲学十讲》、国立清华大学教授王了一的《法国小说选》等著作。

女子书店第二年也出版了三十多种书。可是，由于资金不裕、开支不少而又人手不足，加以《女子月刊》一度被当局查扣，遭受意外打击，后来出书就寥寥无几，出现困局。虽然这时姚名达在店务、刊务方面担负了更多的事务，并将批发部委任新中国书局代办，但黄心勉已心力交瘁，就在女子书店成立三周年刚过不久的五月初病逝。姚名达突遭如此巨大打击，一时无法接受，如他自己在《女子月刊》上一则启事中所说“心绪不宁”，将《女子月刊》委请封禾子(即凤子)主编，对《女子文库》和女子书店业务，自然也就疏于料理。《女子文库》一时陷于停顿，而女子书店也就似乎渐趋沉寂了。

女子书店所出的书，现在见到的有关资料中只见到前三年的新书广告目录。这些书大致可归纳为这样一些方面：妇女问题、妇女常识、妇女历史、妇女生活、妇女读本、妇女剧本、妇女书信、妇女小说、妇女诗歌、妇女日记、妇女文学史、随笔、银行书籍、艺术书籍、文学书籍和诗歌书籍。这些书不但都在原定出版范围之内，也与原定方针“发表女子作品，供给女子读物”完全相符。女子书店出版的这些书，不但其作者如前面介绍的第一批书那样，多是大学教授，而且也大都富有文化内涵，有益于女性文化建设。这可说是女子书店的一大特色，这既与黄心勉、姚名达热心为妇女解放运动分不开，也与姚名达的大学教授身份分不开。

女子书店的另一大特色，是有别于一般民营书店的商业性质或如商务印书馆那样的文化、商业兼有性质，而可说是纯文化的性质。这不仅是由于姚名达、黄心勉夫妇是文化人出身，而且是由于他们把女子书店、《女子月刊》完全是当做文化事业来办。他们不但不以办书店、办刊物维生，而且以自己的薪金、积蓄投入办书店、办刊物。他们当然没钱长期投入，也想书店、刊物能自给乃至有赢利。但从一开始，他们就明确：如有赢利，是要用来办女子图书馆、女子义务函授学校以及女子奖学金等“为妇女作智识上的服务”的女性社会事业。只是女子书店、《女子月刊》就从未有过赢利，有钱人又不愿投资相助，直至心力交瘁而壮志亦未能酬而罢。

女子书店和《女子月刊》正式停办虽然是在 1937 年日本大举侵略中国、全面抗战烽火燃起之时，但此前几年的女子书店始终是在艰难中拼搏。女子书店的困境，虽然主要是由于资金无着，但也与姚名达、黄心勉夫妇毕竟都是文化人，虽娴熟于编辑工作而商业经营经验却不足也有关。发行渠道不十分畅通，以致后来不得不委托新中国书局代办，就是一个例证。《女子文库》的发行，由于姚名达在商务印书馆时曾编过《万有文库》，也曾效法当初《万有义库》折扣预约的方法以图疏解资金、销路之困，但由于种种主客观原因，收效也不像《万有文库》那么大。

三

《女子月刊》创意于女子书店之前，而创刊于女子书店成立之后的1933年3月。因此，1933年的《女子月刊》只有10期，与此后的每年1卷12期不同。

《女子月刊》1933年3月出版的第1卷第1期，首页载有《发刊词》如下：

现在我们要出版《女子月刊》了。

我们都是纯洁而诚恳的女子，没有政治背景，没有宗教背景，亦没有经济背景。所以当然没有政治作用，没有宗教作用，更没有牟利的企图。

我们的目的，只是想替天下女子制造一座发表言论的播音机，建筑一所获得知识的材料库，开辟一个休息精神的大公园。我们希望这小小的月刊能无穷的、无量的供给一切女性的需要，能够把最好的、最新的、最有趣味的思想、知识、文艺和图画贡献给读者。

历史教训我们，时势昭示我们，我们除了家庭以外尚有许多应做的事业，不应再在家中仰赖男子生活了。我们应该服务于社会、尽忠于国家。我们应该为自身生活而努力，为人类文化而努力。我们应该负起唤醒同性和针砭男性的责任，把纷扰的社会安定，把贫弱的国家富强，把斗争的世界平静。最少也应该把愚鲁的自己聪明，把痛苦的自己解放，把怯弱的自己健壮。

自今以后，我们将常常在这里和亲爱的读者相见。希望读者不断地指教我们，希望有才学的同性和关心妇女福利的男性永久地扶助我们，使得本月刊长存于宇宙间，占文化史之一页，做读者的密友。

二十二年二月二十二日，

《女子月刊》社仝人敬启

这篇发刊词自应是由姚名达黄心勉起草的。虽简短，却已昭示了刊物的性质、宗旨和任务了。可以看出，和他们办好书店是同出一辙的文人办刊。

黄心勉去世前，《女子月刊》是采用23开本，从1936年第4卷起，改用16开本。在用23开本形式时，每期篇幅并不固定，悬殊较大，而且有篇幅越出越多之势。少的时候只百来页，而多的时候有二三百页，因此，售价往往只够成本乃至低于成本，加上发行费用、折扣，就大亏其本了。改成16开本后，每期固定为128页，并增加铜版纸图页。

除了姚名达、黄心勉夫妇都曾当过《女子月刊》的主编外，还有陈爰、封禾子(即凤子)、高雪辉等，也各当过一阵主编。至1936年出第4卷时，《女子月刊》已经改由上海大光书局总发行了。说明这时女子书店即使还未关闭，也实际无力做发行工作了。

《女子月刊》的内容，基本是一致的，大体如其《发刊词》所说以及"发表女子作品，供给女子读物"的宗旨。在23开本时期，栏目经常改变，不仅有栏目增减并分之异，而且还时而按文章体裁分栏目，时而按读者对象分栏目，无一定之例。这也许并非仅仅由于执行主编的人不同而造成。改16开本后的栏目大体可分为社评、妇女问题、时代知识、学术研究、书报春秋、家庭与儿童、社会经验、生活交响曲、读者信箱、文艺、生产技术、妇女消息，等等，才比以前稳定了。

姚名达原本只任女子月刊社社长，上前台亲自主编《女子月刊》已是第5卷第2期了。但从黄心勉去世后，一切大政就都要他来规划。所以，上面所说开本改16开、每期篇幅固定、栏目保持稳定，等等，都是出自他的擘画。早在《女子月刊》第3卷第12期上，他就公布了"《女月》明年的计划"，表示他要"积极前进"，"毅然舍弃幽静的乡村生活，再入闹市、重新为社会服务"，从而拟定了"要把《女月》的内容充实起来，和最优良的杂志并驾齐驱"的全面改革计划。除了上述改革外，在"充实文章内容"方面，提出：

(1)以"社评表示本社的态度"。社评要以"刚毅无畏的精神"，"指示读者以正确的观念"。

(2)"妇女问题注重解决问题的方法"，"而且应该着重本人自身能够去做的方法"。

(3)“系统地贡献时代知识”，以“使读者不读别的杂志。亦能完全知道时事的大势”。

(4)“学术研究栏有三种目的”：“(一)指出研究各科学术的方法”，“(二)介绍外国最新的学说，及最新发明的各种科学，或国人自行研究的各项专科论文”，“(三)浅化各科专门学术”。

(5)“创办书报春秋”，“对好书加以介绍，对坏书加以抨击，毫不客气”。

(6)“添辟家庭与儿童”，既“反对‘赶妇女回厨房去’”，又“对家事的改良也十分注意”。

(7)“贡献社会经验”，“务必使读者处世，能把困难减至极少”。

(8)“描写生活情态”，包括“国内外各地不同的妇女生活情态”。

(9)“创设读者信箱”，“本社同人当各就其所知”或“征询专家意见”后“贡献意见”。

(10)“转变文艺作风”，“多多描写现实的生活，表暴在帝国主义者经济侵略和封建势力压迫下的妇女大众的痛苦”。

(11)“贡献各种生产技术”，“介绍农业、农副业、小工业、小商业及其他各项生产事业的工作方法、组织方法、经营方法”。

(12)“增辟妇女消息”，“择要记录起来”。

此外，还要健全编辑组织，成立编辑委员会，每月集体“议决下期编辑计划，审定已有的文稿，分别认撰各栏未备的文稿”。并“增聘专家撰稿”，改进稿件管理办法，“确定奉送稿酬的办法，以改进编务工作。同时还准备每月召开妇女问题讨论会和作者会，以提高编辑认识、密切作者联系”等。对编辑工作的强化与制度化，规划得相当全面，从我们现在见到的改 16 开本后的《女子月刊》观察，无论是形式或内容，也都有面目一新之感。

《女子月刊》一再表明自己是“没有政治背景”、“不是任何党派的宣传机关”，为什么还会一度被当局查扣呢？这是导致《女子月刊》几乎夭折的一件大事。

首先，我们要说，《女子月刊》虽然“没有政治背景”，但并不等于就不关心政治。关心鼓吹妇女运动、妇女解放，本身就涉及政治。除此之外，也不是不关心时事政治的。且不说在被查扣事件前，就在查扣事件后的刊物上，也还是如此。对此，只要翻一下《女子月刊》各期的目录，便不难发现。它不仅刊登有关各种国际政治时事的文章，还刊登涉及当时敏感时事问题的文章。《女子月刊》虽然关心政治时事，但确实不是站在哪党哪派的地位说话，而是站在国家民族的立场来论述，自然更“不是任何党派的宣传机关”。其所以还会遭到查扣的厄运，恰好说明了在当时社会环境下，办刊物，特别是办独立刊物，不仅会困于经济制约，还会困于政治压制。

《女子月刊》的被查扣，是源于安徽警备司令部稽查处认为《女子月刊》中，有对现代社会不满情绪，呈请省府转内政部通令查禁。内政部又送中央宣传委员会具体审查后，认为第1卷第8期中，“有宣传阶级斗争之文字”，函复内政部将该期《女子月刊》查扣。而首都警察局接到通令后，却将《女子月刊》各期一律查扣，致使姚名达、黄心勉等极度灰心，决计停刊。后来弄清通令查扣的只是第1卷第8期，才又继续出版。一期被扣虽然也要蒙受经济和其他损失，但毕竟和全部查扣这样的致命打击不同，这对夫妇和编辑们又重整旗鼓上阵了。

《女子月刊》虽然一直处于艰苦奋斗之中，却坚持到“七七”全面抗战爆发才不得不停刊。从1933年创刊的五年间，除了第2卷第4期因查扣事件一度决定停刊而延迟出版外，一直都是每期按时出版。在他们财力、人力都不足的条件下，能做到这点也是很不容易的，从这种小处，也不难窥见姚名达、黄心勉办《女子月刊》的精神。

《女子月刊》有个突出的特色，就是和读者打成一片，把刊物当成是读者共有的。这种态度，可说开卷可见。特别鲜明地表现在如下这些方面：

第一，吸收读者来稿，开辟读者园地。《女子月刊》不仅公开向读者征稿，还曾出题《女子用什么方法救国》等“悬赏征文”。在刊物上则专门开辟“读者园地”、“读者顾问”(改16开后，改为“读者信箱”)。专门刊载读者来文、来信。此外，还公开征求女子月刊社永久社员和10年社员等，密切和读者的关系。

第二，经常向读者交代编辑刊物的情况，每期有编后记、每卷前有卷前语，对前一段工作加以检讨，或对下一段编刊的计划、下一步的改进打算等，都和盘托出，以使读者了解情况，提供意见。

第三，向读者交心，坦述编刊中的困难与快乐，甚至编者个人的喜怒哀乐，如黄心勉得女之乐、姚名达丧妻之痛等等，一一向读者倾诉，如对家人。自然而然地使读者也感情投入，与刊物、与编者同呼吸、共苦乐。

第四，把《女子月刊》当做与读者共有的园地，把读者当知心人，不但与读者成为朋友，而且让读者参与《女子月刊》的编辑工作。例如郝李芳女士就是读了创刊号后，自动前来赞助的。此外，陈爰、赵清阁等，似乎也或多或少有类似情况。

从他们上面的种种做法中，还有一点必须特别提出的，就是他们做这一切工作时，都是出自诚恳之至的心态。这不但可从他们知人善用看出对读者的态度与行动的诚恳，也可从他们在刊物上发表的那些工作检讨、改进计划以及谈编刊感受的文章中鲜明地感受到。那些文章也许显得絮叨了些，却很坦率、很诚恳，颇有披肝沥胆的味道。对自己的工作也不是一味表功，谈缺点、不足也相当实在，不加隐讳。这一点，应该说是十分可贵的。

谨以此文纪念姚名达诞辰一百周年。

2005年

黄心勉：三十年代《女子月刊》主编

20 世纪 30 年代抗战以前的上海，正值一个空前的文化繁荣年代。书店、杂志，乃至报纸，林林总总，众彩纷呈。以书店而论，在许多中小书店之中，有一家独具特色的书店，那就是高举“发表女子作品，供给女子读物”旗帜的女子书店；以杂志而论，在当时数千种杂志之中，有一家也是高举“发表女子作品，供给女子读物”旗帜的《女子月刊》。这份《女子月刊》，正是女子书店于成立后不久就出版的，这家规模不大的女子书店，既出版书籍，又出版杂志，还兼营门市和发行，可谓麻雀虽小，肝胆俱备。

曾经主编过一段时间《女子月刊》的凤子女士 1979 年的一篇文章中曾说：

记得解放后有一年在北京举办过一次全国解放前进步刊物展览，曾陈列过我主编的几期《女子月刊》。（《回忆阿英同志》，见《新文学史料》1979 年第 2 辑）

《女子月刊》封面

她那时编《女子月刊》，用的是封禾子的名字。她在同一篇文章中还说：“女子书店经理是江西人姚名达。”关于姚名达和女子书店、《女子月刊》，我写过一篇题为《姚名达与女子书店、〈女子月刊〉》的文章（刊载于《中国编辑》2005

年第 4 期)，加以论述。但实际上主持前期《女子月刊》编辑工作的，还有一位女性，那就是姚名达的第一位夫人黄心勉女士。女子书店、《女子文库》和《女子月刊》，实际是他们夫妇联手打造的。因此，特再撰此文，与前文互为补充。

在创建女子书店，出版《女子文库》、《女子月刊》之前，当时身为暨南大学教授的姚名达，曾经是商务印书馆的编辑，自己写过书在商务印书馆出版，也编过《万有文库》，有比较丰富的编辑出版经验。黄心勉虽然此前只做过报纸妇女专刊编辑工作，也不像姚名达那样是梁任公的入室弟子，但她很努力，很勤奋，也很有思想，所以，在她主持编辑之下，《女子月刊》当时曾是销量较大的一份妇女杂志，受到读者赞赏，称之为“女界的良师益友”。《女子文库》也能与杂志互为辉映。

虽然身边有丈夫姚名达的支持，取得这样的成绩，对黄心勉来说，也是十分不易的。

黄心勉，1903 年生于江西省兴国县山乡中。原名邦瑞，字慕琰。辛亥革命后，兴国一设立县立女子小学，她便入学就读。但她小学刚一毕业，便因丧父而需侍养寡母和照料年幼弟妹，不能离开家乡到远在南昌的当时江西唯一的女子师范上学，因而只能在家天天忙于家务，直到 1920 年嫁给姚名达。所幸的是，这一对由父母之命、媒妁之言结成的夫妇，却是夫唱妇随，相见恨晚。后来，离兴国较南昌近得多的赣县，新设立一所省立女子师范，姚名达的父亲在那里工作，黄心勉长期盼望求学的愿望，再也不可压抑了，毅然舍下已出生的一子一女，去赣县升学就读了。但是，由于母子连心、亲情难割，学习期间，两个孩子患病使她又不得不辍学回家照顾孩子，虽然孩子终致不救，她的学业由于种种原因也无法继续下去了。所以，就学历而言，她不过只是个初中肄业，后来能主编《女子月刊》使之在社会产生一定影响，除了姚名达的支持与帮助外，她不经过艰苦学习与不懈努力，是绝不可能办到的。

1929 年，姚名达已在商务印书馆做编辑工作，便把黄心勉从兴国接来上海。这对黄心勉来说，是社会环境、生活环境的极大变化：从穷乡僻壤的山乡，一下子进入当时中国最繁华的十里洋场；从穷乡的大家媳妇变成夫妻厮守的小家庭生活。但她仍然是荆钗布裙、勤俭度日，只是自学补课，潜心读书，并进而学习写作，从在报纸副刊投稿到后来，居然能在全国性的老牌杂志《妇女杂志》发表文章，鼓吹妇女觉醒，努力争取智力、体力、经济力这三大权力。这时，可说是在为其后来成为女编辑出版家奠定基础。

不过，使她产生要编《女子月刊》念头的直接诱因，却是日本帝国主义侵略者的炮火。

1932年1月28日，日军继九一八在东北发动侵华战争之后，又在上海突然进攻闸北。姚名达、黄心勉在那里的小家，被日寇付之一炬，焚毁尽净。包括所有藏书与十几部手稿，真可谓靡无孑遗。当他们从日寇的炮火下逃离时，眼见当地人民扶老携幼、颠沛流离的悲惨痛苦，而一进入租界后，那里的人却依然是酒酣耳热、歌舞升平，仿佛与闸北人民之危难毫无干系。于是由思考如何启发民智，唤起民众，进而立下志愿，要办个《女子月刊》，“从言论上唤醒同胞，从智识上开发女性”。由于杂志出版后要有书店发行到各地，才又有先办女子书店的决定。所以，女子书店与《女子月刊》之诞生，就有如姚名达、黄心勉的一对双胞胎。

这时，他们夫妇身边确实也有一对三四岁的孩子，如黄心勉所说，“我们又素重人道主义，不肯雇娘姨，不肯蓄鸦头”，因而“无论什么事，自审查书稿，发出排印、校对、发行、登报、收账、通信、会客，乃至包书、寄书、送书，任何琐事都是我们夫妻俩亲自去做”(黄心勉：《女子书店的第一年》，《女子月刊》第1卷第2期)。而实际上，主要还是黄心勉在做。因为，姚名达每天要奔走几所学校教课而不能在家为她分担。女子书店创业的辛苦，黄心勉付出力量之艰巨，可想而知。

他们办女子书店、《女子月刊》，从一开始宗旨就很明确，正如黄心勉在同一篇文章中所说：

我们都另有正当职业，不靠剥削读者的利益养活自己，所以在书店服务，纯尽义务，不支薪水。我们用我们的汗血换得戋戋的金钱，旋即把这金钱为妇女作智识上的服务。我们本身是智识界的劳动者，不是资本家……所以女子书店的章程规定将每年的盈利做社会文化事业，先办女子图书馆、女子奖学金、女子义务函授学校等项，皆从实际上帮助女子获得智识，不欲空言骗人。

这些做法，可说是他们办女子书店、《女子月刊》宗旨的具体体现。用文字来概括的话，办女子书店、《女子月刊》的宗旨，就是黄心勉在这篇文章中说的：

我们的宗旨只是发表女子作品，供给女子读物。漂亮点说，就是辅佐女子教育，促进妇女运动，开发妇女智识，提高人类文化。详细点说，就是讨论妇女问题，研究妇女历史，发挥妇女能力，提倡妇女职业，矫正社会陋俗，改良家庭生活。简单点说，就是为妇女作智识上的服务。如此而已。我们的宗旨，千真万确，是这样的纯正，毫无别种企图。

办女子书店和《女子月刊》等的愿望不可谓不宏而且当，但要完全实现却不是一蹴可就的。书店和月刊的启动，都要靠他们夫妇的微薄稿酬、薪俸积蓄，经济基础薄弱。好在他们还有许多朋友，在书稿、文稿等工作上帮助他们，书店主打的出版物《女子文库》陆续出书，而《女子月刊》也于女子书店创业一年后的 1933 年 3 月创刊了。《女子月刊》创刊时，《女子文库》已经出版了二十多种，收获可谓不小。正如前面所引黄心勉谈女子书店第一年情况文章中所说，事无巨细，都是要由他们夫妻二人亲为，何况姚名达每天还要多校奔波教课！黄心勉自然就成了唯一的主力。有此收获，很是不易。

《女子文库》原来的计划相当庞大，每集一百册，分集连续出下去。但由于人力、财力的不足，加以还有《女子文库》以外的其他出版物也在出版范围之内，所以，第一年出书二十多种而非计划中的每年出一百种，只能说他们原来订的计划过大了。而过大的原因，不能不说是由于他们为女性服务之心太迫切的缘故。

《女子月刊》创刊后，由于要按月出版，虽然这时聘有编辑襄助，但仍要主编人黄心勉费不少精力，何况这是她第一次主编如此一个刊物。真不能不令人赞叹她的热忱。但每个人的精力总不是无限的，因此，第一年以后，《女子文库》的出版，多少不能不受此影响，而黄心勉的过度操劳，也就种下了她英年早逝的潜因。

《女子月刊》由姚名达担任社长，黄心勉担任主编。第 1 卷第 1 期的《发刊词》言简意赅，我在《姚名达与女子书店、〈女子月刊〉》文中已引录过了，这里就不再引录。这篇《发刊词》末尾的落款是《女子月刊》社同人敬启，未署人名。按理应该是黄心勉写的，或者和姚名达商讨共写的。发刊词说到他们“没有政治背景，没有宗教背景，亦没有经济背景”，说到目的“只是想替天下女子制造一座发表言论的播音机，建筑一所获得知识的材料库，开辟一个休息精神的大公园”，以及“我们应该”做些什么等等。这也成为《女子月刊》的办刊方针。

《女子月刊》也登讽刺画，“我们愿意做活动衣架吗”便是刊登在第1卷第1期上的一幅。这幅漫画不也体现了《女子月刊》的办刊宗旨吗？

这本1933年3月创刊的第1卷第1期上，除了发刊词外，主要栏目有妇女问题讲座、女论语、恋爱问题讲座等。其中的重点是“妇女问题讲座”，载有九篇文章，作者有当时德高望重的马相伯及金仲华、爱因斯坦博士等，讽刺画除“我们愿意做活动衣架吗”外，还有三幅，此外还有故宫珍藏的《吴彩鸾小楷书四声韵》女性书法等图版多幅和特载的女子月刊社社章等，共一百四十多页。

《女子月刊》上的讽刺画

《女子月刊》在黄心勉逝世前所主持的三卷五期中，栏目变动比较大，每期篇幅也不固定，总的倾向是篇幅逐渐增大。这恐怕也是《女子月刊》要亏本的原因之一。用今天的话来说，只重视社会效益，而拙于经济核算；只想到如何使读者得到实惠，而疏于考虑如何维持成本。这也许可说是文人办刊易患之通病罢。

黄心勉曾经请过一些人作为帮手来主编《女子月刊》，类似今天有些刊物所说的“执行主编”，实际她自己也并不就成为只挂虚名的主编，而仍全力倾注她的心血。但如果无人帮助，仍然孤军作战，无论如何刻苦恐怕也是不易长久支撑的。她自1934年秋起，从鼓浪屿聘请来陈爱女士共同主编；一直合作到黄心勉逝世后的1936年3月底——即从第4卷第4期起，陈爱才辞卸职务，在陈爱之前，还曾一度请郝李芳代为执行主编过第1卷第6期至第9期。至于请封禾子(凤子)任主编，则已是黄心勉去世后的1936年秋的事了(那时凤子刚从复旦大学中文系毕业，很可能就是她步入社会的第一个工作)。此外，还先后有过几位女士受聘当过《女子月刊》的编辑。她们全都只能说是黄心勉的助手。

对此，我们只要注意一下黄心勉发表在《女子月刊》上多篇向读者交心谈编刊工作的文章就可感受到她的艰辛与付出之多了。

在女子书店办了一年多、《女子月刊》出版了几期之后的《女子月刊》第1卷第5期上，黄心勉在"卷头语"《我们的悲伤和惶惑》中就谈到，她们不但看到对刊物的一些恶意的批评，而且也受到旧的"重男轻女"思想的人揶揄：

不造谣言侮骂我们是"缠过小脚的黄面婆"了。我们的脸色虽然没有石灰白，但天晓得，小脚是不曾缠过的。他们因为我们在"明星大会"、"游艺大会"、"茶舞大会"里不曾看见我们的尊容，便想象出一个典型，便把我们的姓名刻上，以为"凡姓名不见于画报、小报、戏单和书寓的电灯罩上的，一定是缠过小脚的黄面婆。"

…………

甚至有的说："女子能够做什么事呢?"

…………

亲爱的读者！我们已经精疲力竭了，差不多就要心灰意冷了！再不得读者帮助，纵使不随风使舵、急流勇退，也恐怕就会被风浪打击，葬身鱼腹了。

然而，实际上，读者不断来信鼓励她们，帮助她们，她们还是支撑了下去(只是黄心勉自已在此两年后真的"精疲力竭"倒下去了)。三个月后，她在第8期另一篇《我们的希望》中就又说出了"扯起《女子月刊》的大旗，负起为女子作智识上的服务的责任，迈步前进、百折不回"的话。刊物"每月都在十五号前二三天出版，从未迟过片刻"，"一期一期的内容都改进了，后一期总比前一期好一点点"，而且就在这篇文章中，提出了全面改进计划：对各部分的内容文章有具体要求，而总的是"凡《女子月刊》刊登的文字，必须有益于女子"。结构上定为四等分：一、妇女问题，

二、妇女生活，三、妇女常识，四、妇女文艺，每年季末出特大号一次；形式上确定为23开本，固定用于右任的刊名题字、封面每期一换等，到售价想逐年降低到规定价的60％等，并逐渐增加图片画页。并且提出：

我国似乎还需要一种低级妇女的定期刊物，专给一般女工农妇和娘姨看。可惜我们的经济困难极了，否则马上就要办起来。

你看，她非但不曾"急流勇退"，还要"急流勇进"呢。

但她的困难并不略减。她是在一种什么生活条件下办店办刊的呢？且看她自己在《我们的悲伤和惶惑》一文中对此是怎么说的吧：

亲爱的读者！你们知道我们在这里过着怎样非人的生活吗？……我们的袜带断了，没有钱买，便把扎书的麻绳来代替，绳扎了很痛，便花三个铜板买了一双橡皮圈，分剪成四只，二人分用。这并不是"范叔一贫至此"，也不是矫揉造作，也不是"一钱如命"，委实因为我们一心一意想办好《女子月刊》和女子书店，把随时收入的金钱都花去作印刷费了。

这是如何的投入！如何全心全意地扑在办《女子月刊》、女子书店上！

黄心勉她们遇到的困难，还有妇女遭受了几千年封建束缚与压迫造成的传统压力。例如，黄心勉在《夹攻中的自白》一文(《女子月刊》第2卷第4期)中说到的：

富贵太太在笑我们发痴，农工妇女在对着我们呆视，存心不良的男性在怀着暗箭想陷害我们。

她所说的"富贵太太"和"农工妇女"的态度，反映了她那时代妇女的尚未普遍觉醒，而所说的"不良男性"的心态，也并非凭空虚构的。黄心勉在《我们的悲伤和惶惑》一文中就说到：

女子书店前在铭德里，本来就是简陋得很，有些登徒子闻名寻至，满想饮餐秀色、猎艳而归，哪知门面既不摩登，招待又无妖冶的女茶房，不觉大失所望，连呼"不像书店"，狼狈而去的，日必数起。近来搬入霞飞路523号，略为宽展了，那些小报便污蔑我们是"摸屁股的太太"办的，以"女子"二字相号召……却又把我们看作按摩院了。

这是她们那个时代女性办事业特有的困难。另外还有一种当时特有的困难，那便是政治压力。黄心勉在《夹攻中的自白》中说：

政府说本刊有"左倾"的嫌疑，郝女士说本刊有右倾的嫌疑，这是不是在夹攻中？

"政府说"可不仅是说说而已，随之而来的那就是遭扣《女子月刊》！事情的经过在《姚名达和女子书店、〈女子月刊〉》一文中已经说过，不再细说了。这"政府说"看似只不过一说，却导致《女子月刊》几乎因而夭折。幸而后来只是遭扣了一期而不是全部查扣，《女子月刊》才在决定停办后又重新启动起来，使从不脱期出版的第 2 卷第 4 期不得不晚些时才得以出版。从这件事不仅可以看出黄心勉她们办《女子月刊》艰难之深重，也可以看出当时的政府，对言论控制之严酷。

除了以上遭遇到的种种困难外，还有一个很重要的困难，便是人力不足的困难，或者说是人才的困难。虽然这与经济困难有连带关系，可说是经济条件造成的困难，但却是个影响不下于经济困难等的大困难，女子书店和《女子月刊》初创时，她们不得不孤军奋战。但实际上她们都是把《女子月刊》、女子书店当作女性的共同事业，是女性共有的园地。她们热爱人才这一点，不仅可从黄心勉去世后一度聘请封禾子女士主编的第 4 卷第 8 期的《给读者》中介绍封禾子时的热情洋溢、充满喜悦文辞中感受到，就是黄心勉生前的有关文字中，也早已可感受到。介绍封禾子的文字虽出现在黄心勉逝世后，但那种热爱人才的精神，则可说是黄心勉早已形成、遗留下来的。例如，黄心勉在《女子月刊》第 1 卷第 6 期的"卷头语"《我们的前途中》一文中说她自己"一无所长"，"初办事前还可精粗不分、家店合一，现在事业已经发达，决不宜于一仍旧贯了"。

因此，《女子月刊》的编辑任务，分了一半给郝李芳同志了。郝女士是当今不可多得的学者，有精密的思想，丰富的学识，深挚的感情，优美的文笔，对于妇女问题尤有深刻的研究，担任本刊编辑，实在再合适没有了。

这不就充溢着如获至宝的关爱人才的热情吗！何况，她在第 1 卷第 7 期的《本社充实战斗力》一文中，又不厌其重地再度说到敦请郝李芳同志帮忙，同时还充满喜悦地公开聘请谢冰心、黄庐隐等三十五位女士和王了一等二十三位先生为特约撰述。凡此种种地方，都可以看到黄心勉虚怀若谷、爱才如命的心态。联系到她的倾全心身来为女子书店、《女子月刊》看，这种爱才如命心态，恐怕也还主要是出之于一心只想办好女子书店、《女子月刊》的动力。

除了上面说到的这类"卷头语"、"编者的话"以及谈办书店、办月刊的有关文章外，黄心勉用本名在《女子月刊》上发表的其他文章不多，估计如与读者来文、来信相交流的以“本刊编者”名义写的文章，应该是她写的或者至少有些是她写的。此外，估计还有用笔名发表的。这在不仅“一身而二任焉”(〔唐〕韩愈《圬者王承福传》)而且数任的她来说，已是很不容易的。《女子文库》中至少还有她的一本《心勉偶存》，据介绍，“本书将心勉近年所作文字，汇集印行”，这些文字，应该是或者大部分是原刊于《女子月刊》的。也是据介绍，“凡研究妇女问题者，不妨一读”，可见，是一些关于妇女问题的文章。此外，她至少还出版有本《中国妇女的过去与将来》(原刊于《妇女杂志》)，也是《女子文库》中之一。

黄心勉积劳成疾，于 1935 年 5 月 4 日病逝。还留下遗书给《女子月刊》读者，并叮嘱将她节衣缩食俭省留下的几百元钱，捐作贫寒女子奖学基金。其对《女子月刊》“之死矢靡它”(《诗・鄘风・柏舟》)和关心贫寒女子之心，真是天日可鉴。《女子月刊》社同人乃发起组织“心勉女子教育基金保管委员会”，获得社会名流叶恭绰、胡适、梅贻琦、何炳松等二十余人赞助，帮助贫寒女性受教育。

黄心勉只活了三十三岁，编《女子月刊》至第 3 卷第 5 期，她死后《女子月刊》继续出版到第 5 卷第 7 期，因抗日战争全面爆发而停刊，《女子文库》书名可考的至少出版有三十多种，实际出版的一定更多。

2005 年

再版的期刊

读书的人都知道，木版书有初刻本、复刻本之分，铅印书有初版本、再版本之别，而报纸、杂志期刊却未闻此说。这是因为，书籍——不论是刻版的还是排印的，具有保存、传承思想文化长远价值的功能，是长期性的，而报纸则主要是传播新闻的——新闻是时时刻刻层出不穷，转瞬之间就可能成为“旧闻”，因而时间性强、时效性短，与书籍不同。杂志期刊虽然比起报纸来时间性弱一些、时效性长一些，但仍只介于书籍与报纸之间，而与报纸更接近，所以报纸和杂志期刊，都称之为“连续性出版物”。新的一期报纸、杂志期刊出版后，旧的一期便“过时”了。例如日报是每天出的，今天报纸出来，昨天的就“过时”了，其时效性虽非全失也大半丧失，基本上无人购买了。20 世纪 30 年代抗日战争前，在有些城市里，读者除了可订阅当天报纸外，也可以订阅隔日报——报贩子从订户中隔日回收的报纸。订阅这种隔日报，往往还不到订阅当天报价的一半——也就是说，一天之隔，身价就跌落一半多了。更没人订隔两日报的，隔两日后，一般就只能按废纸论斤卖了。杂志期刊的情况也差不了多少，半月刊的基本生命力也就半个月、周刊的基本生命力就是一周，过此便成“过期杂志”，只好像隔日报那样降价卖了。因此，报纸、杂志期刊一般便没有第二天或第若干天后再版之说，杂志期刊也难得有出版后还再版的，故尔不像书籍之有初刻本、复刻本之分，初版本、再版本之别，也就是很自然的了。

不过，也不是没有例外。

这里说的例外，不是指在几十年或若干年后，作为历史资料而重印出版的报纸、杂志期刊合订本，就像 20 世纪中叶我国重印一些 30 年代的报刊如《大公报》、《东方杂志》的逐年合订本那样，更不是指用旧报刊上材料、文章编成书出版，就像几年前利用旧报刊选编出版的《民国名报简金》、《民国名刊简金》那样。前者中的报纸是作为史料重印成册的，已非原来按日面世的散张日报，其作用也不是本来的传播新闻而是存储史料，即不再是供一般市民阅读新闻，而是供图书馆、资料室及极少数研究人员之查用资料。杂志期刊也不是原来提供深层报道、分析时事动态以及提供最新社会科学或自然科学技术信息了，而主要是作为文化资料供参考、研究之用，也都不再是定期的单本连续出版而是成年的合订本了。至于后者，则更不过是旧文新编，与论文集类似，从其编辑宗旨、编辑方法到形式到编排等，都与原报纸、杂志期刊不同了，出版形式也由定期连续出版物变成一本本不同的书了，只不过是取材于原报纸、杂志期刊而已。与一般说的复刻、再版更不是一回事了。

我们所说的例外，指的是在出版后不久，旋即按初版原式原样重印后在市间发行、像再版书那样真正的再版。这种例外，我亲历的就有前后脚出现于 1934 年的《人间世》半月刊和《太白》半月刊。

《人间世》于 1934 年 4 月创刊，主编人是林语堂。由上海良友图书印刷公司发行。1935 年 12 月出版到第 42 期就停刊了。共出了一年九个月。

《太白》略晚于《人间世》数月，创刊于 1934 年 9 月 20 日。主编人为陈望道，编委除陈望道外，还有艾寒松、傅东华、郑振铎、朱自清、黎烈文、徐调孚、徐懋庸、曹聚仁、叶绍钧、郁达夫。由上海生活书店发行。1935 年 9 月 5 日出版第 2 卷第 12 期后停刊。共出版了 24 期，整一年。

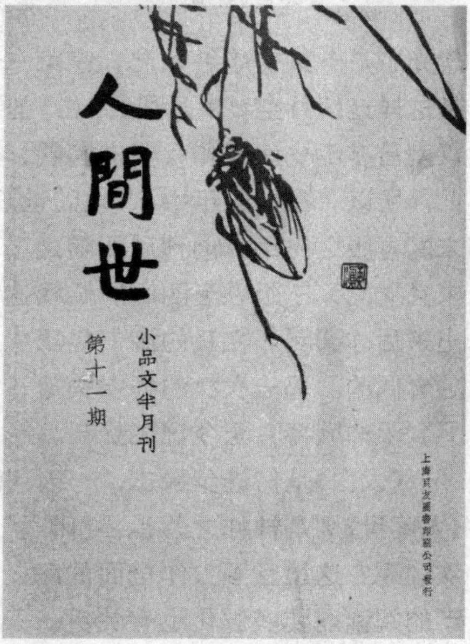

《人间世》封面

这两种杂志期刊出刊时间都不

长，却不但对30年代散文、随笔创作的繁荣起了推动作用，而且在现代文学发展史上有过相当大的影响，并在文学期刊出版史上有较重要地位。它们的创刊也都同样有过一番轰轰烈烈的火爆。

《太白》封面

1934年，我在南昌的中学里就学，是个书刊迷。每天下午放学回家的路上，都要一家家地逛那些新书店和旧书店——那些书店都在中山路上和戊子牌一带，正是我回家要经过的，正好让我享受一番淘书之乐。那时，新书店是既卖书也卖杂志的，一摞摞新到的杂志期刊，新书店都平摆在案子上，任凭读者随意翻阅、选购。《人间世》、《太白》先后创刊，我都先已从上海报纸刊登的目录广告上知道，愿快先睹，便天天留意书店是否已到货，等了多日都未见踪影。一问店里，才明白不是没到货，而是一到货摆出来，没等我放学后去，半天就卖光了。一家书店是如此，家家书店都如此。4月间买《人间世》创刊号是这样连续扑空，9月买《太白》创刊号又同样重演一遍。后来听说，不仅南昌有不少读者和我一样向隅，其他许多城市包括出版地上海也都如此。所以，在同一年中，《人间世》和《太白》这两份杂志，竟相继破杂志未闻再版之先例，创刊后即随之又再版，而且不止再版，再版仍供不应求且继之又三版以至四版。像我这样天天搜求的读者，竟然只在四版本出来后才买到。在我的淘书经历中，既可说是绝无仅有的，又可说是无独有偶的。那一次次的扑空失望，一次次的惴惴然于是否终不可得，与买到手的欣喜，至今记忆犹新。

《太白》是份进步杂志，一创刊就如此受读者欢迎，现在的人好理解；《人间世》则是被称之为提倡“闲适”的杂志，怎么当时也会受到读者如此欢迎呢？这里且不去作全面的深入分析，仅从个人感受来说，恐怕与读者的阅读需要多样化也有关系。读者的文化需求是多方面的，而未必是单一的，阅读要求也会是多种多样的而未必是单一的。这就像人不只爱吃甜的，也会要吃酸的、辣的以至苦瓜那样苦的东西，不单要吃主食，也要吃副食，副食也不是单一而是多种多样的。就是以战斗为本业的士兵，在战斗之余，也愿意欣赏一下文艺演出或片刻的“闲适”。从而在杂志期刊中给即使以“闲适”著称的杂志也留下容身之地并可能受到读者欢迎。

当时的进步杂志、“闲适”杂志，都不是只有《太白》和《人间世》两家，为什么别的进步杂志和“闲适”杂志，不能如他们那样再版以至三版、四版呢？

就《太白》而言，其进步立场，固然是受到读者欢迎的基本因素，但除此之外，还可从它刊载文章的质量和编辑质量找出原因。仅以所刊载文章的作者来说，创刊号就有鲁迅(署名公汗)、巴金(署名余一)、郑振铎(署名郑西谛)、叶圣陶、夏丏尊、傅东华、徐懋庸、曹聚仁……众多名家。固然，好文章并非只能出自名家之手，名家文章也未必篇篇都是好文章，但如此众多名家的文章，纵非篇篇佳构、字字珠玑，其中总还会有不少的好文章则恐怕还是难以否认的。《太白》创刊号中，还有像胡愈之“提倡写别字和词儿连写”的《怎样打倒方块字》，不但全文词儿连写排版，而且别字连篇——例如篇题就成了《怎羊　打到　方块字》，作者名字写成了“胡芋之”。中国的方块字，可说是中国传统文化的基石，如今居然倡议要从“写别字”等措施来“打倒”它，这难道不是件闻所未闻、惊世骇俗的震撼人心大事？这样的文章、这样的倡议，能不牵动无数人的心？仅就此一文来说，能不让人以先睹《太白》创刊号为快？写这样文章可见作者的识见，登这样文章不也可见编者的气魄？何况，编者结合这篇文章，还组织发表了一批有关语言文字的文章，形成创刊号上互补共济的一个议题呢。由此观之，《太白》创刊号之再四重版，岂其偶然？又岂其仅为进步杂志之故？

《人间世》创刊号，也仅从作者阵营来看，和《太白》一样，同样是名家如林。如蔡元培、周作人、郁达夫、阿英、傅东华、刘半农、丰子恺、废名、黄庐隐、徐志摩、朱光潜、徐懋庸、陈子展、刘大杰……其中不仅有的同时也是《太白》创刊号的作者，还有进步作家。《人间世》创刊号虽然没有《怎羊　打到　方块字》这样云人之所未云的大文章，但也刊登过一篇周作人的《偶作打油诗二首》，并同时刊出其和诗，不仅引起和诗的相继出现，而且引起来自左右两方面的批评，社会反响不小。

《人间世》所刊载的文章，其实也未必都是些不食人间烟火一味的“闲适”。且不说创刊不久发表的如老向反映民间疾苦的文章，就在创刊号也有至今印象犹存的文章如丰子恺的《文言画》一类文章。当年我作为中学生读它时，在学校里不但读文言文，作文也是写文言文，却既不知道也未曾听说过“文言画”，一看题目便吸引住我了。当时，我恰好在读《芥子园画谱》，读了丰先生文章，折服于其高见，也就因他说《芥子园画谱》是画中的“文言的字典”，便对《芥子园画谱》也不免有点“失敬”了。丰先生在文章中还说：

> 中国文学由文言解放为白话，二十年来已有相当的成功了，希望中国画界也来一个解放运动，收获更大的成功。

就是在七十多年后的今天，这话不也还是有其一定的现实意义么？何况在七十多年前！像这样的文章，又岂是一句“闲适”所可以抹煞的。《人间世》创刊号也会破杂志期刊之例一再重版，看来同样并非偶然。

我们从这两种杂志期刊的破例再版，能不借鉴到一些有益的因素吗？

2001年

《散文》月刊的总体编辑构思

一

期刊是一种连续出版物，以同一刊名、刊期、方针任务等连续出版、所以我曾将它比做江河，浩浩荡荡，奔流不断。因此，对期刊的编辑构思，就不仅每期要有每期的总体编辑构思，还应该每卷(年)有每卷(年)的总体编辑构思以及刊物长远的总体编辑构思。我在《杂志编辑学》、《期刊编辑学概论》等书中，分别称之为微观总体编辑构思、中观总体编辑构思与宏观总体编辑构思。这三种总体编辑构思都是编好期刊所不可缺少的。

这主要是由于期刊既是连续出版物，又是复杂的多元型编辑结构出版物的缘故。

所谓复杂的多元型编辑结构出版物，既不同于一本首尾一气呵成的专著，也不同于一本如论文集等汇编书的结构。汇编书虽然也是多元型结构的出版物，但相对于期刊来说，还是一种比较简单的多元型编辑结构出版物。例如，期刊多元的主题，通常都比汇编书之类多元型编辑结构书籍更广泛，一般也不是像许多汇编书之专收某一作者的文章，而作者等也会是多元的等等。

由于期刊有如江河般的流动性强，有宏观、中观、微观等不同递进层次的总体编辑构思，相对说来，编辑结构要顾及的方面多而且杂。我想，除了一般的概论(如 20 世纪 80 年代我写的《论杂志的总体编辑构思》一文)外，还可以借一份期刊的总体编辑构思为例，来加以说明。

百花文艺出版社的《散文》月刊，创刊于1980年1月，连续出版24年后，今天仍在按月出版。1979年筹备创刊时，笔者曾为之草拟了一个编辑计划，实际上也就是一份宏观总体编辑构思与第一年度的中观总体编辑构思的复合体，现加简要评析，分段作些解说。

百花文艺出版社《散文》月刊编辑计划（草案）

一、基本设想

1. 刊名拟定为《散文》，刊期定为月刊。

2. 开本拟定为大32开（如为印刷方便，也可改为16开）。

3. 篇幅定为每期3印张，定价0.25元。

4. 内文字号以五宋、新五宋为主，可间或用五号、新五号仿宋、长仿宋或楷体。

这第一部分基本是关于这份期刊形态的构思。由于它是新中国建立几十年来第一份专门刊登散文的刊物，直接以“散文”二字为刊物之名，有旗帜鲜明、先声夺人之效，在当时来说，似比挖空心思去想什么抒情型、象征型的刊名为好。刊期问题，讨论中曾经有过争议，不少人心存忧虑，认为人手有限、缺乏经验，谨慎从事的话，还是先出双月刊的好。

《散文》封面

刊期为双月，也是当时期刊界的一股强劲风，但我以为，《散文》不同于大型文学期刊而以短小精悍见长，篇幅不过3个印张，刊期过长的话，不仅不能与3个印张的《散文》内容相适应，也会让读者的阅读热忱冷却。无论从刊物性质或从占有市场看，刊期都不宜长于一月。

篇幅定为每期3个印张，定价0.25元，也是经过反复考虑的。由于散文每篇篇幅一般不会超过四五千字，估计3个印张每期可刊登文章30篇上下，还是比较适当的。篇幅再大的话，刊登的文章虽可更多一些，但有没有必要一下就塞给读者四五十篇散文？

何况还可能难以保持篇篇都质量上乘。酒薄量多不如酒醇量少，这就是老子说的“少则得，多则惑”(《道德经》第二十二章)。另外，从市场、读者购买力考虑，每期0.25元，是一般中学生也能买得起的。如果再增加一两个印张篇幅，定价就可能在0.4元左右，读者购买时就要费更多的掂量了。

不规定全用五宋而规定五宋、新五宋同用，是考虑到《散文》读者主要是中青年人，对新五宋目力能适应，套用新五宋可使刊物容量增大，对读者实惠。

由于印刷条件限制，为了缩短印刷时间，后来决定采用16开本骑马钉。从后来的实践中可以看出，基本设想的缺失之一，是没有规定出版日期。20世纪80年代初印刷还相当紧张，出版部门与印刷厂达成的协议是每月25日出版，即使准时出版，到达市场和读者手中时，也往往是下月初了；何况在当时的印刷条件下，脱期几乎成了常规而按时出版反而成为偶然呢！为矫正这一失误，改为当月初出版，在实践中费了不少事，拖了不少时间才解决。

二

总体编辑构思的第二部分是编辑目的，也可以说是编辑缘起或编辑初衷：

二、编辑目的

1. 散文在我国有悠久的历史传统，一向是我国一种主要文学作品形式，名家辈出，佳作如林。五四新文化运动以来，散文继续得到发扬光大，以致“散文小品的成功，几乎在小说戏曲和诗歌之上”(鲁迅语)，而近几十年来，却有渐趋沉寂之势。创办《散文》月刊，其根本目的是要为振兴散文、繁荣散文创作作出我们的贡献。

2. 我社自创办以来，即致力于散文图书的出版，浸至成为重点，被推许为散文出版重镇。倡办《散文》月刊，也是为了发扬我社这一特色，扩大百花散文的影响。

3. 倡办《散文》月刊，还是为了书刊互补共济。企图通过刊物更广泛地团结散文作者，培养散文新人，同时还可将刊物发表的文章，直接结集成书，以扩大散文书稿稿源；通过出版散文书籍，又可吸引更多的散文作者为刊物撰稿，扩大并巩固散文作者队伍，推出新人。既有利于出版社工作，也有利于繁荣散文创作和出版。

上面提出的三条编辑目的，确是倡办《散文》月刊的初衷。想要“为振兴散文、繁荣散文创作作出我们的贡献”，这是早在百花文艺出版社于1958年成立后，致力于出版散文书籍、以出版散文作为重点时就有的宏愿。出书也好，出刊也好，在这点上是一致的。于20世纪70年代末党的十一届三中全会后，继出版散文书再倡办《散文》月刊，在这方面只可说是我们在新时期的新发展吧。

第一条说的这目的，是从大处言，也是从其根本而言。除此之外，从近处言，从小处言，就是第二条和第三条所说的，既可扩大、发扬百花文艺出版社散文出版的特色，又可起书、刊互相促进的作用，于工作是十分有利的。

说到于工作有利，还有一点是当时“编辑计划”所未写上的，那就是可以有利于出版社资金周转，而且期刊印数大、有赢利，可以做到如后来所说的“以刊养书”。其所以未在“编辑计划”中写上这一点，主要是由于当时确实不是从赢利或利于资金周转的考虑而办此刊物，它并不是倡办的目的之一，而只是倡办《散文》月刊带来的副效益。当然，除此之外，当时现实情况多少也有些影响。一是当时的经济效益观念普遍不强，一心只想出好书刊，很少想到经济方面的事；二是当时有人有不同估计，认为散文这样的刊物“曲高和寡”，不但不能赢利，反将成为经济负担。当然，我不同意这种预计，后来事实也证明并非如此。《散文》一出版，很快就期发行到20多万份。

三、编辑方针

坚持“为人民服务、为社会主义服务”的方向，贯彻“百花齐放、百家争鸣”的方针，在马克思列宁主义、毛泽东思想指导下，为繁荣文艺、繁荣散文创作与出版，特创办《散文》月刊，以丰富人民的文化生活。

编辑方针部分简明扼要地提出了这份期刊总的方针，对几个重要问题如方向、方针、指导思想、要取得今天所说的社会效益等，都很明确。这样的方向、方针、指导思想，是从社会主义国家出版事业的根本性质出发的，也是从刊物所想要取得的社会效益需要出发的，是切合这份刊物的。

它作为编辑方针提出，而没有连同任务作为“方针、任务”提出，是因为它将在计划的后面部分结合内容结构更为具体地提出来。

三

编辑计划接下来的第四部分是“读者对象”，第五部分是“编辑原则”：

四、读者对象

《散文》以文学爱好者特别是散文爱好者为读者对象。其中又以具有高中以上文化程度、爱好散文的中青年为主要的读者对象。

五、编辑原则

编辑这份刊物要贯彻“百花齐放”的方针，提倡题材、体裁、风格的多样化。又要在多样化中编出自己鲜明的特色、自己独特的风格来。要成为能够吸纳百川的海洋，又要突出海洋的主潮，并使百川之水汇入主潮。

据此原则，在编辑工作中要：

1. 题材不拘中外古今，但以反映当前现实生活者为主；题材也不分大小巨细，但以写重大题材者为先。

2. 体裁不妨多种多样，但以抒情散文、艺术散文为主，小品、随笔为之羽翼而已。

3. 文章风格提倡多姿多彩，豪放婉约，可以各取其宜。厚遇创新出奇，薄视袭旧落套。刊物风格则力求个性化。

4. 思想性、艺术性并重。推崇充溢积极向上精神之作，反对颓废消极思想。对缺乏艺术性之作，虽思想正确亦不取，更无论标语口号式者。

5. 提倡抒真情实感、发自胸臆之作，摒弃忸怩作态、无病呻吟之作。

6. 不薄名家爱新秀。

第四部分的“读者对象”比较简明，提出以“文学爱好者特别是散文爱好者为读者对象”，这并不排斥其他读者，只是表明要根据这种读者对象的需求来编这份刊物而已。值得注意的是接着又提出了主要读者对象，这是更进一步明确为谁编刊的问题。目标更瞄准在“具有高中以上文化程度、爱好散文的中青年”身上，实际也可说就是高中、大学师生的身上，因为“具有高中以上文化程度、爱好散文的中青年”，主要也就是这部分人，较晚在《散文》上开辟的《师生文荟》栏目，就是为选刊这些主要读者对象的作品而设。定价每本 0.25 元，也是针对这些人的购买力确定的。

散文，特别是抒情散文，永远是充满青春气息的，永远是属于青年的。刊登抒情散文为主的《散文》月刊，以他们为主要读者是理所当然的。

第五部分的“编辑原则”，首先提出的一段可称为总纲。这段话的中心意思，是以两个矛盾的统一作为刊物的编辑总原则：一是百花齐放与刊物特色风格矛盾的统一，一是多样化与主潮流矛盾的统一。百花齐放与题材、体裁、风格的多样化，是繁荣文学艺术的根本方针，必须认真贯彻，但同时刊物又要有自己的主潮，编出自己的特色风格来。这段总纲实际上也提出了矛盾统一之道，那就是：对作者的文章，应该百花齐放、不拘一格，而对刊物的编辑，却要“编出自己的特色风格”来。这就是说，在文章取舍亦即编辑选择工作上，要百花齐放；而在刊物编辑和编辑结构工作上，则要突出自己的特色风格。对待文章的题材、体裁、风格应该多样化，而在编辑工作中，则应在多样化中突出主潮来。

接下来提出的六条编辑原则，是这个总纲的落实，也可说是这个总纲的诠释。

第一项说的是题材的多样化与主潮流的矛盾统一问题。一方面题材不拘中外古今、大小巨细，以体现百花齐放精神，一方面又要以反映当前现实生活者为主，以写重大题材者为先，以突出刊物主潮。题材范围的扩大，不仅可使内容丰富多彩，也可让读者游目骋怀。熟悉或不熟悉的生活，分别可以引起不同的感受，都会受到读者的欢迎。但在刊物的编辑结构上，又要有主潮，有主调，才可使多样的题材不致散漫，能百川归海融为一体。题材的多样化与突出主潮的编辑原则，不仅是时代的需要，而且也是编好刊物的需要。

第二项提出的是体裁的多样化与突出刊物自己特色的矛盾统一问题。散文这个概念具有很大的伸缩性，最广泛的释义可包容与韵文对举的其他各种文体，也就是说，无韵之文都可说是散文。这样，散文体裁的多样化，竟可几至漫无边际。所以就有必要提出在体裁多样化的同时突出刊物自己特色的问题“以抒情散文、艺术散文为主，小品、随笔为之羽翼而已”，孰为主、孰为从，明确了以后，其他未提到的，虽未明确排除，仍可“百花齐放”，但已有“馀子无足论矣”的味道了。

第三项是说文章风格的多样化与刊物风格个性化的矛盾统一。也就是明确文章风格要“百花齐放”，重视创新，鄙薄袭旧；而编辑的刊物风格却要有自己的个性，以此来达到矛盾的统一。人们常常混淆了文章风格与编辑风格，造成或因强调了“百花齐放”而放弃了刊物自我风格，或因强调了刊物自我风格而不能贯彻“百花齐放”。这第三项可说是针对这两个偏向而提出的一条编辑原则。

第四项说的是思想性与艺术性并重问题。一则提出推崇什么样的思想、反对什么样的思想，明确要求什么样的思想性。这里没有如政论刊物、社会科学期刊的提倡什么主义、反对什么主义，而这样提出是基于散文的性质而制宜的缘故。二则提出思想性与艺术性并重具体在取舍稿件上的原则，使思想性与艺术性并重有实践的准绳。

第五项提出的是强调作品的真实情感性。刘勰曾说：“志足而言文，情信而辞巧，乃含章之玉牒、秉文之金科矣。”(《文心雕龙·征圣》)这里强调的，也就是刘勰这意思，也是在进一步申述如何思想性、艺术性并重。

第六项是说作者问题。既要刊登名作家的作品，也重视无名作者的作品。对名作家作品，恐怕任何刊物也不会薄遇它，这是一般都可做到的；对无名作者则不然。这里提出的“不薄名家爱新秀”寥寥七字，显然着眼点是在后面“爱新秀”三个字，意在要重视无名作者作品。二十余年来，《散文》月刊对这条编辑原则都遵守不渝，推出了许多新秀。

上面评述的“编辑目的”和“编辑原则”两项内容，是编辑结构的基础，刊物的整体、每卷、每期都只能根据它们来编辑结构。而“编辑原则”实际也就是内容的编辑结构构思，比起“编辑目的”来已有所不同，已进入了实质的刊物内容结构了。

第六部分栏目构思，是刊物内容结构的进一步构思：

六、栏目设置

设置若干栏目，栏目分常设栏目与机动栏目两种。前一种栏目每期出现，用以体现刊物的主潮、个性、风格，以之作为刊物的主体，体现刊物的稳定性。后一种栏目则只在必要时出现或轮换出现，用以体现刊物内容的机动灵活性，调剂读者口味，为主潮推波助澜。常设栏目有：

1. 主体散文

栏目名待拟或设栏而不标名。主要刊登最能体现刊物主潮、个性、风格的抒情散文、艺术散文，是一个重点打头栏目，也是最大的一个栏目，每期选用文章十来篇。

2. 月季花

这是个小栏目，每月一篇，专门刊登抒写新人新事新风尚的散文。

3. 屐痕处处

专门刊登旅游散文的栏目。神州风光、环球名胜，俱可收揽；自然景物、人文古迹，尽纳其中。意在使人热爱祖国、心怀世界。

4. 海天片羽

这是专为刊登随笔而设的栏目。既是片羽，自非漫天飞舞，每期三篇两篇，即已足矣。

5. 风物志

专门刊登写各地风俗习惯、人情、土产等等有浓郁地方特色的散文。

6. 科学小品

这既是给小品特设的园地，也是为科学特建的殿堂。试图让科学与文学在此联姻，让读者在文学欣赏中获得科学知识。

7. 笔谈散文

这是一个议论散文的栏目。可以议论散文的作用，可以议论散文的特点，可以议论散文的传统，可以议论散文的未来，可以议论散文的思想艺术，可以议论散文的风格、流派……旨在以理性思考来促进散文的繁荣发展。

机动栏目可视需要随时添设、替换。现可以提出的有：

1. 艺苑拾英

刊登写艺苑文坛故人旧事文章的专栏，以期能为文学史、艺苑史采明珠、拾翠羽。

2. 散文名篇欣赏

刊登为散文名篇解读的文章，帮助读者提高散文欣赏水平，提高散文写作水平。

可以看出，上面的栏目设置构思，重心在于常设栏目的设置构思，提出了七个栏目，而机动栏目只提出了两个，这是因为常设栏目是要体现编辑目的、编辑原创的主体。

从这些栏目看，可以归纳出几个特点：

一是栏目界域还是明确的，便于编辑结构实践，栏目之间既有分工又有联系。如《屐痕处处》与《风物志》都写各地风物，但所包容文章的着眼点互有不同；《笔谈散文》与《散文名篇欣赏》虽颇相近，而前者主要是理性的，后者主要是感性的，前者是说理，后者是实例。总之，这些栏目都是又有联系、又可互补而又分工明确，不会混淆。

二是栏目取名采取了错综交替方法，看似不合栏题风格一致的要求，实则欲见其灵活多彩。其中如《科学小品》、《笔谈散文》、《散文名篇欣赏》以及《风物志》等都是用的实题法，即如实道出栏目内文章性质的栏题；而其中如《月季花》、《屐痕处处》、《海天片羽》等则是用的虚题法或虚实结合法，亦即对栏目内文章性质不是如实题法之如实托出，而是烘云托月道出，或曲折委婉示意。例如，《屐痕处处》的"屐"特指"谢公屐"，也就是今天所说的"旅游鞋"，用以暗示栏目文章内容性质。此外，郁达夫曾有一本游记散文，书名就叫《屐痕处处》，对于许多熟知这本书的读者来说，就更易于一见栏目之名便联想到旅游散文了。再如《月季花》栏目题，读者一看也就会知道这是个每月要出现的栏目——月季花是月月开花，也就是宋代宋祁所说的"月一披秀"的花。既然是"月一披秀"的，所以也就每月只刊出一篇文章了。后面这层意思也许初见栏目时难以体会到，但老读者随后便不难悟得了。这也就当给读者一种耐咀嚼的长久余味，就像食橄榄一样。至于像《艺苑拾英》这种栏目题，则属于实多虚少类的虚实结合型栏题：艺苑是实，拾英虽本属虚，但有"艺苑"二字居其前，也就虚中有实了。这类实多虚少栏目题与上述虚多实少栏目题一起构成了从实到虚、从虚到实栏目题的中介过渡物，就弥合了栏目题虚实不统一的断裂，而得以相对地统一了。

三是从栏目结构横观，主题散文虽有栏无目——也就是没有栏题，篇目却在每期总计不到三十篇中占十篇以上，数量超过三分之一，有举足轻重的地位。由于这些文章往往篇幅要大于其他许多栏目的文章，所以占的实际篇幅，还可能大于整本期刊的五分之二。由此不仅可见突出重点的编辑用心，而且不标栏目也成了"此时无声胜有声"，显示了它与其他栏目不同的身份。

四是从栏目结构纵观，主题散文居首，这组打头文章成为有栏无目的打头栏目，它自是理应如此、当之无愧的。而依次接下来居次位的却是只刊一文的小栏目《月季花》。这是因为它是刊登写新人新事新风尚散文的栏目，所以栏目虽小，地位却不低，既体现了不以大小论英雄之意，也显示了栏目结构之起伏有致，抑扬顿挫。而以实例印证理论的《散文名篇欣赏》与理论性的《笔谈散文》二栏目殿后，既体现了从感性到理性、从轻趋重的逻辑秩序，又使整体刊物结构得以夯实，显得有底气、有后劲，形成古人所说“凤头、豹尾”之豹尾。

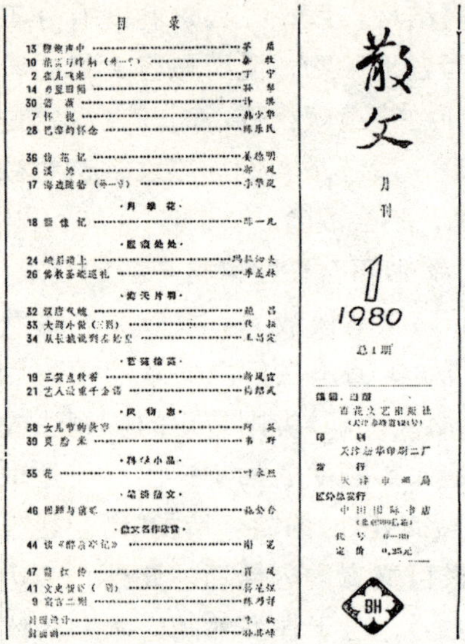
目录

13 [illegible] …… 茅盾
10 [illegible]（外一篇） …… 秦牧
2 [illegible]飞来 …… 丁宁
14 [illegible] …… [illegible]
30 [illegible] …… [illegible]
7 怀[illegible] …… 韩少华
28 [illegible]的怀念 …… [illegible]
36 [illegible]记 …… [illegible]
6 [illegible] …… [illegible]
17 海边[illegible]（外一章） …… [illegible]

·月季花·

18 [illegible]记 …… [illegible]

·[illegible]处处·

24 [illegible]上 …… [illegible]
26 [illegible] …… 季羡林

·[illegible]片羽·

32 汉唐气魄 …… [illegible]
33 大[illegible]小[illegible]（三则） …… [illegible]
34 从长城说到[illegible] …… [illegible]

·艺苑[illegible]·

19 [illegible] …… [illegible]
21 艺人[illegible]千金[illegible] …… [illegible]

·风物志·

38 女儿节的[illegible] …… [illegible]
39 [illegible] …… [illegible]

·[illegible]小品·

35 花 …… 叶永烈

·笔谈散文·

46 [illegible]与[illegible] …… [illegible]

·散文名作欣赏·

44 读《[illegible]》 …… [illegible]

47 [illegible] …… [illegible]
41 文史[illegible]（[illegible]） …… [illegible]
9 寓言二则 …… [illegible]
封面设计 …… [illegible]
封面画 …… [illegible]

散文

月刊

1

1980

总1期

编辑、出版 百花文艺出版社（天津[illegible]）
印刷 天津新华印刷二厂
发行 天津市邮局
国外总发行 中国国际书店（北京[illegible]）
代号 [illegible]
定价 0.25元

BH

《散文》创刊号目录页

至于这些栏目是如何体现编辑目的、编辑原则的，读者不妨自己进行评析。

七、特色风格

从创刊开始，就要有意识地努力创刊物的特色风格，在林林总总的期刊中，不仅以其体裁之为散文，也以其内容、形式和编辑艺术创出自己的特色风格。

一要清新：清如山泉，新如晨露；

二要活泼：圆融生动，有行有止；

三要贴近生活，富于进取姿态；

四要出自性情，隽永天成；

五要秀而有骨，丰而有肉。

编辑计划中专有“特色风格”一节，本身就表明，这份刊物从一开始就对编出自己的特色风格给予了特别的关注。

作为当时国内唯一的散文刊物，这就使它自然在众多的期刊中，以其专一的散文体裁而有了自己的特色风格。但出版散文期刊，既无专刊权，也无法垄断，这种特色随时可因其他散文期刊的出版而丧失，所以，提出还要从内容、形式到编辑艺术来创自己的特色风格，是很有必要的。接下来提出的五要，可说是要创造的特色风格的路标，即沿着这样的途径去创造特色风格；也可说就是要创造的特色风格本身，即以这些来作为自己的特色风格。这两个层次是完全统一的。

五要的语言有些近乎虚，这是因为所谓特色风格，其本身就是虚多实少之物，往往难以指出它的实体何在，但它却又无所不在。所以刘勰论文章风格，也是用虚而不实的语言说：

一曰典雅，二曰远奥，三曰精约，四曰显附，五曰繁缛，六曰壮丽，七曰新奇，八曰轻靡。（《文心雕龙·体性》）

而西方谈风格的经典语言也只能是“风格就是人”，同样也是虚而非实的。都说明这是不得已的事。

但从所提出的五要，我们也还是能够体会到《散文》所要创造的是怎样一种刊物风格。仅从《散文》1980 年创刊头一年的形式来说，封面白底，除刊名外，用浅色轮换印上梅、竹、兰、菊的水墨画，内文题头图等用线条白描画，封二每期都刊速写画，封三每期都用版画，封四则是新书刊信息，组成一种清新活泼、秀而有骨、出自性情而又贴近生活的气息。可以看出，这是在朝着编辑构思要创造的特色风格前进。内容、编辑艺术方面，其实也是如此。只是分析起来要复杂得多，不像形式方面那样是可用几句话明其大概的，这里难以有篇幅来具体说道罢了。

限于篇幅，《散文》月刊的编辑计划后面的内容就从略了。

四

对体现宏观总体编辑构思和中观总体编辑构思的《散文》编辑计划，上面我们作了引述和粗略的解剖。那么，它的微观总体编辑构思又如何呢？手头找不到这样的材料，当年是不是每期都有文字的材料，也已记不清了。似乎是在每期的发稿会上发完上期稿后，便接着议论下一期的工作。

但是，出版后的刊物还在，我们不妨从已出版——也就是微观总体编辑构思实践后的成品来略作追踪。

以《散文》第一年即 1980 年的十二期来看，每期的微观编辑结构，基本上是按照上引的编辑计划来进行的。以创刊号的1980年第1期来说，共刊载文章二十六篇，其分配情况如下：主题散文：十篇；《月季花》：一篇；《屐痕处处》：两篇；《海天片羽》：三篇；《艺苑拾英》：两篇；《风物志》：两篇；《科学小品》：一篇；《笔谈散文》：一篇；《散文名篇欣赏》：一篇；其他：三篇。

可以看出，完全是按照编辑计划栏目设置构思并体现了栏目设置的轻重主次的构思。如果再读各文内容，就会发现也是较好地体现了题材、体裁、风格既多样化又有自己的主潮、自己的个性以及思想性、艺术性并重的要求。

在作者方面，第1期的二十六篇文章中，老、中、青年作者或作家中的大家、知名作家、新人也是兼收并蓄，做到了“不薄名家爱新秀”。如在二十六位作者中，老作家有茅盾、孙犁、季羡林、阿英、施蛰存等，中年作家、知名作家有秦牧、姜德明、郭风、玛拉沁夫、秋耘等；其他大多为新秀。

从上面的例证，我们不难看出，期刊的多元型编辑结构是相当复杂的。期刊的多元型编辑结构，不仅要着眼于一期期刊的编辑结构，更要着眼于作为连续出版物整体以及逐年(卷)、逐期的结构，一句话，即有连续性的复杂多元型编辑结构。如果和简单多元型结构的书籍那样，只从这本书本身来考虑编辑结构，那就会如古人说的“见骥一毛，不知其状；见画一色，不知其美”(战国鲁尸佼《尸子》卷下)一样编不好期刊。

2004年

《小说月报》的创意与创刊

一

在“文化大革命”中被“砸烂”十年之久的百花文艺出版社，十一届三中全会后获得批准复社。当时，我是以原社长林呐为首的“复社三人筹备小组”成员之一，一面从各处将已星散的人员召回，一面还要积极准备开展编辑工作。这后一项工作，由于原先就是我负责的，所以要由我提出总体编辑构思。其中，除了设想如何重振百花文艺出版社在“文化大革命”前就享誉书界、被读者昵称作“小开本散文丛书”的品牌之外，一个新的设想就是还可不可以出版我们未曾出版过的期刊杂志？

产生这一想法，从我来说，既有源远流长的远因，也有现实需要的近因。

从远因看，我至少从读初中起就爱读杂志，知道 20 世纪 30 年代一些大书店都出版有名牌杂志，而且大多数的杂志是由书店出版的。出版社不仅可以并应该出书，也可以并应该出版杂志。从近因看，是考虑到经过“文化大革命”，读者有急迫的阅读需要，办杂志既可以迅速及时满足读者如饥似渴的需要，又可为出版社出书广泛联系、发现、团结作者，积累作品，一举两得，何乐而不为？何况，投入杂志的资金周转快，易为刚恢复的出版社积累资金。

编辑出版杂志的想法，一开始就有具体目标，是办个散文杂志。这与我一贯主张要独辟蹊径、办个以出版散文为特色的出版社的思想是一致的。散文杂志曾在 30 年代兴盛一时，新中国成立后几十年却从未有过，社会需要十分明显。从实际工作需要来看，停办了十年的出版社，也十分需要一份散文杂志来为它拓展以散文出版为特色的经营道路。这一想法在得到林呐同志、复社筹备小组支持后，我和其他同志曾分头赴各地拜访、联系作家，他们也对这想法深表赞同，甚至有的还不待征询其意见就提出类似建议。这使我更坚定了社会需要散文杂志的信心。

办散文杂志的设想交全社讨论时，有些同志顾虑这样的杂志读者面不广，发行量可能不大，会赔钱，我社刚恢复，资金短少，怕杂志会拖垮出版社。据我分析，创刊伊始，虽然不是没有可能赔钱，但最多半年后，期发行当可至 5 万册以上，就能有盈余。这次会因此议而未决。会后一方面请出版部门再对发行渠道作些调查了解，另一方面我也对办刊方案再作反复考虑。

创办《小说月报》的设想，就诞生于这反复考虑之中。突破办散文杂志顾虑的困境，是产生《小说月报》创意的火花，而这一创意的源泉，却更为深远得多。当《小说月报》取得读者广泛认同后，不少同行曾经问到怎么会有此“灵感”。其实，它是头脑中积累起来的众多信息通过综合思考出现的创意。

年轻时，我不但耽读胡愈之主编的《月报》、孙寒冰主编的《文摘》和美国的《读者文摘》一类文摘杂志，也诵读过萧统编的《文选》、吴楚材等编的《古文观止》以及作家自选集等，对文摘杂志和文选书有深刻印象。就像科学家李约瑟在《中国科学技术史》中所说，瓦特是把中国东汉就创造了的水排和宋代发明的自动阀门风箱二者组合起来，从而发明了蒸汽机，我也是运用组合思维，将早已有之的文摘杂志和文选书组合而创造了以前未曾有过的文选性杂志《小说月报》。1980 年 1 月《小说月报》创刊后，多种多样的文选性杂志相继出现，至今当以数十种计，大多受到读者的欢迎，发行量较大。这说明文选性杂志这一品种是有生命力的，是适合社会、读者需要的。

文摘性杂志和文选书的组合思维，构成《小说月报》和文选性杂志创意的基础。但为什么是办《小说月报》而不是办综合性的文学选刊或别的选刊，则因《小说月报》是在组合思维基础上综合了更多别的信息的创意。这些信息中，有关于小说的地位和作用的，关于读者需要的，关于出版市场的，特别是有关于编辑工作方面的信息。小说与议论、叙述等文体不同，是由众多细节描写与整体叙述结合的完整体，一经删节和摘写，往往失去文学原有风味，所以不宜删改而只宜择佳选刊。择佳选刊就可使读者以有限的时间、花有限的钱，遍读原汁原味的最新小说精华。没有这些信息及其综合，《小说月报》这种文选性杂志品种的创意也是产生不了的。

我向三人筹备小组提出这个想法，林呐同志立即一口赞成。我说那散文杂志怎么办？他兴奋地回答说："两个都办！"这一想法经复社三人筹备小组交付全社讨论也毫无异议地通过了。因为《小说月报》不但会有后来所说的"社会效益"，也无人怀疑它的如后来所说的经济效益，因而对办《散文》的经济顾虑也打消了。

二

办这样两个刊物的创意确定下来之后，便要进入如何办的总体编辑构思阶段了。关于《散文》月刊，我在前文说过。这里只说《小说月报》。

首先是如何定刊名。

在讨论如何办刊的会上，大家对刊名说法很多，不外《小说选刊》、《小说选萃》、《小说精品》之类，似乎太一般化也太赤露而欠含蓄。我本来就想用《小说月报》做刊名，以为"小说"二字已明白道出刊物性质，而"月报"二字又比"选萃"之类更含蓄而寓有每月小说佳作汇报的意思在内，合起来是半露半藏并切合其内容性质。另外，二三十年代文学研究会的《小说月报》曾用过此名，文学爱好者耳熟能详，有容易被读者认同的好处。不过，也正由于文学研究会的《小说月报》留下的影响相当大，重新将这刊名用于选刊，虽赋予了不同的新意，却也不无顾虑，因而先未提出，想听听别人是不是有更好的刊名构思。在议论纷纷而又缺乏令人满意之名的情况下，我才将想法连同我的顾虑一并提请大家考虑。大多数同志认为这刊名比"选萃"之类好，表示赞成。对袭用文学研究会所办《小说月报》刊名问题，有人建议先征求一下该会的同意来解决。但旧《小说月报》早于1932年停刊，它的主办单位文学研究会也早不存在了，去征求谁的同意呢？谁又能代表早已不存在的团体和刊物来表示同意或不同意呢？恐怕对文学研究会的老人或者尚健在的旧《小说月报》的主持者来

《小说月报》创刊号封面

说，都是一道难题。虽然茅盾和叶圣陶都曾是当年旧《小说月报》主编，也是我们社的老作者，但也不便去找他们征询对此事的意见，让他们为难。考虑到茅公既当过文化部长，又是中国作家协会主席、我国卓有成就的小说家，题写《小说月报》刊名的人选，应非茅公莫属，借此还可代替向他汇报我们拟用《小说月报》刊名出选刊的构思，请茅公题署刊名并借此破解难题，可谓一举两得。结果茅公欣然执笔，很快就写来了。

其次，是办刊宗旨、选编原则问题。

对于如何编辑《小说月报》，我拟过一个总体编辑构思，但成文的材料现在找不到了。只能根据回忆择要谈谈。

当初构思的目标是要办成一份能反映当代小说创作(主要是短篇小说和中篇小说)成就的雅俗共赏的杂志。说得更具体一点就是：除能供读者阅读欣赏外，还要把《小说月报》编成当代短中篇小说创作成就的活的历史册页，使这份杂志能积累当代短中篇小说创作具有代表性的完整史料、素材。

这是一个立志不可谓不恢弘而难度相当大的目标。何况还要办成雅俗共赏呢！

要反映当代短中篇小说创作成就，就应该体现当代“百花齐放”的文艺方针，入选作品的原则除了从思想性、艺术性方面衡量外，还要从题材、体裁、风格流派等因素来考虑。这就可能与雅俗共赏的要求未必全然相符。

这个矛盾既反映在《小说月报》编选原则上，也反映在实际编选工作中。

从编选原则说，较集中的一点是，要不要把作品的“可读性”作为编选原则之一？有人主张应提，认为这既是做到“雅俗共赏”所需要的，也是适应市场情况所需要的。但最后我还是决定不提。最根本的理由是当“反映当代短中篇小说创作成就”与“雅俗共赏”矛盾而熊掌与鱼二者不可兼得时，还是应该优先取前者而舍后者。即使流失部分读者、牺牲部分市场份额，也要维护办刊主旨。何况，小说这种体裁的东西，比起理论作品来，先天就更有“可读性”，不强调“可读性”也还会比理论文章更有“可读性”。

从实际编辑工作说，如创刊号由于事属草创，唯恐一炮不响，成为哑炮，初选选了一二篇思想性、艺术性难算精品而“可读性”强的作品，原想撤下而未果。不过创刊号一炮打响，到处抢购，真正是到了“洛阳纸贵”的地步。于是，从第二期起，就再也不选这类作品了。

编选原则中，还有个如何对待有争议作品的问题。当初的总体编辑构思中，曾提出还要选有争议的作品。这不仅是考虑到读者的需要，更是由于对具体作品不同意见的争议，实际上反映了创作思想、文学思潮的交锋、递变，是具有折射当代文学思潮意义的，值得作为当代文学史料保存、累积的东西。但是，这类作品极具敏感性，由于当时实际情况和《小说月报》的发行量太大、影响太大，后来在实际编选工作中，对此只能持十分谨慎的态度。

除了编选原则外，《小说月报》的总体编辑构思中，还着重提出再增值问题。所谓再增值，就是说这份杂志虽然是作品的二次刊出而非首次刊出，但经过《小说月报》的二次刊出，与其首次刊出相比应该具有更大的价值。这种增值具体是通过三项工作实现。

第一，对所选定二次刊出的短中篇小说进行认真的编辑工作，这是在首次刊出杂志编辑加工基础上进行必要的再度编辑加工工作，使作品更精美而增值。这项工作包括错字、错标点、不当词语和语法问题等失误的改正，以及细部优化等。

第二，对所选定二次刊出的短中篇小说重新补加新绘制的优秀插图。这不仅有图文并茂、交相辉映的美学意义与价值，也有为小说作品增值的意义。由于有了新的插图，图文一体的作品已不再只是简单的重复发表，新的原创性的插图使图文一体的作品有了新的内容，因而带有一些原创性。新加的插图是按画家对小说文本的接受、理解而绘制的，也就是画家自己对文本的阐释，按接受美学和阐释学来说，就是赋予了作品新的意义，从而有了第一次发表所没有的“增值”。增添新的精美插图，还能有面目一新之感，可增加读者的阅读兴趣。

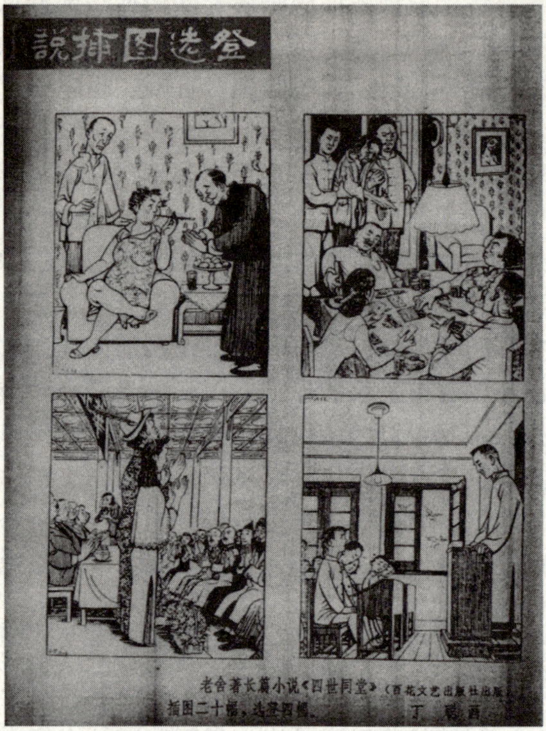

《小说月报》创刊号“小说插图选登”

第三，对每期、每年以至杂志整体的编排，按系统结构原则进行，使一期杂志成为一个小系统，一年杂志成为一个包括本年各期杂志(也就是一个个小系统、子系统)的中系统，历年的杂志(也就是一个个中系统、子系统)成为一个大系统，使这些大、中、小系统都能产生如系统论创立者贝塔朗菲所说的大于所选刊诸篇作品效应之和、大于原刊杂志效应之和的“系统效应”而增值。

为此，我们对《小说月报》作了整体全面的设计，包括每年换一个精心设计的美观大方的封面，年内各期封面构图不变而配色不同、封二留空白或只印简单的装饰图、封三选刊精美的小说名著插图、封四刊登本社新书刊的封面书影等等。这些在实践中都收到很好的效果。例如，每期封三刊出的小说名著精美插图，在1980年的第一年中，就刊出了丁聪画的老舍《四世同堂》插图、彦涵木刻的李建彤《刘志丹》插图、古干画的《西游记》插图、《中国神话选》插图、张德育等画的黎汝清《叶秋红》插图……每期三四幅不等，受到读者的热烈欢迎。每期96页的篇幅和0.45元的定价，也获得广大读者认同。

总之，当初为《小说月报》作的总体编辑构思，从细处言，是重在传递、介绍短中篇小说时注入具有创新性的“增值”因素，处处为读者考虑，及时地供给读者省时、省事、省钱的，最新、最好的精品小说。从大处说，是要使《小说月报》这一连续出版物，成为当代短中篇小说史上具有概括性、代表性的文本库，乃至于其本身就是一部活的当代短中篇小说史，进而使《小说月报》能在作为时代小说文化传递者、传播者的同时，兼具体现小说文化的创造性、系统性的作用。

在这方面，还有一点特意留到最后要谈的，就是为了强化刊物的系统化结构，在总体编辑构思时，还特地为《小说月报》增设了“报刊小说选目”这么一个栏目，刊载近月比较优秀而《小说月报》未能选载的小说的篇目、作者、发表报刊、月日等信息，以备读者查考、选读。选目除了按中篇小说、短篇小说分编外，还有长篇小说选目。这个不大的栏目，却能起到拓展视野、延伸内涵，发挥以点带面、增加《小说月报》系统效应的作用，这也成为《小说月报》的一个亮点。

这样的总体编辑构思，不敢说已是完美无缺，但应该不是鼠目寸光、就事论事的，更不是投机取巧的。至于实际做得如何，那就只有请读者来检查、评判了。

三

《小说月报》定于每月1日出版。1980年1月的创刊号，提前于1979年12月21日就见刊了。天津作家冯骥才、王群生同志，带了刊物于22日晚间去北京看望中国作家协会副主席、《文艺报》主编冯牧同志。26日，王群生同志给百花文艺出版社来信记述当时的情况说：

冯牧同志兴奋地翻阅着目录及一些篇章，他向我们说：这个《小说月报》太有意义了。百花文艺出版社这个工作做得很好。这是个很有特点，独一无二的刊物……这是个代表中国当代文学水平的刊物(他举起《小说月报》比画)。刊物上去了，中国当代的文学就上去了；刊物下来了，当代的文学水平就下来了。

他还说：这个刊物必然受欢迎。现在刊物这样多，同志们都很忙，忙的同志，就可以翻看《小说月报》，了解全国文学创作面貌，它也便于向国外作文化交流。

当冯牧谈到此刊编选情况时，冯骥才同志介绍了他所了解的情况……

信很长，冯牧同志兴奋地说了很多，喜悦之情，溢于言表。他还建议《小说月报》成立个顾问委员会，认为这样“可以增加这刊物的权威性，也可减少些不必要的意见。因为这种刊物全国只能办一个。有了顾问委员会，可更带权威性和普遍性……”冯牧同志作为中国作家协会当时实际主持工作的领导，对《小说月报》的意义与应起的作用，有盱衡全局的明察。

当《小说月报》创刊号发行到全国各地后，情况的热烈，超出了我们最乐观的预计。初印的几十万份，迅即被抢购一空，并纷纷要求添供。1980年，全国出版社的用纸都是按定额统一分配的。百花文艺出版社复社伊始，所分配的纸张数量很少，用来印书已感支绌，印两个刊物的纸张更是从牙缝里挤出来的，又哪来的纸张添印供应市场之需呢！

要求添印的呼声不仅来自发行机构，还直接来自读者。《小说月报》、《散文》创刊的信息见诸媒体后，还未出刊的1979年12月一个月内，就收到各地读者来信近六百封，除了表示热烈欢迎外，许多都是反映订阅不到的困难。这里摘引海南岛屯昌县屯昌中学的林怀于1979年12月21日夜的一封来信以见一斑：

当我于11月25日夜读到贵刊登载于《南方日报》(因我们远在海南，报纸隔天才见面)的广告后，高兴得一夜睡不着。几个爱好文艺的同事们奔走相告，聚集在一起议论：《小说月报》的广告，真说到我们的心坎上——“读者用有限的时间，花有限的钱，及时读到最新的优秀小说作品”。因为我们远在天涯海角，买书什么的困难得很……我们自己薪水低，难以尽愿订那么多(刊物)……

一夜未眠，第二天一早，我们几个便去邮电局……收订的人说：(订刊)数字已经寄出，完啦……我们喜爱的《小说月报》却订不到……好的单车手表买不到我们不在乎，而这样合心意的杂志订不到我心痛……强烈要求《小说月报》不限额，让我们这些至今望穿眼、焦断肠的可怜读者能订到它。

信中接着还要求自付邮费购买一季度《小说月报》，建议扩大版面、增加篇幅……这些也是许多来信的共同要求与愿望。四川自贡市机械冶金工业局张天义来信说："我衷心希望，在广大工农兵学商鼓掌欢迎声中，不要限量……让千千万万的读者像'蜜蜂'一样，在你那'奇花异葩'上采花酿蜜吧。"守卫在浙江嵊泗勾奇海岛上的边防战士潘建国恳切地说："很希望在这远离大陆的小岛上也能订上一份受人欢迎的《(小说)月报》……如果你们出于对子弟兵的关怀，想方设法实现一个海防战士日夜盼望的梦想，我是万分感激的。"读者还反映有的地方订了《小说月报》后又被退订，《小说月报》出版后，许多地方更出现了黑市高价售卖《小说月报》的现象，如贵州六枝特区平寨百货商店读者马陆潞等三同志说他们"嘴磨破了，脚跑大了，在邮局里订不到《(小说)月报》，但奇怪的是，大街上却有人拿着《(小说)月报》高价出卖……"许多地方的读者及媒体都对黑市情况有所反映，一本定价只 0.45 元的《小说月报》，黑市卖到一元乃至数元。

我们充分理解读者的心情。但要扩大印数，增加篇幅，取消发行限额，首先就要有纸张，否则无法做无米之炊。为解决这一问题，出版社材料部门的同志四处张罗，想方设法求购纸厂计划外超产的高价纸张，印数方得以不断增加。从第 9 期起增印到 187 万份后，情况才逐渐缓和。在这段时间，我们心情的沉重，比读者可谓有过之而无不及。

《小说月报》出刊后头四个月中，读者来信两千多封，大多是表示欢迎和赞扬的。如黑龙江黑台公社党委机关于丛水来信说："这是真正的想人之所想，急人之所急。"广西大学中文系张兴劲来信说："贵刊创刊可说是顺应民意。"《解放军报》麦辛来信说："你们的确办了件好事……感谢那个想出这个主意的人。"还有些来信热情地帮着出如何办好刊物的各种主意。

冯牧同志建议的《小说月报》顾问委员会，在《小说月报》创刊不久就成立了，并从 1980 年第 3 期起在杂志的封二上每期刊登名单。顾问委员会聘有名誉顾问三位，他们是年高德劭的茅盾、叶圣陶、巴金。顾问 19 位，除老作家冯牧、刘白羽、谢冰心、陈荒煤、孔罗荪、方纪及其他几位作家外，其他就是国内一些重要文学杂志的主编。这些名誉顾问和顾问，几乎无一不是忙人。为了减轻他们的负担，后来在征得一些文艺杂志领导的同意后，又聘请了这些杂志负责小说部分的副主编、编辑主任或组长等掌握该刊小说编辑工作全局的同志，作为《小说月报》的特约编审或特约编辑，每月从其杂志中选出佳作给我们进行复选、决选。这也大大减轻了我们的初选工作，进一步真正发挥大家的力量，群策群力，帮助我们把《小说月报》办得更好。

之后不久，杂志蓬勃发展之势乃至过度发展之势稍有变化，文艺杂志销量已微露颓势，有人怀疑是由于《小说月报》夺去了他们的读者，因而在数年之中，想禁止选载而断《小说月报》之炊的信息相继出现。我们诚恳地拜访各地的文艺杂志编辑部，交换意见，分析情况。我们并不否认《小说月报》的发行量大，读者限于时间、财力，可能会因而少看某些文艺杂志。但即使如此，《小说月报》也是柄双刃剑，这只是其中一刃，还有一刃则是我们选用哪份刊物的作品越多，不也越表明哪份刊物作品质量高吗？我们选刊时都标明原刊杂志名称，不等于在为原刊杂志作义务宣传吗？事实上，几家《小说月报》选登作品多的杂志，销路也并未减少，有的甚至增加，就足以说明问题。许多杂志都同意这种双刃剑说法。我去沪宁等地拜访各杂志时，不少人说，其实他们也是一面唯恐《小说月报》影响他们杂志的销路，一面又以有作品被《小说月报》选上为荣。有的就坦率地对我说，我们向上级汇报办刊成绩和年终总结时，总少不了一条，即被《小说月报》选上多少多少篇，作为重要的成绩。让《小说月报》断炊之议，此后渐戢。

《小说月报》当年拥有那么多的读者，他们到底是些什么人呢？在创刊一年后的1981年第一期上，曾印发了一份“征求意见表”。根据至当年7月收到的一万多份意见表的信息，占绝大多数的是机关干部和职工，其比例达48.4%，其次为学校学生，占20.6%，农民和农场工人占6.2%，部队指战员占5.3%，遍及各行各业，基本上做到了雅俗共赏。

二十多年过去了，《小说月报》的编辑人员已更换了三四代，但《小说月报》的风格和办刊精神仍代代相传。由《小说月报》开创的文选性期刊新品种，已发展为期刊中的大家族。

2006年

创造　开拓　改革

——纪念《出版史料》创刊十周年

"惊风飘白日，光景驰西流"(〔魏〕曹植《箜篌引》)，当蓦然惊知《出版史料》创刊已十周年时，也发觉她与我朝夕相伴已十年了。我保存着从1982年12月创刊至今的《出版史料》(遗憾的是，缺了总17、18两期)，而且不时查阅。《出版史料》既是我所喜爱的一份刊物，又是很有价值的一份刊物。

中国是个有着悠久出版历史的国家，出版物之多，真可说是汗牛充栋，其中凝聚着无数作者和出版者的心血，积累有极其丰富的史料。十年来的《出版史料》，在搜集、保存出版史料方面，功绩卓著，嘉惠士林，这是有目共睹的事实，用不着我来为她一一缕述的。

《出版史料》封面

然而，《出版史料》的价值，却并不仅仅在搜集、保存了史料这方面，虽然即使仅此一点，已可说是价值连城。

《出版史料》之于1982年创刊，这件事本身就有很大的开创意义。那时，除了有本《中国出版年鉴》和个别内部发行的工作指导性刊物外，并无一份编辑出版专业方面的学术期刊。

在林林总总的众多期刊中，有专门研究这门那门学科及其历史的各种各样的期刊，唯独没有研究编辑出版科学及其历史的期刊。有之，则自《出版史料》始。今天，编辑出版期刊品种已有多种了，但在十年前，“第一个吃螃蟹”，却是需要勇者开创精神的。早在七十年前，当陈独秀还是一个共产党人时就说过：

我们的民族性，是富于模仿力，缺少创造力；有了大舞台，便有新舞台、更有新新舞台，将来恐怕还有新新新舞台，还有新新新新无穷新……舞台出现……就以办杂志而论，也宜于办性质不同、读者方面不同的杂志，若是千篇一律，看杂志的同是那一班人，未免太重复了。（《新出版物》，《独秀文存》卷二，亚东图书馆 1922 年版）

今天的杂志界，不仍然是“有了大舞台，便有新舞台、更有新新舞台……”吗？

我们《出版史料》的出版，却是具有创造性的，却是具有勇者开创精神的“第一个吃螃蟹”者。其历史的功绩自是不可埋没的。

这种勇者的开创精神，不能不在出版界产生巨大的影响。《出版史料》的本旨也许只是着眼于史料的搜集、整理、保存。但它既然搜集、整理、保存了出版史料，也就是为编辑出版工作研究开拓了基地，直接或间接为编辑学、出版学的创立与发展至少是助了一臂之力。在近七八年间，编辑学、出版学的研究，从无到有、从草创到发展，进展迅速。这与编辑史、出版史的研究，包括史料的搜集、整理等等，可说是不能分开，史与论本是密切相联的。《出版史料》近期开辟、加强“笔谈出版传统”、“古今谈”、“出版史研究”……栏目，就已经不仅仅是提供“史料”而是史料与研究合一了，加强了研究的性质，这也可以作为证明。其实，任何一门科学理论的建立与发展，都是从实践中来的，都是实践经验总结的升华。编辑学、出版学自不例外。《出版史料》从出版史出发，对此也作出了它自己的特殊贡献。

现在，全党全国上下都在学习邓小平同志的重要谈话，出版界也在以此为动力，研究如何加快改革步伐。是不是对出版史料的搜集、整理、研究，在此情况下，已经不是当务之急了呢？我以为这是一种误解。当然，改革是压倒其他的首要任务，相对而言，史料工作自然次要，这是毋庸置疑的。但从根本上来说，要进行出版改革，要加快出版改革的步伐，与出版史料工作是相互促进的。也就是说，出版史料的搜集、整理、研究等工作，对加快出版改革有促进作用，而加快出版改革也会推动出版史料的搜集、整理、研究等工作更上一层楼。

出版史料反映的是传统的、历史的东西，出版改革则是要求破旧立新、走向未来。粗看起来似乎是不搭界甚至是矛盾的，实则是相互作用、矛盾统一的。

传统、历史的东西虽然往往是改革所要破除的东西，但是，这种破除不是置之不顾的抛弃，而是扬弃，亦即奥伏赫变(Aufheben)，这就是说，出版改革不是全部否定历史，否定传统，而只是破除、抛弃历史、传统出版工作中消极的东西，同时保留并继承、发展对革新的出版工作具有积极性的有益的东西。出版改革并不是不要传统、不要历史而从零开始，出版改革是改革现状，而现状正是传统、历史经过奥伏赫变而存在的，如今还要奥伏赫变走向明天。出版改革后的未来新气象正是要诞生于传统、历史、今天基础之上的。

无论是破除、抛弃历史、传统出版工作中消极的东西，还是保留并继承、发展对革新的出版工作具有积极性的有益的东西，都必须了解历史，了解传统。否则就无从扬弃，也就无以革新。出版改革既需要创造性，也需要历史、传统。出版历史、传统也是过去的出版工作者创造出来的。今天成功的创造性改革，也会成为将来的历史、传统。历史的创造发展与历史的连续性原是统一的。历史是这样前进的，我们的出版工作也是这样前进的。

所以，在进行出版改革的今天，出版史料的搜集、整理、研究，不仅是需要的，而且为了加快出版改革，出版改革也要求出版史料的搜集、整理、研究等工作做得更多、更快、更好。

专门从事这项工作的刊物，到现在为止，还只有《出版史料》一种。《出版史料》不仅是发展出版事业所需要的，并且任重而道远。《出版史料》的两位主编宋原放、赵家璧同志，都是出版界的老领导、老专家，十年来《出版史料》的贡献，是与他们两位及编辑部同志的劳绩分不开的。她对出版事业的前进，将必会作出越来越大的贡献。

《出版史料》是大有可为的。祝她更阔步地迈向第二个十年。

1992 年

鹏程万里　历久弥新

——《出版参考》创刊十周年

《出版参考》创刊，至今已经十个年头了。蒙他们的好意，我得以成“十年一贯制”的忠实读者，亦步亦趋地追蹑过它的足迹，获益良多。虽然，《出版参考》的面世，可说应运而生；《出版参考》的成长，得益于其处春和景明之世；但《出版参考》的茁壮，也有赖于编辑人员的辛勤耕耘：既要“精骛八极、心游万仞”地创意构思，又要“破石拔玉”“唯才是择”地团结作者，还要孜孜矻矻于文稿内“爬罗剔抉、刮垢磨光”，方得见今日之霜刃寒光。“十年磨一剑”，真是“辛苦不寻常”。纪念《出版参考》十周年，首先应向历任编辑鞠躬致敬。

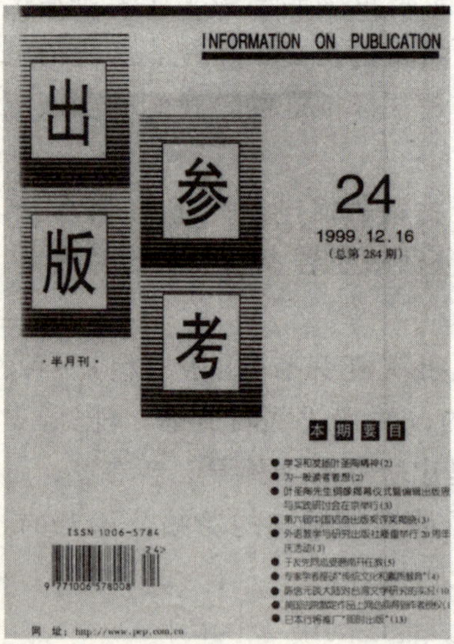

《出版参考》封面

今日之《出版参考》，美则美矣，但当然不应也不会止步于此，而是要继续前进，“百丈竿头须进步，十方世界是全身”(《景德传灯录》卷十“招贤大师”)。而且，我相信，还会迈着更大的步子继续前进。

《出版参考》是以传递出版信息为重点的半月刊。(它的英文刊名 *INFORMATION ON PUBLICATION* 就是“出版信息”)这在国内是独一无二的，形成它的一个突出特色。这个突出特色是具有前锋性的。因为，我们已经进入信息时代了，信息，既是事物存在和运动状态及其发展变化的方式，也是人们感受、表述事物存在和运动状态及其发展变化的方式。人们输入信息（接受）和输出信息（表述、运用）的过程，就是适应外部环境变化的过程，亦即在此外部环境中有效地生活的过程。要做好出版工作，同样是如此，同样是与信息息息相关的。《出版参考》的这一突出特色，是抓住了事物本质关键并前程远大的特色。

信息既存在于自然界和社会，也存在于人们的思维领域，有广阔的天地。因此，《出版参考》的发展天地，也是十分广阔的。在《出版参考》不断继续前进中，我相信，不仅会更扩大其信息量、信息范围，涵盖诸如出版大事、出版政策以及各省市、国内外最新信息等等；也会更延伸其信息深度，如有更多更具有典型意义、总结性、启发性的信息，新视角、新构思、新结构、新方法、新创造的信息，涌现在《出版参考》上。

十年，说长固长，说短亦短。刊物并不像人那样必然一年老过一年，而是可以做到越出越新、越出越年少的。敬祝《出版参考》鹏程万里、历久弥新！

1998 年

读“民国名刊简金”

整整40年前，笔者主持百花文艺出版社编辑部工作，倡议要以出版散文作品作为重点时，被有的人认为是“舍大(小说)求小(散文)”的谲议。的确，在当时，散文已被冷落多年了，提出要以出版坐“冷板凳”的散文作为出版重点，多少有点惊世骇俗的味道，以致到了三四十年后的80年代末90年代初，仍然有人对此提出过质疑。

不过，近若干年来，散文——包括随笔，却从坐“冷板凳”到逐渐有点红火起来了。重视散文随笔出版的出版社，已不止一二家。成套成套的散文丛书、随笔丛书，充斥市面。

我之所以倡议重视散文出版工作，不仅因为我国无论在“唐宋八大家”之前或之后，散文都是中国文学的一种主要形式，有着悠久的历史传统，更因为五四新文学运动中，散文也继承了这传统，并发扬而光大之，以致鲁迅先生说，“新文学运动以来，散文小品的成功，几乎在小说戏曲和诗歌之上”。有着如此辉煌成就的散文、随笔——也就是鲁迅说的散文小品，是自有其生命力而不会在其后荒芜冷寂的。近若干年来的情况，便是证明。

但是，人们对当代的散文，却隐隐有种若有憾焉的未餍感。也许这就是继我与郑法清主编的《百花散文书系·现代散文丛书》50种出版并获得国家图书奖提名之后，仍不断有各种各样现代散文选本络绎不绝出版的原因之一吧。它们虽然在编选方法上作了或大或小的变化，也并非都了无新意，但颠来倒去的，仍不免还是大同小异的那些文章的组合。这种做法，虽然对普及五四散文名家名篇不无作用，未必可一概以不必要的重复一语以抹煞之，但重复毕竟总还是重复，也不免使人又多少隐隐若有憾焉了。

在这种情况下，读到了天津人民出版社一套 10 本“民国名刊简金”，会觉得有面目一新之感，也就无足为怪了。这套书从选文的时代来说，也是以五四以来现代作家的作品为范围，选文的体裁形式，也是限于散文随笔。在这方面，与其他一些现代散文选本无异，与《百花散文书系·现代散文丛书》也无异。它之所以让人感到耳目一新在于：它不是以作家或以文章内容为中心选编而成的，而是以现代一份份散文随笔名刊为中心来选编。这样一来，它就有它自已与众不同的特点、意义了。

在这套“民国名刊简金”中，不仅可以看到一些其他现代散文选本中难以看到的文章让人耳目一新，还可以看到一些其他现代散文选本中难以看到的作者的名字。而这些作者、文章，未必就都不如我们习见的那些现代作者的名篇文章；或者虽然比不上一些脍炙人口的名家名篇，却自亦有其可取的闪光之处。当然，也还可以看到一些名家未收入或不及收入其散文集子里的遗珠。总之，它们是把一些散珠碎金聚集在一起了，使散珠碎金也不致被埋没，也能熠熠生辉。对读者来说，除了感到面目一新之外，就还会感到，其新不仅在于面目，而是从骨子里透出来的。

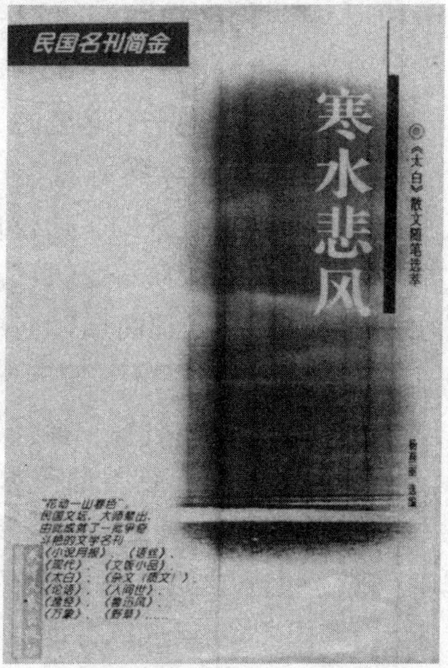

“民国名刊简金”之一书影

把这些散见于刊物上的散珠碎金编成 10 本“民国名刊简金”，从这个意义上来说，它首先是“聚金”，把散珠串成珠串，把碎金熔成金链。

五四以来，“散文小品的成功，几乎在小说戏曲和诗歌之上”，各种散文随笔期刊功不可没。它们给散文随笔提供了发表园地。可以说，没有散文随笔刊物的繁荣，也就没有散文随笔的繁荣。在这方面，散文与小说、戏曲有所不同。30 年代前后散文随笔刊物的繁花竞放、争奇斗艳，的确是文坛的一道风景线。《太白》有《太白》的特色风格，《论语》有

《论语》的特色风格，可谓各得其宜。当时风流，俱成往事，但又并没有从文人口头笔下消失。只是如今的中青年人，却未能亲炙，对这些刊物，缺乏感性认识，说到它们时，总归有点像是雾里看花，写的人、读的人都有隔了一重之感。“民国名刊简金”10 册，计选自《小说月报》、《语丝》、《现代》、《文饭小品》、《太白》、《杂文》、《论语》、《人间世》、《万象》、《野草》等 12 种刊物，除两册是选自两份刊物的合集外，其余八册都是一刊一册。它们虽然已经不是原刊全部原汤原汁和盘托出，却是原刊原汤原汁的一部分，而且还是精粹部分，保有原刊的原来风味，可让读者“尝一脔肉而知一镬之味、一鼎之调”(《吕氏春秋·慎大览·察今》)。这可说是“民国名刊简金”的又一重特殊意义。

从这重意义来说，每本书有篇东西对原刊作鸟瞰式的评介，使读者见其微也见其宏是十分必要的，“民国名刊简金”10 本书，每本除有同样的一篇“序”外，6 本还有篇“前言”，概括评介原刊。6 篇“前言”质量各有轩轾，但用意总是好的，遗憾的是，还有 4 本却没有这样的“前言”。这就不仅是体例有欠统一之失了。

10 本“民国名刊简金”的书名是《水心云影》、《卷地潮声》、《雾外江山》、《寒水悲风》、《坐看云起》、《卧听松风》、《长河流月》、《啸傲霜天》、《青秋风露》、《横戈凌风》，编者可能花了些心思拟了这样 10 个颇为整齐的书名，却使人觉得味道不大对头，似乎既难以体现原刊文风，也与 30 年代时代气息有隔，反倒是不无鸳鸯蝴蝶派的味道。

12 种名刊之选，也似乎不无可以商榷之处。例如，和《太白》、《人间世》等同在 30 年代风行而且出版时间更长的《宇宙风》，也是散文随笔名刊，不知为何不预其中？选了《小说月刊》、《现代》等文艺综合性杂志为何不选同类的《文学》？如此等等。

然而，不论如何，编选出版这套“民国名刊简金”是很有意义的。在编选 30 年代前后散文随笔选集工作中，是另辟蹊径、有创造性的。对读者来说，则更可说是一份丰厚的礼物。

1998 年

麝墨犹湿古香溢

——我与书的因缘

一

书香墨香是一种有别于法国香水之香，它从小到老熏染着我，还将伴随我以至终生。所以我说，我的一生，除了读书之外，还是离不开书——既撰文著书，也编书出书。学习、工作，都是与书为伴。与梅妻鹤子的林逋一同生活的还既有梅又有鹤，而与我一同生活的则只有书文了：书即文、文即书，名殊而实一。

就读书而言，在普遍实施义务教育后，应该说(至少从理论上说)书是人人皆读的。但就是以接受教育在学校读书而言，亦既可是主动的，也可是被动的——不是有所谓之“厌学生”么？其实被动读书的不仅是“厌学生”。如果都是主动读书的，就应该不会有考试舞弊以至雇人代考之类的事发生了。离开学校后，更未必人人仍然读书。所以，读书在现代虽是人人皆有的权利，却并不是人人都“口不绝吟于六艺之文，手不停披于百家之编”(〔唐〕韩愈《进学解》)，终生嗜读。真正能毕生手不释卷的，还有知之者、好之者与乐之者之区别：“子曰：‘知之者不如好之者，好之者不如乐之者。’”(《论语·雍也》)可见，读书人不仅要知读书，而且还要好读书以至乐于读书，才真正可说是嗜读之人。

古人读书，“六经三史、诸子百家”，已有“汗牛马”“充栋宇”之叹，如今书籍之多，更何止十倍百倍于往昔？终日披览，也不免会越读越有“书有未曾经我读”之叹，更何况俗务烦扰，“偷得浮生半日闲”(〔唐〕李涉《宿鹤林寺僧舍》)来读书也并不容易。所以，我虽知读书之重要，也可说心好读书，甚至十分乐于读书，而所读之书仍然十分有限，惭愧无已。

经我手编辑出版的书，在书的总量中，自不及九牛之一毛，少而又少。不过，如果与他人横向比较，却可能会多一些。这一则是因为我从事编辑出版工作时间比较长，二则是我在编辑工作中担负的任务与工作方法与人有异。从前一点来说，我是在1938年读高中二年级时，就开始做编辑工作，担任学校出版的一份宣传抗日救国的刊物——《抗敌》半月刊的社长、主编，一直到1988年离休后，至今仍做编辑工作未辍，长达七十余年了。其间既做过杂志、期刊编辑工作、报纸编辑工作，也做过书籍编辑工作。时间越长，所编辑出版之书积累自必越多。从后一点来说，无论是在编杂志、期刊或是编书时，我都不仅做具体编刊、编书的工作，同时也大多还担负有主编、总编性质的职务，这就使我既要做例如组稿、审稿、加工、校对之类的微观编辑工作，还要做例如构思方针任务、总体编辑构思、选题计划、创造特色风格等宏观编辑工作以及例如期刊结构、装帧设计乃至发行等等出版、发行工作，迫使我不得不在做具体编辑工作的同时，还要盱衡全局、通识编辑出版工作全过程。例如，我在学校编第一份期刊《抗敌》半月刊时，就既要和两三位作为助手的编辑一样组稿、审稿、加工，还要构思各期刊物内容，制定组稿路线图，编好后画版式，以至送工厂排印、校对等。编向社会公开发行的《四友》月刊时，除这些之外，还要提出如何发行的路线图，以至亲自联系开辟外地代销点之类的事。就是在新中国成立后的出版社编辑出版图书时，也不仅要做微观编辑工作和宏观编辑工作，同时还亲自创新开本、版式等等。如百花文艺出版社20世纪五六十年代所出那些被读书界昵称之为“小开本散文书”的，不仅其总体编辑构思，就是其开本、目录页版式等，最初都是由我提出创意的。在工作方法上，上世纪“文革”前，二审的组长、室主任和三审的编辑部主任、总编辑，都是不担负责任编辑任务的，我一进入出版社除短期担任责编、二审外，长期都担任三审，但是，我不论是担任二审或担任三审任务时，对稿件都是通读而不是抽读，更不是不读，不但读，而且和责编一样，写具体修改加工意见，不但抓大问题，也不放过小问题。待作者按我们所提意见修改回来后，只要是改动较大或要修改的问题比较重大，往往是又要通读一遍原稿而不仅是查读作了修改的部分。绝大多数经过责编加工后待发的稿件，我也不仅又通读全稿，同时也再做必要的加工。这样，一部书稿不仅责编要反复看几遍，我也要反复看几遍。一部稿件的审读过程是这样，审改过程也仍然是这样。待到清样出来，许多重要稿件或排校过程长的，为避免因客观形势或政策的变化而造成失误，往往我还要通读一遍。工作程序和责编相同，而由于三审要审许多责编的稿件，工作量就比责编要大许多。几十年日积月累下来，已难以计算编过多少书了。当然，这样做付出的也不知要多多少，十分辛苦。不过也锻炼了自已，能够获得更多的经验、教训，精益求精的责任感使自已只能如此做。

所编的书少于所读的书，一般说来应是常情：因为编一本书所要花费的时间精力，远超过了读一本书——哪怕是精读。何况，我们精读的书，在所读书中又多只占少数，由此看来，我所撰著的书又少于所编辑的书，应该也是理所当然之事了。撰文著书非但要一个字一个字写下，而且还要立意谋篇、字斟句酌，如刘勰所说的“思理为妙，物与神游，神居胸臆而志气统其关键，物沿耳目而辞令管其枢机”(《文心雕龙·神思》)，《礼记·表记》所说的“情欲信、辞欲巧”，写一本书就不但远远难于读一本书，也远远难于编辑出版一本书了。

读书、编辑出版书、著书三者，相互间有密切的联系。但一切关于书的起始和终结都只是读而不是别的什么。要能编书或著书，都必先读书；而编书和著书，也都是要供人读的。是以不读书也就不能编书、著书，而编辑出版和著作的书无人读的话，也就失去其意义。很长时间以来，读者、编者、著者经常是三位一体的，即多是读书人在编书、著书，而编书、著书的人又同时是读书人。新中国成立后或更早些时候，虽然编辑成了一种专门工作、一种职业，成了三百六十行中的一行，这些职业编辑往往也还是业余作者，自不必说也是书的读者了，更不必说编审过程本身也是在读书了。我就是这种人中之一。不过，要大致叙述集我一身的这种三合一历程，却又还不得不从这三个同又不同的方面分别道来，才可能集合成其三维的立体图景。

二

予生也晚，又是在城市里长大的，所以没有赶上就读于私塾，而是从上小学、中学、大学按部就班读过来的、极其普通的接受学校教育的过程，所异者，主要恐怕是课外阅读了。

我大概是在五六岁时随家从出生地江西吉水迁至省会南昌的，一进小学就读三年级或二年级，说明此前已识之无，受过家庭教育，那教育者，当然只能是我母亲郭韵琴女士。因为我是长子，无兄姊教我；父亲又不在吉水而在南昌工作，家中只有我和两个弟弟。母亲知书识字，出身于书香世家，她的祖父也就是我从未见过的曾外祖父，也是做过翰林的，和我的祖先一样，所以母亲家学渊源，能诗能文，使我能接收到最初的家庭翰墨教育，奠立个较好的基础。到南昌上小学大约一年后，又是母亲给我买的第一本课外读物，印象深刻，至今记忆犹新。

上世纪二三十年代的南昌市上，有一种走街串巷的流动书贩，身背个盛书的木箱子，肩扛着由竹竿或木棍支着的大布牌牌，布牌牌上纵横一个个半截口袋里都是一本本不同的书，露在上半截口袋外的书名清晰可见，便于招揽顾客。这些走街串巷的书贩子可行可止，不时把书箱、书牌往地上一戳，摇着手里铃铛吆喝几声，便会围上一圈路人、住户，进行买卖了，他们卖的书自然大多是适应广大市民读的生活用书如通书——也就是历书和写信等应用文书以及通俗读物小说等。母亲听到外面书贩子的铃声和吆喝，闲时也会出门去看看，我没想到，有一次她回来时还买了一部袖珍本的通俗小说《薛仁贵征东》给我。这些书是用有光纸单面石印的，一部《薛仁贵征东》，线装分成好多本。那时我刚读初小，还读不了这样长篇的小说，不过我还是很珍爱地把分装成六七薄本的一部书，用线串成一厚册，保存在身边，过了两三年我读到高小时，便读了这部长篇小说，而且读得津津有味，一下子便沉溺其中，接着又读了同样版本的一些讲史小说。所以，在课堂外读书，我一入门读的便是大人读的小说而不是少年儿童读物。可以说，我没有经过读少儿读物的阶段，于不经意间就跳过去了。这是我的幸还是不幸？我说不清楚。也许更多的是遗憾，以致我一生在各种书中，与少儿读物相对较为疏离。而从读《薛仁贵征东》这种章回旧小说开始，也应该说是起点不高，不过却起到了诱发我读史兴趣的作用。

这以后，我就耽读小说了。不仅读《薛仁贵征东》这类征战讲史小说，也读其他内容的章回小说，大约是在初中一年级时，《三国演义》等现在所称四大古典小说名著以至《东周列国志》等，差不多都读过了。在章回小说中，我读初中三年级时用因成绩名列前茅而免交的学费，买了一部蔡东藩的《历代通俗演义》，这部书从先秦起一直写到民国，基本上是根据正史写的，44本我从头到尾通读了一遍，在历史知识方面使我受益匪浅，而且更进一步培养了我读史书的兴趣，以至终生不衰。与此同时，我还买来了《韩昌黎文集》、《王安石文集》等集子读，不只局限于读小说了。这也许与那时在学校里作文还都是写文言文有关。我的国文老师就是一位在前清考得功名的老学究。他除了给我们讲授国文课本外，还讲授《孟子》等古籍。也就是在这种情况下，我又相当长一段时间，每天放学回家途中，醉心于在当时南昌旧书店集中的戊子牌一带淘古书而流连忘返。现在手边还奇迹似的保存有那时淘得的士礼居《天圣明道本国语》和《剡川姚氏本战国策》。《随园诗话》等书，也都是抗战前此时初读的。

但我喜古而不薄今，也读新文学作品而且一下子就热爱上新文学作品了。读当时出版的《文学》、《现代》等新文学杂志，也读鲁迅、巴金等人的作品，包括鲁迅的杂文和巴金的《家》等小说。此外，还读茅盾、沈从文、郁达夫等人的小说，小说之外，更耽读小品、散文，抗战前散文小品杂志不少，像《太白》、《论语》、《人间世》、《宇宙风》等，我几乎都是每期必读的。后来又扩展到耽读一些文史杂志如《逸经》、《禹贡》等等。读初中那几年，每天放学回家的路上，还要一家家新书店浏览一遍有何新书、新杂志，而不仅在旧书一条街的戊子牌一家家旧书店流连忘返。我常常把家里给我吃早点、午饭的钱都节省下来，为我购书之资。

开始读翻译作品也是在读初中时，我读的第一本翻译作品是从商务印书馆南昌分馆廉价书堆中淘出来的。我清楚地记得，有一天放学回家路上照例巡视书店时，商务印书馆南昌分馆店堂中间堆积如山的一批廉价书旁围了不少人。我也参加进去，挑了好几本，其中就有一本该馆出版的篇幅不大的《天方夜谭》。封面似乎是朴素地四周画有镶边，上中间印着四个铅字的书名，译者好像名叫奚什么的。说实话，当时我还不知道《天方夜谭》是本什么书。我为什么会挑了它买下，也说不清了。只记得回家吃过晚饭后，拿起这本书来一看，就让我放不下手，一直读到半夜困得熬不住了才罢。这一下可说是为我的阅读开辟了一条新的大道、新的途径。这个从《天方夜谭》开始读翻译书无意得之的切入点，比对中国文学读物的切入点，应该说是一个更高一些的切入点。

然而，整个读高中的三年，由于抗战开始了，生活的不安定和图书供应的不便等原因，加上自己阅读兴趣又扩展到中国古典文学方面，读了一些古籍，翻译作品只是限于读些手边易得到的。以后在读大学期间几年，才得以较大量阅读各种翻译书籍。解放战争期间，则较多读了些史籍，因而写了一批像《引古证今录》那样借古讽国民党政府的读史札记文章。新中国成立后，读书的范围更广了，除较长时期读马克思主义著作外，各种书也都涉猎。不同时期曾比较集中地读了些古今名家文集、文论、诗话等，也曾有段时期集中读过"红学"著作，这些都多少带有研究性质。而研究性质更强的，则应是在"文化大革命"后期所读的书了。

"文化大革命"前期，我被关在"牛棚"里有较长一段时间，从"牛棚"出来后又被送到农村的"五七"干校好几年。所谓关"牛棚"实际与坐牢狱无异，由于是"私牢"，甚至往往比牢狱还更无法无天，蹲"牛棚"者只能接受批斗和服劳役，谈不到读书的权利；上"五七"干校实际也是接受劳动改造，终日繁重劳动，无暇读书，因地处穷乡僻壤，也无从得书而读。只是到了"文革"后期，"五七"干校解散被送回原单位后，有段较长时间处于所谓"挂起来"状态，既不分配正式工作，劳动也不像"五七"干校之繁重，八小时工作时间劳动外，余下的时间就可读书了。我也正是在这期间，又相对来说可算是精读了《论语》一次，同时搜集多种注疏本，做成了全书的汇注工作。继之，又搜集了多种杜诗注疏本，以仇注本《杜诗详注》为底本，进行汇注工作。可惜尚未完成而中辍，半途被打断了。除此之外，这段时期还比较认真地读了"二十四史"中的四史和《晋书》等，都是边读边写读史笔记。本打算这样读完"二十四史"的，也因其后工作日繁而无时间进行下去了。我未能做到宠辱不惊，泰然于"文革"中所受迫害，但能够在那种处境下，总算认真读了几本书，也说明我还没因苦难折磨而完全灰心丧志罢。

虽然我自认还算是个对读书知之、好之且乐之的人，但面对书的海洋，则常有《庄子·秋水》所说的"望洋向若"之叹，深有"吾在于天地之间，犹小石小木之在大山也"(《庄子·秋水》)之感。就是读过的"方存乎见少"的书中，也是兴趣虽广而未能有序，故尔杂而不专、泛而不粹，实在是不足为法的。有人以为编辑就需要博识，杂亦无妨，其实未必然。

编辑固然要博识以应对各种各样的书文稿件，但更要博而且专，即所谓T型人才，方可有望成为编辑家而不仅为编辑匠。编书如此，著书更是如此，否则，所著书难以有深度。是以我对读书虽“自言其中有至乐”，实亦只是“病嗜土炭如珍羞”(〔宋〕苏轼《石苍舒醉墨堂》)而已。

三

编书之与读书结有不解缘，泛言之是如果没有读书的功底，就难以做编书的工作。更具体地说，编书不但要有读书的功底，而且编书也是在读书——读尚未成书的书稿。所不同的是编书的读，不仅是像读者那样读，而且是作为编辑的审读，为使其能更完美地供广大读者读而读。所以，虽同是阅读，但又有很大的不同。

在我年轻时，编辑还似乎未曾被普遍认为是三百六十行中的一行，虽然那时在如商务印书馆、中华书局之类大书店里，已经有了编辑。至于各种杂志的编辑，则其正式身份往往是作家或学者教授之类；报纸编辑归入记者行列，是记者协会的成员而并无所谓编辑协会之组织。编辑真正成为一种职业并为社会正式承认，只是新中国成立初编、印、发各自独成系统之后的事。所以，在上世纪三四十年代，不仅是我，恐怕也不会有谁是主动选择以编辑为其职业的。就像当时许多杂志编辑的第一身份是作家一样，我最初也是由于醉心于写作而做编辑的。在学校里编《抗敌》半月刊是由于我当时已在报刊上发表过不少文章，同学们才投票选我当《抗敌》的社长、主编；我第一次进入社会编辑综合性的《四友》月刊，同样是以我的文章送去应征才受聘当上的。后来我听负责这次征聘评选工作有“江西才子”之称的吴品今教授说，有人送去的应聘文章写得也不错，但由于从事新闻编辑采访积有年月，被认为是“老油子”了，也被筛落。可见，连选拔编辑对编辑经验的丰俭，有时不但不视为长处，反可能视作短处。这种用编辑的标准，现在我们大概不会有谁还加以首肯，但在当时，即使并非都以富有编辑经验为短不以为长，不是以编辑能力而是以写作能力来评骘编辑，却是相当普遍的。

就这样，我从做杂志编辑开始我的编辑生涯，然后做报纸编辑，先后在泰和(江西战时省会)、吉安、南昌、庐山、南京等地做报纸编辑——开始是做跟编杂志近似的副刊编辑工作，后来又做新闻编辑工作，也做过兼职采访记者，做专职采访记者则是在《新华日报》时了。这是我转入出版界之前最后一家工作的报纸。由于身体患病，组织上照顾我的病躯，才调入工作时间性不那么急匆紧迫的出版社编书。这一做出版社编辑就是近四十年，只是在离休前的近十年中，才九九归原，又回过头来兼做杂志的编辑工作。

20 世纪三四十年代，我先后编过的杂志有《抗敌》半月刊——这是一份铅印的 16 开本杂志，以宣传抗日救国为宗旨，发表师生作品。每期两个印张上下，除了全校师生人手一份外，也向社会发行，但多是交流性的。我编了两年左右。接着编的是综合性月刊《四友》，仍然是以宣传抗日救国为宗旨，但已是公开向全国发行的正式期刊了。16 开本(第 1 期为长 16 开本)，每期约四个印张，铅印彩封。我编了一年左右就上大学读书去了。在大学读书时又参与编《诗歌与木刻》月刊，也还是以宣传抗日救国为宗旨向全国发行，但不是综合性而是专门刊载诗歌与木刻的文艺杂志了。我参与编辑也有一年左右。此外，我还编过《诗时代》(吉安版)周刊。《诗时代》原先出有上饶版，由诗人覃子豪主编，附在上饶的《前线日报》出版，我编的《诗时代》吉安版稍后于上饶版同时出刊，附于江西吉安由王造时主持的《前方日报》。后来，我还主编过《文艺新地》月刊，也是一份 16 开本宣传抗日救国的文艺杂志，但编好后由于战局的变动，广大读者未能见到。在我所编的这些刊物中，我也是他们的基干作者之一。这些杂志都是出版于抗日战争的 30 年代末、40 年代初，而九九归原后再来参与编杂志则已是 70 年代末到 80 年代了。

1979 年拨乱反正时，我工作的被“四人帮”斥为“文艺黑线上黑据点”的百花文艺出版社，“砸烂”十年后得到批准复社。这时，出版社已元气大伤，原本在社里负责主持编辑工作的我，先作为“复社三人筹备小组”成员，后被任命为副社长，在百废待兴的情况下，主要考虑的是如何开展、重振编辑工作、多出好书。首先根据百花文艺出版社在“文革”前即已形成的作为散文书籍出版基地的特色，提出创办新中国第一份《散文》月刊和创文选性期刊新品种的《小说月报》，于 1980 年元旦面世后，洛阳纸贵，风行一时，受到广大读者热烈欢迎，让我十分欣慰。

《散文》和《小说月报》如果说是我对杂志编辑工作的创新之作的话，

那么，以出版散文书籍创百花文艺出版社特色风格，也可说是书籍编辑工作方面的创新。那一批被读书界昵称之为"小开本散文"的百花散文书籍，直到现在，读书界还有不少人为之倾倒。拨乱反正后新创意出版的《百花散文书系》继续发扬百花特色风格，在首届中国图书奖评选时，就被评选上了，进入国家级的精品书行列。

20 世纪 80 年代末我 66 岁时离休后至今，仍在继续做我的编辑工作未辍，且不去说担任过如国家新闻出版署编辑专业高等教材编审委员会委员、全国出版专业职业资格考试辅导教材审定委员会委员、国家新闻出版总署国家期刊奖评审委员、副主任、国家新闻出版署全国出版社社长、总编辑、全国期刊主编岗位培训班授课教师、中共中央统战部系统出版社、期刊社社长、总编辑培训班授课教师……社会职务的工作，同时还参与多届天津市各出版社年度选题计划的论证，优秀图书、期刊的评选以至具体书稿的审读、质检等实际工作。另一方面，又从事编辑学的研究，出版了包括大陆第一本原创的《杂志编辑学》(中国书籍出版社 1991 年版)以及国家教育部大学本科指定教材《期刊编辑学概论》(辽宁教育出版社 1995 年初版；辽海出版社 2008 年第 3 版)、《书籍编辑学概论》(与阙道隆、林穗芳合著，辽宁教育出版社 1995 年初版；辽海出版社 2008 年第 3 版)等十余种编辑学论著、高校教材，为学术繁荣和培养下一代效力。

对于我毕生从事的编辑工作和对编辑学研究所作的微薄贡献，国家授予了我以出版界最高荣誉的奖项——韬奋出版奖，也对我在编辑出版以及下面要说到的著书工作作出了"有突出贡献"的评价，由国务院颁发证书并自 1991 年起终身享受政府特殊津贴。

四

不知不觉就已经从编书说到著书了。但请别误以为上面提及的著作是我著作的开始。不，我著作生涯的开始要比这早得多，比我编书还要早。当然，这指的是写作的开始。如果就著作成书出版，则是与编书接踵开始的。

我在报刊上首次发表文章，还是在上小学五六年级时，推算起来，大约是在1932年左右。那时，我们家在南昌，订阅的《民报》有个“小国民”周刊，向小国民——也就是少年儿童发起评奖征文。我记不清是在老师的推荐下还是我自己贸然投稿，总之，是寄去文章应征了。结果居然在千百篇应征文章中脱颖而出得以夺标。至于奖品是什么，当时我就未着意看重，如今更是忘得一干二净了。我看重的是文章在报纸上刊登出来了。第一次看到自己的文章登在报纸上供人阅读，心情真是特别高兴。如果这次还只是在“小国民”这样的少儿园地上发表文章，尚未真正进入成人社会的话，在这第一次于报刊发表文章的激励下，我跟着在进入初中后便更大胆地向报纸的成人副刊投稿了。不但在南昌《民报》及其他大报如《江西民国日报》、《新闻日报》等报纸副刊投稿，而且大多被采用刊出，使我不时可领到稿费，充实我的购书之资，我还仿效一些作家使用笔名之习，取我母亲郭韵琴名字的最后一字，为自己取了个“琴子”的笔名——当然也还用过别的笔名，但现在只记得这个源于母名的笔名了。

抗战爆发后，各学校播迁不定，一年后我就转而借读于甫迁于佛教禅宗青原系发源地青原山的江西省立吉安中学。也就是在此就读的两年以及离开中学后编辑《四友月刊》的一年中，开始了我的创作高潮。虽然我也写如《日本的泥脚》之类时事论文，但更大量写的主要是文艺作品，几乎是倾全力于文艺创作，也更在意于自己这些创作。作品发表的领域除了江西省战时省会泰和以及吉安一带的地方报纸外，还扩及了当时的整个东南地区，包括浙江的《东南日报》、《浙江日报》、上饶的《前线日报》以及刊物如浙江的《新青年》、《作者通讯》、《血流文学月刊》、福建的《现代文艺》月刊等。除东南地区外，也是陪都重庆、文化中心桂林两地的《大公报》、湖南的《中央日报》以及桂林的《宇宙风》半月刊、“孤岛”时期上海的《文艺阵地》月刊等多种报刊的作者。我的第一本书是在1939年由江西四友实业社文化部于江西泰和出版的小说集《原野之流》。看到自己的作品印成书，和当年看到自己作品第一次刊登在报刊上的心情十分相近，可说是有一次旧梦再温。同时出版的另一本我与他人报告文学集是《通讯剪集》，收有我写战时文化城桂林的《桂林浮雕》等，也是江西泰和江西四友实业社文化部1939年出版的。次年，我的另一本抗战题材小说《新婚之夜》又在“孤岛”的上海山城书店出版。抗战时期出版的书，几乎全部都是用粗制的土纸印刷，很少例外。但我这本上海印的小说，却用的还是进口洋纸，很不一般。出这几本书的时候，我还不到20岁。

这之后读大学和1944年大学毕业后到1949年新中国成立之前八九年间，我的创作仍很旺盛，读大学时除写诗、写散文诗等外，还写散文、杂文。写杂文时用的笔名又不同于写美文性的散文和诗时。此外，还译过一些作品，包括从英译转译的某些旧俄名家的诗文。抗战胜利后在庐山和继之在南京写的一些散文诗，结集成《阳光的踪迹》，则是于1984年在广州花城出版社作为“曙前散文诗丛书”之一出版。我的散文被选进了《中国新文学大系》散文卷(上海文艺出版社1990年版)等多种书中，诗歌也被选进《中国抗日战争时期大后方文学书系》诗歌卷(重庆出版社1989年版)等。我所写的文学作品，特别是散文诗、散文，有幸获得各方的好评。例如，我国第一本由俞元桂教授主编的《中国现代散文史》(山东文艺出版社1988年版)，也是被誉为“是认认真真地经过切实的研究作品，分析事实而写成的一部好书”、“一部值得研究者、喜爱者精心读一读”的好书(田仲济)，在论述到我的作品时说，我“生活在火与血的时代”的抗战时期作品，“怀抱着‘为祖国而战斗’的信念……以手中的笔作刀枪，参加反法西斯战争，‘用战斗争取黎明’……”抗战胜利后的作品，则“曲折表达反抗黑暗社会、追求光明前途的心情”，将“沉郁的生活实感和高扬的理想追求交织在一起，热情的抒发和哲理的沉思融为一体，个人的真实感触和内在追求体现了欲曙未曙时代人民群众的思想感情”，“将处于国统区险恶环境中的进步青年的内心律动曲曲写出，具有典型意义”。认为我“最富有个人特色的作品是在南京写的一系列长短不拘的散文诗”。(均见《中国现代散文史》第六章“战地黄花分外香”)

新中国成立后到“文化大革命”的17年间，由于当时强调要做好本职工作，而且实际担负的编辑工作十分繁重，创作成果不如此前十来年那么丰盛了，不过一直未曾辍笔，“手指今余把笔痕”(〔唐〕刘禹锡《送周鲁儒赴举诗》)，在《天津日报》等报纸、《新观察》、《新建设》、《新港》文学月刊等杂志，都发表过些作品。并于50年代初在天津通俗出版社出版过一本故事书，篇幅虽不大，发行量却不小，并被广西等地的民族出版社译成僮文(现称壮文)、朝鲜文等出版。“文化大革命”的十年，才基本没发表作品了。待到改革开放、拨乱反正，创作热情又复高涨，写得最多的是散文。1995年出版的学术小品集《伊甸园中的禁果》(中国书籍出版社)、1996年出版的抒情散文集《南国红豆寄情思》(百花文艺出版社)，便是拨乱反正后在报刊上发表作品的两本结集，共近60万字。这些作品不仅曾于国内各大报刊发表，也有的发表于当时还在英国统治下的香港报刊。不过，我在香港报刊上发表作品，并非始于此时，早在上世纪30年代末编《四友》月刊时，就在香港《时代批判》月刊等报刊上发表作品了。进入新的21世纪的世纪之交时，还与我的三弟徐有守合出过一本新诗集，以标明兄弟诗合集而命名为《棣华诗集》，诗集三百页之中，有三分之二篇幅是我所写的诗的选辑，由台湾老牌的商务印书馆出版。

上面说的，是我在文学创作方面已出版著作的大概情况。我是从小就热爱文学也热爱文学创作的。1988年从工作岗位离休后，本想从此专心于文学和文学创作，好好写些文学作品，但是，实际上我还做了一辈子的编辑工作，而当时的编辑出版工作，又正要进入一个如何从数量的增长向质量的提高关键转折点，后继人才问题突出成为急迫问题，编辑学理论建设问题也提到了议事日程，客观的需要和有关同志的期望，再加上自我的责任感都使我不能不投身到刚在我国兴起的编辑学研究中来。我一方面应南开大学及各地有关方面之请，开讲编辑学方面的课题，一方面也就从编写有关讲稿、文章进而首先写了大陆第一本论述杂志编辑理论与实践的书——也就是前面提到过的《杂志编辑学》，于1991年在北京出版。与此同时，还写了一本《书籍编辑学》，也于同年由哈尔滨的黑龙江教育出版社出版。此后，基本上以一年出一本书的频率，共出版了十多本编辑学、书评学方面著作，共约500万字。此外，还有本书及一本可说是跨文学与学术的著作将出版。这些书形成我文学著作与学术著作“双峰并峙、二水分流”景象，而且后者有“东风压倒西风”之势。我不敢说今后会多写些什么、少写些什么，当只要一息尚存，就不会放下手中之笔，则是可以确定的。

时光匆匆，不知不觉，就进入耄耋之年，却仍感要学习的东西太多了，多得“学如不及，犹恐失之”(《论语・泰伯》)，又如何敢以轻心掉之？这就是为什么说编书、著书，都须以读书为基础，读书是根本。欧阳永叔说：“为文有三多：看多，做多，商量多。”(〔宋〕陈师道《后山居士诗话》)也以看多为首。所谓看多，也就是多读，读得多。这也是我今后首先要努力的。做多的做，在这里是指做文章，著作。从“为文”来说，是实践。实践出真知，多实践，多写，在多读基础上多写，才是唯一的文章、著作精进之道。多商量，是要不唯以一己之是为是，多与人商量，听取意见。我想，这就包括了自己的文章、著作要多与友朋、编辑商量，也包括了作为编辑要对作者的文章、著作多与作者等商量——我这是从编书的角度就编辑的工作而言的。而欧公所说的三多，也就与我的读书、编书、著书的三位一体书缘，不谋而合了。

是的，我是说书缘，无论读书、编书、著书，都是书缘。一生在读书、编书、著书中生活，就是与书的不解之缘。说不解之缘不是过甚其辞，因为书不仅伴随了我的过去，也伴随我的现在、我的将来。

——我这麝墨犹湿古香溢的书缘！

徐柏容

2008 年元月

徐柏容已出版著作要目

一、文学作品

1.《原野之流》(小说集)，江西泰和：四友实业社文化部，1939 年。

2.《新婚之夜》(小说集)，上海：山城书店，1940 年。

3.《阳光的踪迹》(散文诗集)，广州：花城出版社，1984 年。

4.《伊甸园的禁果》(随笔集)，北京：中国书籍出版社，1995 年。

5.《南国红豆寄情思》(散文集)，天津：百花文艺出版社，1996 年。

6.《棣华诗集》(新诗集，与徐有守合著)，台北：台湾商务印书馆，2000 年。

二、学术著作

7.《杂志编辑学》，北京：中国书籍出版社，1991 年。

8.《书籍编辑学》(与杨锺贤合著)，哈尔滨：黑龙江教育出版社，1991 年。

9.《书评学》，哈尔滨：黑龙江教育出版社，1993 年。

10.《从历史走向未来》，天津：天津人民出版社，1996 年。

11.《中国书评精选评析》(与伍杰、吴道弘合著)，济南：山东教育出版社，1997 年。

12.《论编辑规律与编辑出版》，长春：东北师范大学出版社，2003 年。

13.《编辑创意论》(“书刊编辑学系列”之一)，天津：天津古籍出版社，1999年。

14.《编辑选择论》(“书刊编辑学系列”之二)，天津：天津古籍出版社，2004年。

15.《编辑结构论》(“书刊编辑学系列”之三)，长春：东北师范大学出版社，2004年。

16.《编辑优化论》(“书刊编辑学系列”之四)，长春：东北师范大学出版社，2004年。

17.《现代书评学》，苏州：苏州大学出版社，2005年。

18.《书海风满帆》，石家庄：河北教育出版社，2009年。

19.《期刊：长流的江河》，北京：首都师范大学出版社，2009年。

三、大学教材

20.《期刊编辑学概论》，沈阳：辽宁教育出版社，1995年；辽海出版社，2008年3版。

21.《书籍编辑学概论》(与阙道隆、林穗芳合著)，沈阳：辽宁教育出版社，1995年；辽海出版社，2008年3版。